中南财经政法大学
法律硕士案例教学系列教材

法庭科学专业
实验指导

主　编／胡向阳　闫　平

副主编／杨　敏

湖南大学出版社

·长沙·

图书在版编目（CIP）数据

法庭科学专业实验指导／胡向阳，闫平主编.

长沙：湖南大学出版社，2024.9. -- ISBN 978-7-5667-3650-5

Ⅰ.①D918.9

中国国家版本馆 CIP 数据核字第 20249LX720 号

法庭科学专业实验指导

FATING KEXUE ZHUANYE SHIYAN ZHIDAO

主　　编	胡向阳　闫　平
策划编辑	吴海燕
责任编辑	吴海燕　申飞艳
印　　装	长沙创峰印务有限公司

开　　本：710 mm×1000 mm　1/16　　印　张：22　字　数：372 千字

版　　次：2024 年 9 月第 1 版　　印　次：2024 年 9 月第 1 次印刷

书　　号：ISBN 978-7-5667-3650-5

定　　价：78.00 元

出 版 人：李文邦

出版发行：湖南大学出版社

社　　址：湖南·长沙·岳麓山　　　邮　　编：410082

电　　话：0731-88822559（营销部），88821343（编辑室），88821006（出版部）

传　　真：0731-88822264（总编室）

网　　址：http://press.hnu.edu.cn

电子邮箱：934868581@qq.com

编写说明

依托教育部、科技部支持的"111 计划"平台，中南财经政法大学创建了司法鉴定技术应用与社会治理学科创新基地的科研机构，刑事司法学院创办了法庭科学专业，标志着我校法庭科学领域的研究和专业建设迈上了一个新的台阶。本教材是配合中南财经政法大学刑事司法学院法庭科学专业建设，指导政法公安院校相关专业学生的教学实验，特别为法庭科学本科专业学生的专业实验而编写。

法庭科学本科专业的课程体系，大体可以分为专业基础课、专业必修课和专业选修课。法庭科学专业课程不仅涵盖了刑事科学技术专业的主体专业课程，如痕迹检验、文件检验、刑事化验、刑事图像技术、法医检验等主体专业课程，还增加了语音鉴定、图像鉴定、电子数据取证、证据调查及交通事故痕迹鉴定、知识产权鉴定、司法会计鉴定和环境损害鉴定等专业课程。本教材是我校法庭科学专业第一部专业实验指导性教材，主要结合中南财经政法大学法庭科学专业的必修课程编写而成。

专业实验部分主要收纳了痕迹检验、文件检验、图像与语音鉴定、微量物证检验、法医与生物物证检验、电子数据取证和警务急救等专业必修课的七个大类实验项目，合计 133 项。考虑到法庭科学专业是新办专业以及实验课时的安排，本教材收录了大量传统实验项目和部分新的实验项目，以方便教师有选择性地安排实验课内容。部分专业选修课程实验因为属于新设置课程或实验项目设计不成熟暂未收录，如交通事故痕迹鉴定、知识产权鉴定、司法会计鉴定、环境损害鉴定等。

本教材由胡向阳教授和闫平教授担任主编，杨敏教授担任副主编。参加本教材编写的人员包括中南财经政法大学刑事司法学院法庭科学专业部分教师和实验教学示范中心部分教师。教材编写人员分工如下：项目一痕迹检验由杨敏编写，项目二文件检验由杨立云编写，项目三图像与语音鉴定由杨敏编写，项目四微量物证检验由李亚玲编写，项目五法医与生物物证检验由周鑫编写，项目六电子数据取证由牟丽编写，项目七警务急救由周鑫编写。实验文档的校对与排版由吴风完成。

本教材在编写过程中参考和吸取了许多学者的观点、研究成果，在此一并表示衷心的感谢。

尽管作者力求编写高质量和高水平的实验教材，但因经验、水平、时间有限，不足之处在所难免。在此，恳请各位专家、读者批评指正，以便再版时修正。

《法庭科学专业实验指导》编写组
2023 年 8 月

目次

CONTENTS

项目二　文件检验 ·· 170

项目三　图像与语音鉴定 ·· 190

项目一　痕迹检验

实验 1-1　手纹油墨捺印

一、实验目的

明确捺印手印样本的种类和要求，掌握捺印手印样本的程序和操作方法，了解提高捺印手印样本质量的技巧和方法。

二、实验原理

根据手纹触物留痕的特点，以油墨为媒介给乳突纹线着色，并将其转印于一定规格的卡片纸上，从而获取反映手纹形态与特征的手印样本。

三、实验器材

捺印台、调墨板（玻璃板）、油墨辊、专用指纹捺印盒、专用捺印卡、十指指纹卡、白纸、油墨、洗涤剂。

四、实验内容

（一）捺印准备

1. 检查被捺印人的手掌面情况：清洁捺印人的手掌面，使皮肤纹线清晰。

2. 填写捺印卡：在捺印卡的相应位置上填写被捺印人的姓名、年龄、性别、身高、籍贯，以及捺印人的姓名、单位等内容。

3. 折叠捺印卡：以捺印纸捺印部位下缘线为折线折叠捺印卡，使捺印部位下缘线与桌面边缘平齐。

4. 调制油墨：挤少许油墨于调墨板上，用油墨辊将油墨滚压均匀，以透过调墨板能看到墨板下面的文字为宜，每次蘸取油墨后应将油墨重新辊匀。若不用调墨板而用专用指纹捺印盒，直接将捺印盒与捺印台边缘平齐。

（二）指头三面捺印

1. 正确站位：被捺印人面向捺印桌，捺印人站在被捺印人的左前方。

2. 按规定的手序（先右手后左手）和指序（拇指、食指、中指、环指、小指）依次进行捺印。

3. 握姿手法：被捺印人将欲捺印手指伸直，其余四指自然握成拳状。捺印人用右手拇指、食指捏住被捺印人右手拇指第二指节的左右两侧，再用左手拇指、食指轻轻捏住被捺印人右手拇指指尖，控制其整个手背和手指。

4. 均匀上墨：将被捺印人右手拇指在调墨板或捺印盒上用从一侧到另一侧滚动的方式蘸取油墨。

5. 滚动捺印：将蘸取油墨的右手拇指在捺印卡相应位置上用从一侧到另一侧滚动的方式进行捺印。

（三）平面捺印

1. 手指平面捺印：四指平面印痕同时联合捺取，捺印人用右手握住被捺印人右手掌背两侧，使其食指、中指、环指、小指四指自然并拢伸直，垂直接触于调墨板或捺印盒，使其四指指尖至第三屈肌褶纹的部位均能蘸上油墨，然后将其移至捺印卡指定位置垂直接触进行捺印。拇指平面印痕单独捺取，蘸取油墨后在捺印卡右手食指印一侧进行捺印。以同样方法进行左手五指的平面捺印。

2. 全手平面捺印：捺印人用右手握住被捺印人手背腕部的两侧，让其五指自然伸直，全手平面接触于调墨板上，用左手在其掌背、指节和指尖部位给予适当的压力，使其掌心、指关节、指尖等部位均能蘸上油墨，然后将其移至捺印卡指定位置进行捺印。

（四）局部捺印

局部捺印是针对手指或手掌的某一局部进行的捺取，可根据该部位的具体形态选择让欲捺印部位在调墨板（捺印盒）上滚动或用油墨辊对欲捺印部位进行涂辊等方法上墨，然后在捺印卡上进行捺印，并标注捺印部位的名称。

五、注意事项

1. 捺印时两人一组，互为捺印人和被捺印人，交替捺取对方手印。捺印后清洗所有捺印工具，如数归还至实验室。

2. 捺印部位要正确完整，滚捺中捺印人用力要小而匀，不可挪动、重复、停顿或倒退，以保证捺取的手印样本各部位纹线清晰一致，手印不会有明显变形。

3. 捺印时，要注意捺印部位的名称与捺印卡规定位置相应名称的一致性。捺印中遇有缺指、多指、骈指、残指等特殊情况时要注明。

六、实验作业

1. 制作指头三面捺印样本及平面捺印样本两份、全手平面捺印样本两份。

2. 完成十指指纹卡一份。

3. 制作手指指尖、指侧、指节，手掌掌上区、内侧区、外侧区、手腕部、虎口部、掌心部等不同部位的局部捺印样本。

七、思考题

1. 捺印手印样本对捺印质量有何要求？

2. 捺印样本纹线重叠是由什么原因引起的？

3. 捺印样本油墨浓淡不一致是什么原因引起的？

4. 高质量的捺印手印样本与哪些因素有关？

实验 1-2　活体指纹采集与管理

一、实验目的

了解活体指纹采集系统的组成结构，掌握活体指纹采集的操作程序和基本技能，熟悉人员信息的录入及系统数据的管理。

二、实验原理

活体指纹采集系统是将特定人员的指纹、照片等信息采集下来并直接存储到指纹自动识别系统里的系统。光学指纹采集技术主要依据光的全反射原理。光线经玻璃照射到压在玻璃表面的手指上，由于手指指纹的脊（乳突纹线）和谷（小犁沟）的深度不同以及两者油脂和水分在玻璃上的分布不均，射向谷的光线在玻璃与空气的界面发生全反射，而射向脊的光线不发生全反射，而是被脊与玻璃的接触面吸收或者漫反射到别的地方，这样就在 CCD（电荷耦合器件）上形成了指纹的图像。

三、实验器材

活体指纹采集仪、酒精、镜头纸、清洁剂、毛巾。

四、实验内容

（一）系统登录

打开控制台面板上的电源总开关，进入系统的首页窗口，双击"活体指纹采集"图标，输入相应的用户名和密码，进入系统工作界面。本系统需要录入的数据分为三类：照片、指纹和文字。

（二）照片录入

人像图标在工作界面左下方的两个较大的方格旁，左方格代表正面像，右方格代表侧面像。用鼠标点击人像图标，弹出照相窗口，窗口右侧有四个按钮纵向排列，它们分别是"确认""开始""取消""定格"。照相时先对人像"定格"，就会出现相片框，用鼠标拖动相片框到适当位置，然后按

"确认"，照相完成。

（三）指纹录入

1. 采集前准备：要求被采集人将手洗净擦干，保持采集窗口清洁。

2. 选择指纹采集仪工作状态：根据所安装的采集仪是有膜（采集镜面镀膜）或无膜式，在"模式切换"一栏选择相应采集模式进行指纹捺印，系统默认使用"无膜标准"或"有膜标准"进行采集。

3. 指纹采集：工作界面右上方有十小格分两纵行排列，每小格代表一个指位。工作界面左上方的大窗口可观察指纹的采集过程，并有采集指位显示。采集时，将手指平整地放在指纹采集仪的玻璃窗口上缓慢滚动。滚动的速度不要过慢或过快，手指不要在采集窗口上滑动，要受力均匀，滚动匀速。保证采集指纹图形完整，纹线清晰，位置端正。在采集过程中若发现有指纹采集质量不高，用鼠标点击相应指位的小格，再重新滚动采集该指位的指纹即可。

（四）文字录入

用键盘里的"Ctrl+空格键"调出中文输入法，再用"Ctrl+Shift"切换自己熟识的中文录入法。在文字录入窗口的规定位置录入被采集人的姓名、人员类别、户籍地址和采集人的姓名、单位代码等内容，备注项填写必要的说明，如手指残缺等。

（五）数据管理

点击"系统管理"窗口，输入被采集人员的姓名或相应的指纹条码号，检查确认录入的被采集人员的指纹、照片和中文资料无误后，存盘退出。

五、注意事项

1. 使用本系统时，在系统启动之前，应先打开指纹采集仪电源，再启动程序。否则，指纹登录窗口会出现"比对失败"错误信息。

2. 为了保证捺印指纹的质量，采集窗口玻璃平面要保持清洁，可用酒精或镜头纸擦拭，以清洁玻璃面。

3. 因为本采集仪是针对活体指纹的采集而设计的，所以被采集指纹的手指温度偏低、干燥或过度湿润，都可能影响指纹采集的质量。

4. 在指纹录入过程中，操作员每采集一个指纹，系统会自动进行质量判断。但对于采集的指纹是否留用，还需要操作员主观地进行判断，确定该指纹是留用还是重新录入。

六、实验作业

以两人为一组，互为采集人和被采集人，完成一份活体指纹采集任务。

七、思考题

1. 活体指纹采集指纹质量不高主要有哪些表现形式？
2. 活体指纹采集三面指印和平面指印时应分别注意哪些问题？
3. 活体指纹采集仪采集与油墨捺印捺的取样本有何不同？

实验 1-3 纹型分类与指纹描绘

一、实验目的

熟悉指头乳突花纹的流向规律和结构特点，了解花纹描绘的方法和技巧。掌握三个系统的划分方法，熟练掌握指头乳突花纹的分类规则以及各种花纹形态的组成与界限。通过本实验培养追踪和分辨纹线的能力，为检验、鉴定手印打下最为重要的基础。

二、实验原理

由于指头乳突花纹的形态和结构互不相同、清晰易辨，且其各系统的形态与结构规范、有序，所以为指纹的分类提供了客观的基础条件。在指纹分析中，常把位于某些特定位置上且具有相同形态或流向的一组纹线称为纹线系统。按各系统所在的位置和形态的不同，分为内部系统、外围系统和根基系统，其分界线为三角上、下支线的追迹线。

各指纹的纹型根据指纹花纹的组成结构、内部花纹的形态、中心纹线的倾斜方向或流向等特征的不同可分为弓形纹、箕形纹、斗形纹和混杂形纹。指节乳突花纹相对简单，分为平弧形、倾斜形和混合形三类。根据手掌各区域纹线的流向规律和花纹特征可分为掌上区、内侧区和外侧区。

三、实验器材

纹型分析材料、指纹放大镜、分规、直尺、钢针笔、钢笔、红色中性笔。

四、实验内容

（一）三个系统及三角的标示

1. 准确定出各三角的外角点。
2. 顺三角的上支线、下支线进行追迹，用红色中性笔或钢笔将追迹线描成一顺势通畅的分界线，用序号分别标示出内部系统、外围系统、根基系统三个系统。

（二）纹型分析

1. 利用放大镜仔细观察，了解熟悉样本乳突花纹的形态结构特征。

2. 根据指纹花纹的组成结构、内部花纹的形态及中心纹线的倾斜方向或流向等特征的不同对各指纹的纹型进行分类。

（1）弓形纹：纹线从指纹的一侧横流至另一侧不返回，主要由弓形线和横行线体系上、下层叠组成的花纹类型。

（2）箕形纹：中心由一根以上的箕形线相套叠构成内部系统，上部及两侧由弓形线体系包绕，下部由一些波浪线和横行线为根基组成的花纹类型。

（3）斗形纹：中心由一根以上的环形线、或螺形线、或曲形线相套叠或层叠，或由环形线与螺形线相套叠构成内部系统，其上部和两侧由弓形线组包绕构成外围系统，下部由波浪线和横行线为根基系统组成的花纹类型。

（4）混杂形纹：指中心由两种以上的纹线体系相并列混合，或因其形态畸特、结构杂乱而不能归入弓形、箕形、斗形纹的花纹类型。

（三）指节纹线类型观察

1. 用放大镜仔细观察、比较，熟悉指节纹线特点。

2. 从第一指节屈肌褶纹开始，向下逐一分析纹线的组合形态特征，直至第三指节屈肌褶纹，并标画特征纹线，标明指节纹线类型。

（四）手掌各区域纹线流向及花纹形态

1. 熟悉手掌掌上区纹线及花纹流向形态：四指根部各有一组凸向掌心的弧形线，常与两侧指间的纵行线汇成三角，中指、环指指根弧形线成横向分布，食指、小指指根弧形线成斜向分布，四指指根下方的纵行纹线多流向小指侧。指根和指间均构成纹形，多数是箕形纹，少数是弓形纹，极少数构成斗形纹。

2. 熟悉手掌内侧区纹线及花纹流向形态：乳突纹线起源于拇指与食指间和拇指根部，沿着第三屈肌纹的弧度经掌心流向腕部。由一组凸向掌心的纵向大圆弧线构成，越靠近拇指根部纹线就越趋斜直状态。内侧区会出现不同类型的花纹，除构成弓形、箕形、斗形三种基本花纹类型外，对顶小箕是其特征花纹。

3. 熟悉手掌外侧区纹线及花纹流向形态：手掌外侧区乳突纹线自食指根附近经由掌心向外下方倾斜，纹线由少迅速增多，呈扫帚状。外侧区的特征花纹是外斜箕。

五、注意事项

划分指纹系统中，要定准指纹外角点，系统间界线要划准、通畅、准确达位。

六、实验作业

1. 100~120 枚指纹样本的三个系统标画及乳突花纹分类。

2. 10 份指节捺印样本的指节纹线类型归属。

3. 10 份手掌捺印样本的纹线分析，标出手掌各区域纹线的流向及各区域出现的纹型。

七、思考题

1. 指头乳突花纹的形态有哪些?

2. 手掌掌上区、内侧区、外侧区各有哪些特征花纹类型?

3. 比较指纹、掌纹与指节纹之间的手纹特点。

4. 三角如何分类?

5. 指节乳突花纹的形态有哪些?

实验 1-4 指纹特征寻找与标示

一、实验目的

熟练掌握乳突线的细节特征，明确细节特征的命名原则，学会细节特征标示的方法。训练标示纹线细节特征的方法、技巧，培养标示纹线细节特征的能力，为手印鉴定打下牢固的基础。

二、实验原理

最基本的细节特征有起点、终点、分歧、结合、小勾、小眼、小桥、短棒和小点九种，其中起点、终点、分歧和结合四种特征的出现率很高，故其价值较低；短棒和小点等特征的出现率较低，故其价值较高；小勾、小眼、小桥等特征的出现率很低，故其价值很高。

三、实验器材

手印样本材料、指纹放大镜、分规、直尺、钢针笔、钢笔、红色笔。

四、实验内容

（一）细节特征的寻找

1. 按从左向右的方向寻找。
2. 按从上向下的方向寻找。
3. 按顺时针的方向寻找。

（二）细节特征的标示

1. 标线要与所标处的纹线基本垂直，并准确标到特征点上。
2. 标线要尽量呈放射状，并尽量使其均匀分布，避免标线交叉。
3. 标线序号应按顺时针方向，从 1 时位开始排列。
4. 标线的粗细适中，避免从其他特征点经过。
5. 标线长度适中，不能过短停留在纹线区域内，也不能过长。

五、注意事项

标线的标示、排列及分布要规范、美观。

六、实验作业

完成 10 份指头花纹和 5 份手掌局部纹线细节特征的标示。

七、思考题

1. 常见的乳突纹线细节特征有哪些？其命名的原则有哪些？
2. 细节特征的形态及分布有何规律？

实验 1-5   汗潜手印的粉末显现

一、实验目的

了解粉末法显现汗潜手印的原理，熟悉常用粉末的种类及适用范围，掌握粉末显现的具体操作方法和技巧。

二、实验原理

利用手印纹线物质与粉末的物理附着和静电吸附作用，使手印纹线染色得以显现。此法适用于显现玻璃、陶瓷、搪瓷、油漆木、电镀制品、塑料制品等非渗透性客体材料表面的新鲜汗潜手印。

三、实验器材

铝粉、青铜粉、石墨粉、磁性粉，毛刷、磁性刷，瓷砖、玻璃、金属、塑料、多种光纸、本色木、油漆木等多种客体，指纹胶、衬纸。

四、实验内容

（一）样本制作

在玻璃、陶瓷、搪瓷、塑料、油漆面、金属、纸张等客体上按捺汗液手印。

（二）粉末显现

1. 根据客体表面性状及背景颜色选择适合的粉末。

2. 直接刷显法：用毛刷蘸取较多的粉末，沿着垂直物面从下往上扫动，使粉末粘附于物面，当看到纹线后，弹掉毛刷上的粉末，顺着纹线的流向沿一个方向刷显，直至纹线清晰为止。

3. 撒粉刷显法：用毛刷蘸取适量的粉末，轻轻弹击刷柄，使物体表面均匀地覆盖一层粉末，弹掉毛刷上多余的粉末并将其收回容器，再用干净毛刷尖部在撒粉物面轻轻扫动，当发现纹线后，顺着纹线的流向沿一个方向刷显，直至纹线清晰为止。

4. 撒粉抖显法：用毛刷蘸取粉末，弹击刷柄使粉末覆盖于物面，或将适量粉末直接倒于物面；然后双手拿住物体的两边使其上下抖动，让粉末滑过疑有手印的物面，待手印显出后，将多余粉末收回容器，再轻轻弹击物体背面抖掉浮于纹线间的粉末即可。

5. 磁性刷刷显法：用磁性刷吸取粉末，在磁性刷头部形成磁性粉穗，用粉穗轻轻刷显，切忌磁性刷头部与物面接触，以免划坏手印纹线，直至显出清晰手印为止，将粉穗剩余的粉末收回容器。

（三）指纹胶纸提取

将指纹胶纸的一端贴在手印的一侧，然后用拇指肚慢慢将指纹胶纸擀粘在手印上，注意不要留有气泡，再将指纹胶纸轻轻揭起，将提取的手印贴在与粉末纹线反差强的衬纸上。

五、注意事项

1. 粉末显现前，应注意手印周围有无附着物和斑渍，如有应先提取，以免被粉末覆盖，影响化验和仪器分析。

2. 粉末显现前，应仔细观察客体表面状态，如表面干湿程度、表面是否有油层。

3. 毛刷应保持松软干燥。

六、实验作业

分别用铝粉、青铜粉、石墨粉、磁性粉显现、提取不同客体上的汗潜手印各 5 枚，粘于手印显现作业纸上，并注明选用的何种客体、何种粉末及何种显现操作方法。

七、思考题

1. 简述粉末显现汗潜手印的操作方法及其适用对象。
2. 分析粉末显现汗潜手印质量的影响因素。

实验 1-6　汗潜手印的 502 胶熏显

一、实验目的

了解 502 胶熏显汗潜手印的机理及其适用的客体范围，掌握 502 胶熏显汗潜手印的具体操作方法和技巧。

二、实验原理

α-氰基丙烯酸乙酯单体挥发后，在手印物质水和氨基酸的引发下，发生 α-氰基丙烯酸乙酯单体的聚合反应，生成白色聚合物，从而显出指纹。此法适合于玻璃、金属、橡胶、塑料制品、皮革等非渗透性或半渗透性客体材料上的汗潜手印。

三、实验器材

502 胶、定性滤纸、502 胶熏显柜，塑料、橡胶、人造革等客体材料。

四、实验内容

（一）样本制作

在塑料、橡胶、人造革等客体上按捺汗液手印。

（二）滤纸贴附熏显法

1. 将 502 胶涂于滤纸上，当滤纸表面呈半凝固状态时，将其覆盖于疑有手印的部位。

2. 用手轻压加温 1~2 min 后，观察手印纹线是否显出。若尚未显好，可继续熏显。

（三）502 胶熏显法

1. 将要熏显的物体悬挂在熏显柜内，将适量的水和 502 胶分别滴入电热槽内，然后将容器密闭接通电源。

2. 待半小时到一小时后，切断电源，取出检材观察。

五、注意事项

1. 502 胶具有较强的刺激性，熏显过程应在通风条件好的地方进行，同时戴上手套，做好安全防护。

2. 滤纸贴附熏显法显现手印时，要把握好滤纸的干湿程度，过干影响显现效果，过湿会使滤纸与物面贴在一起而破坏手印。

六、实验作业

用 502 胶熏显不同客体上的汗潜手印 5 枚，粘于手印显现作业纸上，并注明选用的何种客体、具体操作方法及提取方式。

七、思考题

1. 简述 502 胶熏显汗潜手印的操作方法。
2. 影响 502 胶熏显汗潜手印质量的因素有哪些？

实验 1-7　502 胶手印的后处理

一、实验目的

了解熏显过厚 502 胶手印的减薄原理及方法，掌握 502 胶手印的染色方法及具体操作。

二、实验原理

（一）502 胶手印的减薄

由于氰基丙烯酸乙酯聚合物对温度、溶剂和酸碱化学试剂比较敏感，可发生升华、汽化及部分溶解，因此可采用控制温度、加溶剂等方法来减薄过厚的 502 胶手印。为了增大白色聚合物线与浅色客体背景的反差，可利用聚合物对粉末、染料良好的吸附性能。

（二）502 胶手印的染色增强

利用磁性粉末、罗丹明 6G 及 BBD 等粉末和荧光染料对氰基丙烯酸乙酯聚合物的吸附性，使其着色，从而使指纹与背景产生较大反差，增强显现效果。

三、实验器材

502 胶、磁性粉末、罗丹明 6G、BBD、E502、10% 氢氧化钠溶液、10% 醋酸溶液、丙酮乙醇混合液（体积比为 1∶2），502 胶熏显箱、电热鼓风干燥箱、定性滤纸，玻璃、金属制品、陶瓷、搪瓷、塑料、橡胶、人造革等客体材料。

四、实验内容

（一）样本制作

1. 在玻璃、金属制品、陶瓷、搪瓷等客体上按捺汗液手印，502 胶过度熏显。

2. 在浅色塑料、橡胶等客体上按捺汗液手印，用 502 胶熏显。

（二）**502 胶手印的减薄**

1. 加热减薄：将可耐热客体材料放入电热鼓风干燥箱，温度调到 140~160 ℃，观察记录纹线消失的时间。

2. 化学试剂减薄：用脱脂棉蘸酸或碱溶液于手印熏显过厚部位上轻轻按压约 15 s，然后用干净脱脂棉吸去多余溶液，重复几次直到达到满意效果。

3. 溶剂减薄：用滴管逐滴加混合溶剂于手印熏显过厚部位，观察纹线是否减薄。

（三）**502 胶手印的染色增强**

1. 粉末染色：502 胶显出手印后，迅速用磁性粉末刷显染色，可拍照或用胶纸提取。

2. 荧光试剂染色：将荧光试剂溶液涂抹在 502 胶手印纹线上，充分浸润后用丙酮乙醇混合液冲洗、晾干，然后在紫外光或多波段光源激发下观察拍照。

五、注意事项

1. 用加热法减薄 502 胶手印，关键是控制温度。常压下，温度超过 87 ℃，氰基丙烯酸乙酯聚合物开始升华；温度超过 155 ℃，聚合物开始汽化。

2. 502 胶具有较强的刺激性，加热减薄时要注意通风，同时打开风扇。

六、实验作业

分别减薄和染色增强 502 胶手印各 5 枚，粘于手印显现作业纸上，并注明选用的何种方法、何种试剂。

七、思考题

1. 502 胶手印为何要染色增强，哪种试剂操作简便且效果好？

2. 分析影响 502 胶手印减薄和染色增强效果的因素。

实验 1-8 汗潜手印的烟熏与碘熏

一、实验目的

了解烟熏、碘熏汗潜手印的机理及其适用的客体范围，掌握烟熏、碘熏汗潜手印的具体操作方法和技巧。

二、实验原理

（一）烟熏法

烟熏法显现手印的原理与粉末一样，烟末本身有吸附力，当其与手印物质接触时，被其中的汗液和油脂粘附，手印纹线即被染色。烟熏法适用于显现表面光滑、渗透力弱的承受物体上的陈旧手印。常用的烟熏物质有樟脑、松香、煤油、蜡烛等。

（二）碘熏法

手印物质中的油脂对碘有粘附作用和吸收作用，同时手印物质中的不饱和脂肪酸与碘发生化学反应，会生成褐色物质。但是由于碘被吸收的作用过程具有可逆性，生成的物质具有易挥发性，所以碘熏法显现的手印容易消失。碘熏法适用于显现光滑纸张、蜡纸、复写纸、竹器、本色木、石灰墙、塑料、细纱纺织品上的新鲜汗液油脂手印。

三、实验器材

碘、0.5%~1%的氯化钯溶液（0.5~1 g 氯化钯溶于 100 mL 蒸馏水）、松香烛，墙壁、陶瓷、本色木、塑料、橡胶、各种纸张、纺织品等客体材料。

四、实验内容

（一）烟熏法

1. 将烟熏物质点燃，待烟较旺时，置被显物体于火苗上方（相距 5 ~ 10 cm）。

2. 浓烟对准疑有手印的部位反复移动熏染，至表面上淀积一层均匀的烟末为止。

3. 承受物体冷却后，用软毛刷刷掉多余的烟末。

（二）碘熏法

1. 将适量的碘（1 g 左右）放于烧杯内，加盖置于三脚架的石棉网上，用酒精灯加热。

2. 待碘升华呈紫色气体，将被显物体直接置于烧杯上方熏染，至手印被显出时停止熏显；间接熏显是将经过碘蒸气熏染的玻璃片覆盖于被显物体上，显出潜在手印。

3. 熏显后及时进行固定，将氯化钯溶液均匀滴在熏显手印上，经水洗晾干，手印即呈棕褐色被固定下来。

五、注意事项

1. 烟熏法时，不能选用易燃易爆客体。烟末沉积不宜过厚、熏烤时间不宜过长。过多的烟尘或过度的加热，会使烟末牢固地粘附在客体上，导致手印纹线模糊不清。距离过近易损坏被显物，距离过远则熏染不均匀。

2. 加热碘熏应在通风条件好的地方进行，以防空气污染。

六、实验作业

用烟熏、碘熏方法显现不同客体上的汗潜手印 5 枚，粘于手印显现作业纸上，并注明选用的何种客体及提取方式。

七、思考题

碘熏法显现汗潜手印的固定方法有哪些？

实验 1-9 汗潜手印的硝酸银、茚三酮、DFO 显现

一、实验目的

了解溶液法显现汗潜手印的具体内容、机理及适用的客体范围，掌握硝酸银、茚三酮、DFO 溶液的配制方法、操作方法及后处理方法。

二、实验原理

（一）硝酸银

利用硝酸银与汗液中的氯离子发生化学反应，生成氯化银沉淀，氯化银在强光作用下分解为银，从而可将手印显出。

（二）茚三酮

茚三酮与 α-氨基酸发生脱水、脱羧反应生成亚胺，亚胺水解得到的氨基茚二酮与茚三酮进一步缩合得到蓝色或紫色的化合物，从而显现出蓝紫色手印。

（三）DFO

DFO 与 α-氨基酸发生反应生成淡紫红色化合物，在多波段光源蓝绿光（515~530 nm）的激发下，通过红色滤光镜观察，手印呈橙黄色荧光。

三、实验器材

硝酸银、茚三酮、DFO、三氟三氯乙烷、乙醇、丙酮、石油醚、蒸馏水、烧杯、量筒、镊子、天平、DFO 熏显柜、多波段光源、白纸、报纸、牛皮纸、彩纸、信封、票券、本色木、浅色丝绸、涤棉纺织品等客体材料。

四、实验内容

（一）硝酸银显现

1. 溶液配制：1~5 g 硝酸银溶于 100 mL 蒸馏水或 1~3 g 硝酸银溶于 100 mL 乙醇。

2. 涂抹手印：用脱脂棉蘸取溶液，均匀地在客体表面上蘸涂一层溶液，阴干至表面没有浮水。

3. 曝光：置于阳光或强光源下曝光至手印显出。

（二）茚三酮显现

1. 溶液配制：1~5 g 茚三酮溶于 100 mL 无水乙醇、100 mL 无水丙酮、15 mL 无水乙醇和 85 mL 三氟三氯乙烷的混合液中。

2. 涂抹手印：用脱脂棉蘸取溶液，均匀地在客体表面上蘸涂一层溶液，在室温下自然晾干，几小时后手印即显示，或用茚三酮熏显柜熏显，10 min 左右即可将手印显出。

（三）DFO 显现

1. 储备液：将 1 g DFO 溶入 200 mL 无水乙醇、200 mL 乙酸乙酯、40 mL 冰醋酸的混合液中，待完全溶解（可水浴加热）后置于棕色瓶中在阴凉处保存。

2. 工作液：在储备液中加入 1560 mL 三氟三氯乙烷，充分搅拌后溶液呈淡黄色。

3. 将客体浸入（或在表面涂抹）溶液 10 s，可轻微晃动，自然风干以后再次浸泡 10 s，然后放入 DFO 熏显柜，设置温度 80~90 ℃加热 20 min 左右，取出后在多波段光源下观察。

五、注意事项

1. 溶液法显现中配制溶液时，溶剂对呼吸系统有刺激作用，操作时应戴口罩，工作室空气要流通，以免危害健康。硝酸银具有毒性，且腐蚀性强，使用时注意不要沾到皮肤及衣物上。

2. 硝酸银显现中，曝光过程应注意观察，避免曝光过度而变黑，显出手印后应立即照相；然后放暗袋中或夹在书中，以免曝光过度。

3. 茚三酮溶液浓度与环境的湿度有关，气温高、湿度大、浓度适当降低。尽量使用新配制溶液，对陈旧溶液使用前先实验，确认未失效方可用。加温加湿显出的手印，显现速度快，但易褪色，要及时照相固定。

六、实验作业

用硝酸银、茚三酮、DFO 溶液显现不同客体上的汗潜手印各 5 枚，照相固定。

七、思考题

若要减薄和消退，硝酸银显出的手印有哪些常用的方法？

实验 1-10　手印的光学检验

一、实验目的

熟悉各种光学检验方法的基本原理，掌握其具体操作方法及在手印显现中的应用。

二、实验原理

光学检验法是目前国内外专家在手印现场勘验中首选的一种无损检验方法。常用的手印光学检验技术包括配光检验技术和紫外反射检验技术。前者是用一定入射角度和方向的光线照射被检验物体，达到增大客体表面与手印纹线在垂直方向上的反射光亮度差；后者是利用被检验客体与手印纹线对特定波长紫外线的反射吸收能力不同，使得客体与纹线之间呈现高亮度反差，同时减弱背景图案干扰。

三、实验器材

数码照相机、定向反射镜、面光源、多波段光源、紫外观察照相系统（254 nm 紫外光源、254 nm 带通滤光片、紫外镜头、紫外图像增强管）、玻璃、陶瓷、搪瓷、照片、塑料制品、深色背景客体材料、502 胶。

四、实验内容

（一）配光检验

1. 定向反射。

（1）安装定向反射照相装置。

（2）在光滑客体表面上按捺汗液手印，进行定向反射照相。

（3）调整 10 cm、30 cm、60 cm 等不同拍照距离，进行定向反射照相。

2. 暗视场照相。

（1）调整光源位置，使光线入射角度为 10°~30°。

（2）在深色光滑平面客体表面上按捺汗油混合手印，进行暗视场照相。

3. 掠入射照相。

（1）调整光源位置，使入射光线近似平行于客体表面。

（2）浅色塑料客体表面按捺汗液手印，经 502 胶熏显，进行掠入射照相。

（二）**紫外反射照相**

1. 安装紫外观察照相系统。

2. 在平面玻璃双面上分别按捺汗液手印，进行紫外反射照相。

3. 在背景较复杂的照片上按捺汗液手印，进行紫外反射照相。

五、注意事项

1. 面光源输出的光均匀柔和，作为定向反射照相的光源，可避免图像表面出现光斑。

2. 注意各种配光检验的照相效果中背景与纹线颜色的区别。

六、实验作业

1. 纸张、玻璃、陶瓷等表面上汗潜手印的光学照相。

2. 白色塑料上 502 胶手印的光学照相。

七、思考题

1. 适合于灰尘手印的光学检验方法有哪些？

2. 适合于 502 胶手印的光学检验方法有哪些？

实验 1-11 手印的激发光致荧光显现

一、实验目的

了解激发光致荧光显现手印的基本原理，掌握利用多波段光源及紫外光作为激发光源显现不同客体上手印的基本操作方法。

二、实验原理

激发光致荧光显现手印是利用多波段光源、紫外光等作为光源，照射激发手印中某些固有的荧光物质或手印染色荧光物质，使其发出可见荧光，减弱背景图案的干扰，以利于手印的观察和照相固定。

三、实验器材

多波段光源、紫外灯（254 nm）、荧光粉、矿物油，皮革、纺织品、票据、彩纸等客体材料。

四、实验内容

（一）紫外光激发

1. 在纺织品上留下矿物油手印。

2. 在 254 nm 的短波紫外光照射下，观察手印显现出的荧光效果。

（二）多波段光源激发

1. 熟悉多波段光源的基本结构及其常见波段。

2. 在皮革、彩纸等客体上按捺汗油混合手印，用荧光粉对手印进行染色后，再选择不同波段的光源照射，观察手印显现出的荧光效果。

3. 在皮革上留下汗潜手印，经 502 胶熏显后，用 BBD 染色，选择合适的多波段光源和滤光镜进行观察。

五、注意事项

1. 手印激发光致荧光过程中，应佩戴安全的防护目镜，以免损伤眼睛。

2. 多波段光源除显现手印外，还可以广泛地应用于现场勘查及其他痕迹物证的发现、检测和处理。

六、实验作业

用荧光粉及荧光试剂显现不同客体上的手印 5 枚，用紫外灯或多波段光源观察其荧光效果，照相固定并注明合适的激发光波段和滤光镜。

七、思考题

简述多波段光源在现场勘查中的应用。

实验 1-12　灰尘手印的显现

一、实验目的

了解灰尘手印的特点和基本显现原理，掌握常规显现灰尘手印的操作方法和技巧。

二、实验原理

灰尘呈不规则的粒子，对定向光呈强漫反射，可采用掠入射配光发现灰尘手印。灰尘粒子小、质量轻、附着力差，可用胶带、相纸等具有较强黏性的材料进行转印提取，再进行染色显现。

三、实验器材

多波段光源、指纹胶、相纸、YH 染料、棉球、衬纸，玻璃、陶瓷、搪瓷、塑料、皮革、纸张等客体材料。

四、实验内容

（一）光学检验

1. 在平整的客体表面上按捺灰尘加层手印。

2. 采用掠入射配光，在垂直方向或反射角方向观察灰尘手印。

（二）胶带转印

1. 在玻璃、陶瓷、搪瓷、塑料等客体上按捺灰尘加层手印。

2. 用指纹胶直接将灰尘手印粘取下来，再贴附在衬纸上。

（三）相纸转印 YH 染料擦显

1. 棉球浸水擦拭相纸胶面，使其明胶蛋白吸水溶胀。

2. 将处理过的相纸覆盖于灰尘手印上，垂直加压，揭下相纸用电吹风加热至充分干燥。

3. 取少量 YH 染料置于白纸上摩擦压碎，用棉球擦拭沾染染料。

4. 用吸附了少量染料的小棉球反复擦染相纸上的灰尘指纹，至手印呈鲜红色显出。

五、注意事项

　　YH 染料染显时一定要控制染料的用量，若附着过多而产生背景干扰，可用乙醇溶剂冲洗，挥干后重新擦染。

六、实验作业

　　显现、提取不同客体上的灰尘手印 5 枚，粘于手印显现作业纸上，并注明选用的何种客体、具体操作方法及提取方式。

七、思考题

　　1. 在灰尘手印的显现和提取中应注意哪些事项？
　　2. 掠入射光的入射角多少度为宜？

实验 1-13 小微粒悬浮液显现油脂手印

一、实验目的

了解小微粒悬浮液显现法的基本原理，掌握小微粒悬浮液显现油脂手印的具体操作方法。

二、实验原理

小微粒悬浮液是在水中加入适量表面活性剂，再加入小微粒粉末。表面活性剂分子吸附于小微粒的颗粒表面，小微粒因带有相同的电荷而趋于分散形成悬浮液。悬浮液通过表面活性剂亲油基与手印物质中的油脂成分发生吸附作用，而将手印染色显现。

三、实验器材

四氧化三铁、氧化锌、十二烷基磺酸钠、蒸馏水、烧杯、量筒、天平，不锈钢、瓷砖、塑料、铝合金、玻璃、搪瓷等客体材料。

四、实验内容

（一）小微粒悬浮液的配置

1. 将 0.2 g 表面活性剂溶于约 200 mL 水中，加入 10 g 四氧化三铁粉末，搅拌均匀至溶液成浆状，再加水至 1000 mL。

2. 将 0.2 g 表面活性剂溶于约 200 mL 水中，加入 10 g 氧化锌粉末，搅拌均匀至溶液成浆状，再加水至 1000 mL。

（二）油脂手印的显现

1. 将小微粒悬浮液摇匀后，倒入瓷盘内并搅动至全部粉末悬浮，将检材浸入悬浮液中。

2. 手印显出后，取出检材，用水漂洗，烘干。

五、注意事项

1. 悬浮液配制时，要严格控制表面活性剂的用量。
2. 显现过程中，要使悬浮液均匀地与客体表面进行接触。
3. 根据客体材料的不同颜色，选择适合的悬浮液。

六、实验作业

用小微粒悬浮液显现不同客体上的油脂手印 5 枚，粘于手印显现作业纸上，并注明选用的何种客体、何种试剂、具体操作方法及提取方式。

七、思考题

适合于配制小颗粒悬浮液的小微粒和表面活性剂有哪些种类？

实验 1-14 血手印的显现

一、实验目的

了解血手印的特点和基本显现原理，熟悉显现血手印的常规方法和适用范围，掌握常规显现血手印的操作方法和技巧。

二、实验原理

（一）TMB 显现法

血痕中的过氧化氢酶能使过氧化氢（H_2O_2）释放出初生态氧（O），而初生态氧能氧化四甲基联苯胺，从而使血手印呈蓝绿色显出。此法主要用于单一浅色的吸湿性客体，如纸张、纸币、证券上等新鲜或陈旧血手印的显现。对较新本色木、纸板、胶版纸及精纺纺织品上的血手印亦有一定效果。

（二）蛋白染色法

蛋白染色剂通过物理附着和化学染色牢固地附着在血潜手印中的蛋白质上，从而使蛋白显色，同时使血潜手印具有二次光致荧光特性。常用的蛋白染色剂有 EOS 和 BBI。

三、实验器材

四甲基联苯胺、75% 乙醇溶液、30% 双氧水、EOS 染色液、BBI 染色液、弱酸性水（水：冰醋酸 = 50：1），各类纸张、本色木、玻璃、塑料、搪瓷、铁皮、烤漆物面、胶版纸、纺织品等。

四、实验内容

（一）TMB 显现法

1. 溶液配制：四甲基联苯胺 1~1.2 g 溶于 100 mL 无水乙醇中，使用前加入 2 mL 30% 双氧水。

2. 显现：首先在疑有潜血手印处，用无水乙醇多次固定。之后用棉球蘸取溶液轻轻点蘸涂抹在疑有潜血手印处，几秒钟后血手印即被显出。

3. 固定：拍照提取固定。

（二）蛋白染色法

1. EOS 蛋白染色：均匀喷涂少许 EOS 蛋白染色剂覆盖于血手印，自然挥干后，用多波段光源 520 nm 蓝绿光激发，橙色滤光镜观察。对吸湿性表面有较强的背景污染，可用乙醇进行背景脱色。

2. BBI 蛋白染色：均匀喷涂少许 BBI 蛋白染色剂覆盖于血手印，自然挥干后，黄色表面上呈蓝色血手印。背景干扰可用弱酸性水冲洗后，用多波段光源 450 nm 蓝紫光激发，黄色滤光镜观察。

五、注意事项

1. 血手印易扩散，显现操作中对渗透性物面用无水乙醇充分固定，非渗透物面先用烟熏，之后再显现。

2. 四甲基联苯胺虽无致癌性，但仍有一定毒性，使用中仍需注意安全。戴口罩和手套操作，最好在通风橱中进行。

3. 双氧水浓度随时间增长而降低，使用存放时间长的过氧化氢时，应适当增大其在显现液中的比例。

4. 显现血手印的某些方法（如四甲基联苯胺）对果汁、乳汁、铜盐、铁盐、碘盐等均产生类似呈色反应，使用时要充分考虑这些因素。

六、实验作业

用不同的显现方法完成 5 枚血手印的显现，记录实验结果，写出实验报告。

七、思考题

1. 血潜手印显现方法常用的有哪几种？显现原理是什么？如何操作？
2. 如何鉴定陈旧手印是不是血手印？详述操作方法。

实验 1-15 现场手印的勘验与分析

一、实验目的

通过模拟实训使学生实际体会手印形成的原理及影响因素，进一步了解现场手印勘验的基本程序，提高实际动手能力；掌握现场手印的分析方法，培养独立思考和解决问题的能力；明确手印鉴定的程序和步骤，加强理论与实践的联系。

二、实验器材

痕迹勘验器材、照相器材、手印显现器材、样本手印捺印器材、手印鉴定器材。

三、实验内容

（一）模拟现场的设计与布置

根据不同类型现场的特点，在适当位置留下汗潜、灰尘、胶带等相应手印，并收集相关人员的样本手印。

（二）现场手印的勘验

结合现场具体情况，对中心现场、现场出入口、来往路径及其他相关部位进行重点勘查，着重落实对现场留有手印物证的寻找、发现及提取。

（三）手印的显现

根据留有手印客体材料的性质及手印种类，选择合适的方法进行手印的显现及提取固定。

（四）手印的分析及鉴定

判断显现手印为何手、何指、何部位所留，检验现场手印和样本手印是否为同一人所留，并出具鉴定书。

四、注意事项

1. 以小组为单位进行实训活动，每小组里设指挥人员 1 名、现场设计与布置人员 3 名、技术人员 5 名等；小组各成员要根据分工明确任务，认真扮演角色，共同完成实训任务。

2. 实训过程要遵守纪律，爱护器材、严肃认真，按合法程序勘验现场和提取物证。

五、实验作业

制作《现场勘查笔录》《现场指纹信息卡》《手印鉴定书》。

六、思考题

1. 简述现场手印勘验的基本程序及影响手印显现的因素。

2. 显现潜在手印的方法有哪几种？

3. 手印鉴定有哪些步骤？如何寻找确定手印特征？

实验 1-16　精液、阴道分泌液、唾液、胶水介质手印的显现

一、实验目的

了解精液、阴道分泌液、唾液、胶水等特殊介质的物理、化学性质，掌握其显现原理和操作方法。

二、实验原理

1. 手印物质的黏性及静电吸附性原理。
2. 502 胶单体在阴离子引发下进行聚合的原理。
3. EOS 显现液对手印蛋白染色形成橘红色。

三、实验器材

毛刷、磁性刷，精液、阴道分泌液（可用生鸡蛋白替代），唾液，胶水，多种客体，石墨粉、磁性粉、荧光粉，502 胶，EOS 蛋白显现液。

四、实验内容

（一）精液、阴道分泌液介质手印的物理、化学显现
1. 在多种客体表面上留下系列手印，观察手印遗留状态。
2. 用石墨粉、磁性粉、荧光粉显现手印。
3. 用 502 胶贴熏或柜熏显现手印。
4. 用 EOS 蛋白显现液显现手印。

（二）唾液介质手印的物理、化学显现
1. 在多种客体表面上留下系列手印，观察手印遗留状态。
2. 用石墨粉、磁性粉、荧光粉显现手印。
3. 用 502 胶贴熏或柜熏显现手印。
4. 用 EOS 蛋白显现液显现手印。

（三）胶水介质手印的物理、化学显现

　　1. 在多种客体表面上留下系列手印，观察手印遗留状态。

　　2. 用石墨粉、磁性粉、荧光粉显现手印。

　　3. 用 502 胶贴熏或柜熏显现手印。

　　4. 用 EOS 蛋白显现液显现手印。

五、注意事项

　　不同介质的成分及性状各有差异，不同种类物面的物理化学性质也各有差异，在选择用何种方法显现时要充分考虑其差异性。

六、实验作业

　　将显现的手印提取后填写、张贴《手印显现提取作业》。

七、思考题

　　1. 简述本实验中此类特殊介质的物理、化学方法显现的原理。

　　2. 在不同客体上显现手印，在选择显现方法时应考虑哪些因素？

　　3. 简述环境对显现程序及方法的影响。

实验 1-17 啤酒、饮料介质手印的显现

一、实验目的

了解啤酒、饮料的物理、化学性质，掌握其显现原理和操作方法。

二、实验原理

1. 手印物质的黏性及静电吸附性原理。
2. 502 胶单体在阴离子引发下进行聚合的原理。
3. 氨基酸手印与茚三酮反应形成紫色络合物。
4. EOS 显现液对手印蛋白染色形成橘红色。

三、实验器材

毛刷、磁性刷，啤酒、饮料，多种客体，石墨粉、磁性粉、荧光粉，502 胶，茚三酮溶液，EOS 蛋白显现液。

四、实验内容

（一）啤酒介质手印的物理、化学显现

1. 在多种客体表面上留下系列手印，观察手印遗留状态。
2. 用石墨粉、磁性粉、荧光粉显现手印。
3. 用 502 胶贴熏或柜熏显现手印。
4. 用茚三酮溶液显现手印。
5. 用 EOS 蛋白显现液显现手印。

（二）饮料介质手印的物理、化学显现

1. 在多种客体表面上留下系列手印，观察手印遗留状态。
2. 用石墨粉、磁性粉、荧光粉显现手印。
3. 用 502 胶贴熏或柜熏显现手印。
4. 用茚三酮溶液显现手印。
5. 用 EOS 蛋白显现液显现手印。

五、注意事项

不同饮料的成分及性状各有差异，不同种类物面的物理化学性质也各有差异，在选择用何种方法显现时要充分考虑其差异性。

六、实验作业

将显现的手印提取后填写、张贴《手印显现提取作业》。

七、思考题

1. 简述啤酒、饮料介质的物理、化学方法显现的原理。
2. 在不同客体上显现手印，在选择显现方法时应考虑哪些因素？
3. 简述环境对显现程序及方法的影响。

实验 1-18 常见亚光面客体汗潜手印的显现

一、实验目的

了解不锈钢、塑料、玻璃亚光面的物理性质，掌握亚光面上汗潜手印的显现方法。

二、实验原理

1. 手印物质的黏性及静电吸附性原理。
2. 502 胶单体在阴离子引发下进行聚合的原理。

三、实验器材

毛刷、磁性刷，石墨粉、磁性粉、荧光粉，502 胶，亚光面不锈钢客体、亚光面塑料客体、亚光面玻璃客体。

四、实验内容

（一）不锈钢亚光表面上汗潜手印的显现

1. 在不锈钢亚光表面上连续留下手印，观察手印遗留状态。
2. 用石墨粉、磁性粉、荧光粉显现手印。
3. 用 502 胶贴熏或柜熏显现手印。

（二）塑料亚光表面上汗潜手印的显现

1. 在塑料亚光表面上连续留下手印，观察手印遗留状态。
2. 用石墨粉、磁性粉、荧光粉显现手印。
3. 用 502 胶贴熏或柜熏显现手印。

（三）玻璃亚光表面上汗潜手印的显现

1. 在玻璃亚光表面上连续留下手印，观察手印遗留状态。
2. 用石墨粉、磁性粉、荧光粉显现手印。
3. 用 502 胶贴熏或柜熏显现手印。

五、注意事项

不同亚光面客体的物理化学性质有所不同，在选择用何种方法显现时要充分考虑其差异性。

六、实验作业

将显现的手印提取后填写、张贴《手印显现提取作业》。

七、思考题

1. 亚光面的物理性状有哪些？

2. 思考亚光面上其他介质手印，如血手印、灰尘手印、饮料介质手印等是否可以使用本实验方法进行显现。

实验 1-19　胶带、纺织品上汗潜手印的显现

一、实验目的

了解胶带粘面、纺织品的性质，掌握其汗潜手印的显现原理和方法。

二、实验原理

1. 手印物质的黏性及静电吸附性原理。
2. 502 胶单体在阴离子引发下进行聚合的原理。

三、实验器材

液盆、镊子、烧杯、酒精灯、四氧化三铁悬浮液、三氧化二铁悬浮液、碳素墨水、胶带粘面染色剂、荧光粉、各种磁性粉、碘、胶带、纺织品。

四、实验内容

（一）胶带上汗潜手印的显现

1. 在胶带的粘面上连续留下手印，观察手印遗留状态。
2. 使用四氧化三铁悬浮液、三氧化二铁悬浮液、碳素墨水和胶带粘面染色剂分别进行显现。
3. 将已显现的手印进行拍照。

（二）纺织品上汗潜手印的显现

1. 碘熏法。
（1）在较光滑的布片上连续留下手印，观察手印遗留状态。
（2）用碘熏法熏显手印。
（3）固定已显现的手印，并进行拍照。

2. 粉末法。
（1）在较光滑的布片上连续留下手印，观察手印遗留状态。
（2）用荧光粉或各种磁性粉抖显手印。
（3）将已显现的手印进行拍照。

五、注意事项

不同胶带、纺织品的性状各有差异，在选择用何种方法显现时要充分考虑其差异性。

六、实验作业

将显现的手印提取后填写、张贴《手印显现提取作业》。

七、思考题

1. 简述胶带粘面上汗潜手印的综合显现方法。
2. 简述纺织品上汗潜手印的综合显现方法。

实验 1-20　皮肤、皮革上汗潜手印的显现

一、实验目的

了解皮肤、皮革的物理性质，掌握皮肤、皮革上汗潜手印的显现方法。

二、实验原理

502 胶单体在阴离子引发下进行聚合的原理。

三、实验器材

502 胶熏显柜、照相机、各种真皮和皮革、502 胶。

四、实验内容

（一）皮肤上汗潜手印的显现

1. 观察手背皮肤，了解其性质。
2. 在手背皮肤上连续留下汗潜手印，观察手印遗留状态。
3. 502 胶熏显柜显现手印。
4. 照相提取。

（二）皮革上汗潜手印的显现

1. 观察真皮、皮革的正反两面，了解其物理、化学性质。
2. 在真皮、皮革的正反表面上连续留下汗潜手印，观察手印遗留状态。
3. 502 胶熏显柜显现手印。
4. 照相提取。

五、注意事项

不同皮革其性状各有差异，在选择用何种方法显现时要充分考虑其差异性和特殊性。

六、实验作业

将显现的手印提取后填写、张贴《手印显现提取作业》。

七、思考题

在实际工作中，现场皮革制品上常有一些污染物或水渍，简述其特殊性及显现的方法与程序。

实验 1-21　手印的综合显现

一、实验目的

了解与掌握纸张上汗潜手印、瓷片上灰尘手印的综合显现程序和基本方法。

二、实验原理

手印的综合显现程序按无损检验、少损检验和有损检验的原则进行。

三、实验器材

烧杯，三脚架，酒精灯，DFO、茚三酮显现柜，普通聚光灯或多波段光源，黑色磁性粉，YH 染料粉，DFO、茚三酮、硝酸银、物理显影液、灰尘显现等试剂，纸张、瓷片、相纸、胶带等。

四、实验内容

（一）纸张上汗潜手印的综合显现

1. 使用碘熏法显现。
2. 使用粉末法抖显。
3. 使用 DFO 法显现。
4. 使用茚三酮显现。
5. 使用硝酸银法或物理显影液法显现。

（二）瓷片上加层灰尘手印的综合显现

1. 使用普通光源采用掠入射角照射手印，调整照射角度到观察手印呈最清晰为佳。
2. 使用相纸转贴、YH 染料擦染显现手印，或使用透明胶带转贴、透光观察照相、灰尘显现剂显现手印。

五、注意事项

在使用一种显现方法时，综合考虑不影响或少影响下一种的显现效果。

六、实验作业

观察并分别记录各步骤的显现效果。将显现的手印提取后按显现方法顺序填写、张贴《手印显现提取作业》。

七、思考题

1. 简述其他介质手印的综合显现程序与方法。

2. 简述其他客体上手印的综合显现程序与方法。

3. 在客体表面存在潮湿或油垢、灰垢、血迹等污染的情况下，其手印的显现程序与方法有哪些？

实验 1-22　汗灰混合手印的显现

一、实验目的

了解与掌握汗灰混合手印的综合显现程序和基本方法。

二、实验原理

分别对汗灰混合手印的汗质部分和灰质部分进行综合显现；按无损检验、少损检验和有损检验的原则进行。

三、实验器材

普通聚光灯或多波段光源、照相机、502 胶熏显柜、502 胶、瓷片、胶带等。

四、实验内容

1. 光学检验。光源观察，掠入射照射并提取灰质部分手印。
2. 502 胶熏显。502 胶熏显柜显现汗质部分手印。
3. 照相提取。光源观察，掠入射照射并使用照相机提取显现的手印。

五、注意事项

在使用一种显现方法时，综合考虑不影响或少影响下一种方法的显现效果。

六、实验作业

观察并分别记录各步骤的显现效果。将显现的手印提取后按显现方法顺序张贴、填写《手印显现提取作业》。

七、思考题

是否还有其他的综合显现方法？

实验 1-23　汗油混合手印的显现

一、实验目的

了解与掌握汗油混合手印的综合显现程序和基本方法。

二、实验原理

分别对汗油混合手印的汗质部分和油质部分进行综合显现；按无损检验、少损检验和有损检验的原则进行。

三、实验器材

普通聚光灯或多波段光源、502 胶熏显柜，照相机、502 胶、油粉末、磁性粉、毛刷、磁性刷、瓷片等客体。

四、实验内容

1. 光源观察，定向反射法检验、提取手印。
2. 502 胶熏显柜显现手印。
3. 磁性粉末法刷显手印，或罗丹明 6G 对手印进行荧光染色。
4. 多波段光源观察、显现，照相提取手印。

五、注意事项

在使用一种显现方法时，综合考虑不影响或少影响下一种方法的显现效果。

六、实验作业

观察并分别记录各步骤的显现效果。将显现的手印提取后按显现方法顺序张贴、填写《手印显现提取作业》。

七、思考题

还有哪些其他的综合显现方法？

实验 1-24　汗血混合手印的显现

一、实验目的

了解与掌握汗血混合手印的综合显现程序和基本方法。

二、实验原理

分别对汗血混合手印的汗质部分和血质部分进行综合显现；按无损检验、少损检验和有损检验的原则进行。

三、实验器材

普通聚光灯或多波段光源、502 胶熏显柜、照相机、502 胶、四甲基联苯胺、EOS 生物染色剂、BBI 蛋白染色剂、瓷片等客体。

四、实验内容

1. 光源观察，侧光法或定向反射法检验，并拍照提取。

2. 502 胶熏显柜显现手印，并拍照提取。

3. 四甲基联苯胺或 EOS 生物染色剂或 BBI 蛋白染色剂显现手印，并拍照提取。

4. 多波段光源观察、显现，照相提取手印。

五、注意事项

在使用一种显现方法时，综合考虑不影响或少影响下一种方法的显现效果。

六、实验作业

观察并分别记录各步骤的显现效果。将显现的手印提取后按显现方法顺序张贴、填写《手印显现提取作业》。

七、思考题

还有哪些其他的综合显现方法?

实验 1-25   手印造痕体分析

一、实验目的

掌握分析形成手印的造痕体是何手、何指、何部位的主要内容、步骤和方法。

二、实验器材

马蹄镜或放大镜、手印分析作业本。

三、实验内容

（一）区分指、掌印痕

1. 观察手印的面积和形状来进行区分。
2. 观察乳突纹线的粗细、弯曲度及流程长短来进行区分。
3. 观察乳突花纹的具体结构形态来进行区分。
4. 观察屈肌褶纹和皱纹的形态表现来进行区分。
5. 观察细节特征的出现情况来进行区分。

（二）区分左、右手印痕

1. 分析手印的指尖朝向和手指间排列关系。
2. 分析手指、手掌面主要皮肤花纹的形态和倾斜流向。

（三）区分各手指印痕

1. 根据各手指印的面积、形状及花纹结构判断。
2. 根据花纹类型的出现率判断。

（四）区分手掌不同部位印痕

根据手掌上部、内侧部、外侧部、虎口部、腕部、掌心部的纹线特点来区分不同部位。

四、注意事项

1. 手指印在有条件时，应判断出为何手的何指所留。

2. 判断手掌何部位印痕时应首先确定其印痕的指尖朝向，并用箭头标示出指尖朝向。

五、实验作业

判断所发手印印痕为何手、何指、何部位所留，并简要写出判断依据。

六、思考题

1. 简述指尖印痕的变化机理与判断依据。
2. 如何区分左拇指左侧印痕与右拇指左侧印痕？
3. 如何区分左拇指右侧印痕与右拇指右侧印痕？
4. 简要说明常见各种犯罪动作与所留痕迹部位之间的关系。

实验 1-26   手印测量与人身特点分析

一、实验目的

掌握手印测量及根据现场手印分析推断身高、年龄、体型等人身特点的基本原理和方法。

二、实验器材

厘米尺、手掌捺印作业本。

三、实验内容

（一）手印的测量

用厘米尺测量手印全长、掌印长和宽、各手指印长、各手指第一指节印长。

（二）根据手印分析推断身体特点

1. 身高分析：根据测量的手印全长、掌印长、各手指印长、各指节印长的数据，代入平均系数法身高公式分别求得身高数据，求得身高的平均值即为身高。

2. 体型分析：标准体重＝身高（单位：厘米）－105。体重在标准体重上下 10% 范围内的体型为中等体型，超过或不足标准体重 10% 的为胖体型或瘦体型。一般可根据手指印、指节印和掌印是否平整、是否圆润丰满、纹线间隔宽窄、皱纹多少来分析体型的胖瘦。

3. 年龄分析：根据手指印、指节印和掌印面积大小，纹线粗细、光滑度、间隔大小、清晰与否、皱纹多少、细点线多少、屈肌褶纹深浅程度和光滑程度、脱皮程度等来判断年龄阶段。痕迹检验中一般将年龄阶段划分为青少年（25 岁之前）、青壮年（26~40 岁）、中年（41~50 岁）和老年（50 岁以上）四个阶段。

四、注意事项

1. 推算身高，应按多种公式要求测出相关数据，最后求取平均值。
2. 体型误差较大，如体胖者未必手型也肥大。
3. 从事特殊职业者，手表皮状况也特殊，会影响年龄阶段分析。
4. 实际应用还应结合手印在现场的具体遗留情况作综合分析。

五、实验作业

测量和观察全手平面捺印样本的有关数据和形态，推算其身高近似值，分析判断其大概年龄阶段和体型区间，并与实际数据进行对照，简要分析误差原因。

六、思考题

1. 如何确定测量的边界线？
2. 如何更准确地确定中轴线？
3. 如何更准确地得出数据？
4. 计算结果与实际数据存在误差的原因有哪些？

实验 1-27　手印鉴定

一、实验目的

掌握一般手印鉴定的基本程序和基本方法。

二、实验原理

种属认定原理和同一认定原理。

三、实验器材

放大镜、直尺、分规、钢针笔、红色圆珠笔、蓝色圆珠笔、手印鉴定作业本。

四、实验内容

（一）预备检验

了解案情，明确检验鉴定的目的要求，了解现场手印的情况及显现、提取的方法，检查实验器材是否齐备。

（二）分别检验

分别将现场手印和样本手印用放大镜或立体显微镜放大，调整光线或视线角度，使手印纹线清晰、反差强、易于观察。

1. 检验现场手印：明确现场手印的具体方位、痕迹的种类；观察现场手印有无模糊、重叠、残缺或变形现象；判断现场手印的花纹类型和形态反映是否清晰易辨；寻找和确定现场手印特征；测量现场手印的长宽、面积及特征间的相互位置，并记录或描绘在记录纸上；将寻找确定的特征用绘制示意图的方式描绘在记录纸上或用色笔直接在现场手印图片上标示、固定。

2. 检验样本手印：检查样本手印的质量是否符合要求，是否清晰、完整、不变形；观察样本手印的遗留部位、花纹形态等种类特征是否与现场手印相同，若种类特征明显不同，即可作否定结论，反之，则要进一步检验细节特征；将现场手印和样本手印的特征相互对照以验证某些特征的稳定性，有时还能发现新的特征。

（三）比较检验

对现场手印和样本手印的全部特征进行对照比较，找出符合点和差异点。

重点比较花纹中心、三角及伤疤等部位的明显可靠、稀有少见、稳定性强的特征。比较特征分布的位置、相互距离、间隔线数及特征的数量和质量（如特征的具体形状、大小、方向、角度等）。可选用特征直接对照法、特征连线比较法、特征重叠法进行特征比较。

（四）综合评断并得出鉴定意见

将比较检验找出的符合点和差异点进行全面细致的综合分析，判断符合点是本质的还是差异点是本质的，最后作出是否同一的鉴定意见。

认定意见的必备条件：种类特征相同，细节特征总体相符，符合点是本质的，差异点能科学解释。

否定的基本条件：种类特征不符；种类特征虽然相符，但细节特征总体不符，差异点是本质的；少数符合点是偶合或巧合或某种因素造成的。

五、注意事项

1. 特征标线应与特征基本垂直，所有标线呈均匀的放射状，特征序号从0点起按顺时针方向排列。

2. 符合点的标线用红色笔进行标示，差异点的标线用蓝色笔进行标示。

六、实验作业

检验若干个现场手印和样本手印，对每个现场手印和样本手印进行花纹类型、形态反映、痕迹种类的观察确定和各种特征的寻找、确定和标示标线，每个现场手印须一至三个样本手印相互比较。

实验 1-28　疑难手印鉴定

一、实验目的

掌握疑难手印鉴定的基本程序和基本方法。

二、实验原理

种属认定原理与同一认定原理。

三、实验器材

放大镜、直尺、分规、钢针笔、红色圆珠笔、蓝色圆珠笔、手印鉴定作业本。

四、实验内容

（一）按一般手印检验鉴定的程序进行

按预备检验、分别检验、比较检验、综合评断并得出鉴定意见的步骤进行。

（二）对疑难手印特征的寻找、确定方法

在检验现场手印时，若发现现场手印有模糊、重叠、残缺或变形现象，应考虑到特征可能产生了变化。寻找、确定特征的方法如下：

1. 模糊手印：在模糊部位使用平行线法或两头查线法寻找确定特征。

2. 重叠手印：仔细观察重叠部位，有条件时应顺纹线流向进行纹线分离，寻找并确定特征。

3. 残缺手印：首先定准印痕方位，然后寻找并确定特征。

4. 变形手印：首先分析作用力的大小和方向，判断变形的程度等，再寻找并确定特征。

（三）会诊

两名以上鉴定人分别鉴定完毕后，共同对疑难手印进行检验、论证，认真讨论符合点和差异点的本质属性，达成检验鉴定意见的共识。

五、注意事项

1. 特征标线应与特征基本垂直，所有标线呈均匀的放射状，特征序号从 0 点起按顺时针方向排列。

2. 符合点的标线用红色笔进行标示，差异点的标线用蓝色笔进行标示。

六、实验作业

检验若干个现场手印和样本手印，对每个现场手印和样本手印进行花纹类型、形态反映、痕迹种类的观察确定以及各种特征的寻找、确定和标示标线，每个现场手印须一至三个样本手印相互比较。

实验 1-29　手印鉴定书制作

一、实验目的

掌握和培训手印鉴定书制作的基本方法和能力。

二、实验器材

放大镜、直尺、分规、钢针笔、红色圆珠笔、蓝色圆珠笔、手印鉴定案例。

三、实验内容

（一）文字部分

1. 标题：手印鉴定书。

2. 正文：包括绪论、检验、论证和结论。

（1）绪论：根据所给案例或自编案例简单说明案情、送检单位、收检日期，以及现场手印和样本手印的种类、数量、提取方法、保管情况及鉴定要求等。

（2）检验：说明检验仪器设备、采用的标准和检验的方法、手段、过程，记录检验所见和实验结果。

（3）论证：对检验中的符合点和差异点进行综合分析，确定二者的本质属性，论述结论的科学依据。

（4）鉴定意见：准确、简练地表述鉴定意见。

3. 落款：鉴定人、复核人、授权签字人签字，注明鉴定日期并加盖刑事技术鉴定专用章。

（二）图片部分

1. 手印现场图片：说明现场手印所在位置的照片或图片。

2. 检验图片：现场手印和样本手印的全貌照片或图片。

3. 比对图片：一组对照比较照片或图片，一组特征比对照片或图片。现场手印照片贴在左侧，样本手印贴在右侧。

（三）装订成册

按封面、文字部分、图片部分、附件的顺序装订成册。

四、注意事项

1. 各地公安机关对鉴定书的模板或格式有不同要求。
2. 否定结论只需要简要说明理由，不需写鉴定书。

五、实验作业

按要求完成若干份手印鉴定书的制作，其格式、文字内容及图片标示均按正规要求制作。

实验 1-30　指纹自动识别系统——指纹录入与编辑

一、实验目的

了解指纹自动识别系统的基本原理，熟悉指纹卡和现场指纹的输入程序和步骤，掌握十指指纹、现场指纹特征编辑的方法和技巧。

二、实验原理

指纹自动识别系统是以指纹自动处理为核心的指纹处理、管理、识别的计算机系统，包括指纹自动分类、定位、形态特征提取、细节特征提取和指纹比对等高效算法，以及指纹输入、数据库管理、指纹查询等配套子系统。指纹输入包括档案指纹输入和现场指纹输入，输入方法有扫描仪、活体采集仪、数码相机和摄像机。根据指纹自身的特点，可采取系统自动提取特征和人工编辑方式。

三、实验器材

指纹自动识别系统。

四、实验内容

（一）系统登录

1. 在桌面双击系统运行快捷方式，输入用户名、密码、服务器名等内容后，点击"登录"，进入系统主界面。

2. 了解主界面上各菜单的主要功能。

（二）档案指纹输入

1. 档案指纹扫描：进入档案指纹扫描界面，填写卡片类型、指纹编号、任务设置等选项内容。将待扫描的档案卡片放在扫描窗口，在确定扫描区域后点击"扫描"按钮扫描图像。移动取指框和附加框到合适的位置，保存扫描区域和所选参数。

2. 活体采集：进入活体采集界面，在采集窗口按指序进行三面捺印和平面捺印。

3. 人员信息录入：进入人员信息录入界面，输入人员编号，录入人员信息和照片。

（三）现场指纹输入

1. 现场指纹扫描：进入现场指纹扫描界面，输入现场指纹编号和序号。将待扫描的现场指纹卡片放在扫描窗口，在确定扫描区域后点击"扫描"按钮扫描图像，保存现场指纹图像到指定目录。

2. 磁盘输入：根据文件来源选择相应的路径，打开文件。

3. 案件信息输入：在案件信息录入界面双击待录入信息的现场指纹编号，录入该指纹的案件编号、案件类别、提取人等案件情况。

（四）特征编辑

1. 档案指纹特征编辑：选择数据库中要编辑的指纹条码，完成对该指纹的纹型、中心、副中心、三角、细节特征、指纹方向等指纹特征的编辑，将编辑的指纹特征保存至指定目录下。

2. 现场指纹编辑：在现场指纹编辑界面下，输入待编辑的现场指纹编号，运用工具栏的工具将现场指纹图像调整到最佳状态。判断该指纹的纹型、指位，完成对该指纹的中心、副中心、三角、细节特征、指纹方向、特征数线等特征的编辑，将编辑的指纹特征保存至指定目录下。

五、注意事项

1. 档案指纹扫描输入标准为：256 灰度级，500 dpi 分辨率，640×640 点阵大小。

2. 档案指纹扫描输出标准为：256 灰度级，500 dpi 分辨率，512×512 点阵大小。

3. 如果现场指纹不是 1∶1 原物大，点击"比例尺"，将图像转换成 1∶1 原物大。

4. 系统自动对档案指纹进行特征提取，对于质量比较差的档案指纹需要进行人工编辑。

六、实验作业

1. 完成 1 份十指指纹卡的扫描输入。

2. 完成 3 份现场指纹卡的录入及指纹编辑。

七、思考题

1. 指纹自动识别系统的特点是什么？

2. 指纹自动识别系统数据库包括哪些内容？

3. 在编辑现场指纹时，如何选择适当数量的特征点？

实验 1-31　指纹自动识别系统——指纹查询

一、实验目的

了解自动识别系统的查询类型，熟悉指纹的查询步骤及方法，熟练使用指纹自动识别系统。

二、实验原理

指纹自动识别系统利用指纹的特征进行指纹的比对和鉴定，指纹比对子系统具有现场指纹正查、档案指纹倒查、档案指纹查重和现场指纹串查四个比对功能。

三、实验器材

指纹自动识别系统。

四、实验内容

（一）指纹编辑中发送查询请求

在指纹编辑中，设定"建库""比对""建库并比对"等任务，选择"比现场""比档案"等比对设置，系统根据设置条件生成指纹待查询队列。

（二）数据管理中发送查询请求

1. 档案数据查询：在档案指纹信息查询或人员信息查询中输入查询条件，生成查询队列，进入档案指纹浏览界面，设置比对任务和比对目标库，点击"执行"。

2. 现场数据查询：在现场指纹信息查询或案件信息查询中输入查询条件，进入现场指纹编辑界面，确定纹型、指位，进行特征编辑，设置比对任务和比对目标库，点击"执行"。

五、注意事项

1. 查询工作由比对器自动完成，比对器在提交的比对任务中根据优先级，均衡地执行比对任务。

　　2. 对疑难指纹，可采用多次标注特征、多次提交查询来提高其查准率。

六、实验作业

　　完成 5 枚现场指纹的查询。

七、思考题

　　1. 指纹自动识别系统的四种比对功能是什么？

　　2. 为什么说多次标注特征、多次提交查询可以提高指纹自动识别系统的查准率？

实验 1-32　指纹自动识别系统——指纹核查与认定

一、实验目的

掌握指纹核查的步骤和指纹认定的方法，提高指纹自动识别系统的应用技巧。

二、实验原理

指纹自动识别系统的比对是先比对纹型、中心、三角等宏观特征，再比对细节特征，并用一个数值表示两枚指纹的相似程度。当比对过程结束后，按相似程度高低顺序排出若干指纹供指纹鉴定人员参考。

三、实验器材

指纹自动识别系统。

四、实验内容

1. 进入核查认定界面，熟悉界面各区域信息。

2. 十指卡的查重核定：未查中的十指卡可单击检查质量，编辑完成后入库；查中的十指卡，用户视情况选择自动替换或人工替换。

3. 指纹分析：选择要分析的指纹数据，进行基准点确定、细节特征标记、数线等指纹分析。

4. 认定：经核查分析，判断候选指纹与提交比对的指纹是否同一。

5. 打印：选择打印模板，打印经认定同一的指纹。

五、注意事项

1. 十指卡的查重替换中，建议选择人工替换，保证库中的十指卡来自一张捺印卡片，减少对后期的检验和编写鉴定书等工作造成的影响。

2. 若提交比对的指纹与候选指纹不同一，则在比对队列中删除该任务。

六、实验作业

完成 5 枚现场指纹的核查认定。

七、思考题

1. 如何快速、准确地对比对结果进行检视？
2. 根据比对结果作出结论应具备哪些条件？

实验 1-33 足迹油墨捺印与特征标画

一、实验目的

1. 掌握捺印足迹的程序和操作方法，认识站立与行走时形成的足迹的不同反映。

2. 掌握赤足和穿鞋足迹特征的名称、部位、形态以及特征确定和描述方法，以具备足迹检验鉴定的基本能力。

二、实验原理

（一）捺印是公开采集足迹样本的基本方法

1. 样本采集为足迹鉴定服务，采集的样本应清晰、完整、不变形。

2. 足迹鉴定以对客体的特征比较为基础，通过特征比较而确定特性，即以一事物的特有属性区别于其他事物，进行留痕足（鞋）的同一认定。

3. 每一事物都有自身的特性，这种特性通过具体的特征组合表现出来，从而使之与其他事物区别开来。

4. 事物之间的差异通过特征的表现反映出来，也是同一认定中区别不同事物的依据。

（二）足迹形态特征的确定

1. 赤足足迹的特征有：足形特征、皮肤纹线特征。

2. 穿鞋足迹的特征有：鞋形特征、结构特征、制作特征、穿用特征、修补特征、其他特征。

（三）足迹形态特征的描述

1. 种类特征原则上用文字+数值+符号描述。

2. 个别特征用引线编号法和虚实线标画法描述。

三、实验器材

捺印板（适合平整的地面）或捺印箱、油墨滚筒、调墨板、足迹捺印纸、标画用直尺、签字笔。

四、实验内容

1. 用捻印板或捻印箱调好油墨，双足踩踏均匀蘸取。

2. 双足在捻印纸或实验作业纸上站立留下静态油墨足迹。

3. 双足在按步长摆放的捻印纸或实验作业纸上自然行走留下动态油墨足迹。

4. 在捻印纸旁记录下被捻印者的姓名、性别、年龄、身高、体态等。

5. 特征描述：标画所捻印足迹的形态特征。

6. 观察站立与行走时形成的足迹的不同反映。

以上捻印应按要求完成赤足捻印、穿袜足迹捻印、穿鞋足迹捻印。

五、注意事项

1. 捻印板（箱）的周围可以多铺废报纸，以免油墨污染地面。

2. 足迹捻印纸应放置多张，以增加弹性，使特征反映更清晰，也可以让被捻印者多人陆续站立和行走，其他人辅助拣捻印纸，以提高捻印效率。

3. 在寻找、确定细节特征时，要选用稀有、少见、特殊的特征。由于人为的影响而出现的假特征，不能作为特征利用。

4. 细节特征的个数，应依据条件选定，一般定 10 个左右。

六、实验作业

捻印赤足足迹、穿鞋足迹并进行特征标画。

七、思考题

1. 公开捻印、秘密捻印的作用有什么不同？

2. 足迹捻印怎样更好地完成计算机存档？

3. 如何确定足迹中心线？

4. 足迹各参数怎样确定测量？

5. 描述足迹个别特征的两种方法各自适用于什么情况？

实验 1-34 现场足迹勘验与记录

一、实验目的

1. 了解现场足迹勘验的程序与要求以及确定犯罪嫌疑人足迹的基本方法，掌握现场足迹勘验的基本操作。

2. 了解现场足迹记录的内容与要求，掌握现场足迹记录的基本操作。

二、实验原理

1. 发现现场足迹的重点部位：现场出入口，中心现场，犯罪嫌疑人来去路线上，犯罪嫌疑人抛尸埋赃处，犯罪嫌疑人藏身守候处，相关联的其他场所。

2. 发现现场足迹的一般方法：直接发现法，增大反差法，仪器延长发现法。

3. 确定犯罪嫌疑人足迹的方法：根据足迹遗留的位置确定足迹与其他物证的关系，进行甄别排除确定。

4. 承痕体与附着物的性状和数量，造痕体的种类、式样、形状、大小及细节特征，造痕体形成的机制、作用，等等。

三、实验器材

布置模拟现场足迹，准备足迹发现和提取器材即强光灯、静电吸附仪、石膏及所需器皿等，足迹记录表。

四、实验内容

1. 由教师介绍现场情况。

2. 实验学生编组进入模拟现场。

3. 寻找重点部位，发现现场足迹。

4. 确定犯罪嫌疑人足迹，排除其他足迹，提取现场犯罪嫌疑人足迹。

5. 完成足迹记录。

五、注意事项

　　1. 执行现场操作规范，不能破坏现场足迹。
　　2. 注意及时分析和注明特殊动作所留的变形足迹。

六、实验作业

　　完成足迹记录一份。

七、思考题

　　进入现场进行足迹勘验有哪些操作规范？

实验 1-35 平面灰尘足迹静电提取法

一、实验目的

1. 掌握足迹静电吸附器和静电压痕仪提取现场平面灰尘足迹的操作方法。

2. 总结体会各不同物性承痕体上静电提取的操作方法的异同。

二、实验原理

静电提取灰尘足迹是利用了物理学中的静电感应原理。一个带电的物体与不带电的导体相互靠近时由于电荷间的相互作用，会使导体内部的电荷重新分布，异种电荷被吸引到带电体附近，而同种电荷被排斥到远离带电体的导体另一端，这种现象就叫作静电感应。如果带电体原来带正电，就把导体里的自由电子吸引到近的一端，近的一端因有多余电子而带负电，远的一端因缺乏电子而带正电。因此，静电感应是导体上的电荷在外电场的作用下重新分布的现象，并不是产生了电荷。由此原理可知，灰尘颗粒是由无数具有电极性的分子组成的。在没有外加电场时，这些分子极性取向是杂乱无章的，灰尘颗粒总体上呈电中性。当有外加电场时，在电场力的作用下，正电荷沿电场方向移动，负电荷逆电场方向移动，这些分子的极性取向将发生一定程度的改变。这一变化的总体效应是在灰尘颗粒的上部聚积一些负电荷，在下部聚积一些正电荷，这个过程就是静电感应。静电吸附膜是在黑色塑料布的一面电镀一层金属膜，将其金属膜面朝上覆盖在客体表面上，使用电晕器在其金属膜面充电（一般为正电荷）。由于塑料是绝缘体，电荷不能穿过塑料膜流入大地而滞留在塑料表面，这些电荷将产生电场。由于电荷分布在一个平面，电场的方向指向地面，电场穿过塑料布对下面的灰尘产生作用。灰尘颗粒上部的负电荷受到向上的吸引力，下部的正电荷受到向下的排斥力。当灰尘颗粒上部的电场强度大于下部电场强度时，灰尘颗粒受到的合力是向上的，这个力量使灰尘克服灰尘重力向上运动，灰尘被吸附到塑料膜表面。

静电吸附器和静电压痕仪的核心是静电发生器，它产生高压静电，将正、负电荷聚积在两个电极上，两个电极对峙形成电容，电容两极上的电荷量 Q、两极间电压 U、电容 C 的关系为 $Q=CU$。由此可知，电场的作用力的大小，一方面与平行板电容器的载荷能力，也就是增加平行板电容器的电容量成正比；另一方面也和两极间的电压成正比。

静电吸附器对金属板或金属膜释放静电荷使其带电而吸附灰尘，因此能将平面灰尘足迹反映在金属板或金属膜上。

真空静电仪主要是在 V 型基础上提高了电晕电压，并根据用途的不同可调试电压，使显示效果达到最佳。

三、实验器材

1. 静电吸附器、金属膜，几种常见客体如地毯、木地板、抛光砖、橡胶脚垫、大理石、纸张等。

2. 静电压痕仪、透明塑料膜。

四、实验内容

1. 静电吸附器提取：将静电吸附器装好电池或充足电，接地锤自然接地，对覆盖在足迹上的金属膜或金属板，用高压探头接触或用电极滚滚动 5～6 次。即将灰尘足迹吸附到金属膜或金属板上来，翻转金属膜或金属板，可观察到提取的灰尘足迹，利用照相法进行固定。照相时务必标明静电复印足迹和左右脚，完成后将静电吸附器放电。

2. 静电压痕仪提取：接通静电压痕仪，把印有足迹的白纸（或报纸）放在面板上，开动风扇，把薄膜覆盖其上，用高压静电发生器扫描 15 s，把薄膜转印到黑色衬底上，提取得到纸张被踩踏的足迹。

五、注意事项

1. 静电复印操作时电极及金属膜（板）上带有电压，应及时放电，否则接触人身体会遭电击，但这种电压属于安全电压，不会造成生命危险。

2. 拍照固定的静电吸附的足迹一定要标明左右脚。

3. 在用静电吸附器时，若出现高压静电将两极间的空气击穿，产生瞬间放电，正负电荷中和，则不能对吸附膜有效充电。

4. 在使用静电吸附器提取足迹时，长时间接触静电、一按了事的操作行为都是不正确的。其实，只有每次按下开关的瞬间对镀膜面充电，才对灰尘起到吸附作用，因此应当多次短时间按压开关。

5. 由静电吸附器原理可知，接地极的面积成为电容间电荷的决定因素。因此，应当尽可能地扩大接地极的面积，最有效的方法就是实现与大地的良好接触。如果遇到地毯、塑料、木板等绝缘性材料时，要将接地线端点与非绝缘的地面、墙壁或暖气管接触。如果现场遇到无法接地的情况（如在木质结构楼房上），最好将接地线与较大面积的金属物相连，或与另一块静电吸附膜的镀膜面相连，增大接地极的面积。

6. 吸附膜每次使用后整体带电，特别是有电流斑的，对电镀膜有极大损害，下次再使用时效果要衰减 60%~80%。因此，静电吸附膜最好一次性使用，如果必须要回收，回收后应尽量清洗干净。最为重要的一点是，应将静电吸附膜与暖气管等可作为地线使用的金属导体接触，释放残余电荷，再晾干后卷起备用（不要弄折）。

7. 注意地板接缝处的灰尘形成的线条对足迹特征的影响。

六、实验作业

每人提交静电吸附器、静电压痕仪提取的足迹各一份。

七、思考题

1. 什么是范德华力？
2. 什么是库仑定律？
3. 静电吸附器接地的作用是什么？不接地对复印的效果是否有影响？
4. 静电吸附器提取足迹要注意哪些问题？
5. 给静电吸附的足迹拍照为什么一定要标明左右脚？
6. 静电吸附器和高压静电压痕仪的原理有哪些异同？操作有哪些异同？

实验 1-36　立体足迹石膏制模提取法

一、实验目的

1. 掌握石膏制模提取立体足迹的操作方法。

2. 总结体会各种不同物性承痕体上使用石膏制模的操作方法。

二、实验原理

石膏（$CaSO_4 \cdot 0.5H_2O$）溶于水，它先是溶解成半水石膏水溶液，然后发生水化作用生成二水石膏（$CaSO_4 \cdot 2H_2O$）。石膏浆开始稠化时是注入模的初凝时间，随后，晶核继续长大，待晶体长成其固有形态时，石膏浆亦变成具有一定硬度和强度的多孔固体，将现场立体足迹的外观形状固定下来。半水石膏溶于水的化学转变过程如下：

（1）$CaSO_4 \cdot 0.5H_2O$（s）→$CaSO_4 \cdot 0.5H_2O$（aq）

（2）$CaSO_4 \cdot 2H_2O$（aq）+$1.5H_2O$（l）→$CaSO_4 \cdot 2H_2O$（aq）

（3）$CaSO_4 \cdot 2H_2O$（aq）→$CaSO_4 \cdot 2H_2O$（s）

（4）总反应式为：$CaSO_4 \cdot 0.5H_2O$（s）+$1.5H_2O$（l）→$CaSO_4 \cdot 2H_2O$（s）

三、实验器材

石膏粉（每个足迹约 500 g）、骨架（树枝、方便筷）、围条、水桶及清水、小号洗脸盆，在松软土地面上留有立体足迹，并在积水中、砂地、平面血地等条件下留有足迹样本。

四、实验内容

1. 清理足迹：清理足迹并在四周做好边框或固定围条。

2. 调配石膏液：按承痕体的不同情况，确定石膏粉与水的合适比例，一般土地面为石膏粉：水＝5：3（质量比），粗糙地面该比例大于 5：3，光滑地面该比例小于 5：3，将水倒入调和容器中，按浸泡法和搅拌法调配石膏液。调配石膏液时间不要太长，防止石膏液在容器中凝固。

3. 灌注模型：将调好的石膏液从足迹最低处的边沿紧贴地面缓慢倒入围条中，并保证足迹特征不受破坏。当石膏液流满整个足迹的表面后（厚约1 cm），放入两根骨架（长度不超过足迹长度），再灌注石膏液封住骨架。

4. 取模与处理：石膏液凝固期间可在上面写明案情、编号等，一般 15～30 min 后模型完全凝固即可取出。然后放通风处晾干，晾干后的模型要妥善保存，防止碎裂。如有必要可将模型浸入质量分数为 5%～10% 的硼砂溶液中加热至沸腾后 5 min 取出，经此处理，模型强度可增加。

五、注意事项

1. 配制石膏液时应视承痕体的不同条件选定石膏粉与水的适当比例。
2. 石膏制模时应注意环境保护，及时清理工具和现场。

六、实验作业

每人交上石膏制模的足迹一份。

七、思考题

1. 什么情况下要调整石膏液的配比？按照什么规律来调整？
2. 石膏制模中要注意哪些问题？
3. 除石膏外，还有哪些制模方法可以用来提取现场足迹？这些方法各自适用于什么条件，特点是什么？

实验 1-37　步幅特征测量与分析

一、实验目的

1. 掌握测量步幅特征的具体方法。

2. 进行不同的步幅特征识别。

二、实验原理

步法指人的行走运动规律，步法特征指在成趟或单个足迹中，反映出的人的行走动作习惯、特点和规律的各种痕迹特征，包括步幅特征和步态特征。

每个人足部及身体结构不同，人的成长经历、生活习惯、营养条件、所受训练、健康状况也有所不同，使得每个人在行走中形成了自己特有的方式。通过足迹中反映出的步法特征可以确认某一类人的行走特点（如是否为内八字或外八字，迈步大小，起脚高低，落脚高低，等等），在一定范围内可以锁定一种人甚至一个人，以便确定我们的侦查范围。

步幅特征，是指在连续或成趟足迹中，能够反映双足搭配关系的特征，具体有步长、步宽、步角。

三、实验器材

1. 卷尺（长 2 m 或 3 m）、量角器、铁钉四枚、细线绳 4~6 m。

2. 踩出实验人和同组人的成趟足迹（平面、立体均可）。

四、实验内容

（一）步幅测量

两人一组在实验室内或实验室外可留下成趟足迹的地面上手工操作，互相合作。

1. 用细线绳分别通过相邻的左脚和相邻的右脚的几个足迹最内缘突点作出左步行线和右步行线。

2. 确定左右足迹的相应点（如后缘最突点），分别测量出左步长和右步长。

3. 确定左足迹内缘最突点到右步行线的距离，测量出左步宽；确定右足迹内缘最突点到左步行线的距离，测量出右步宽。

4. 测量左右步角：用两细线绳作出左步行线和左足迹中心线，两线相交之角度为左步角，用量角器测量出角度的大小；或采用下述简易方法测量出大致数据，即以两线交点为原点，用卷尺沿两线延长线测出 57.3 cm 处为 A、B 两点，测量 A、B 两点之间距离（cm）即为所求两线夹角的大致度数，并用相同方法测出右步角。

（二）步幅特征分析

1. 记录测得的数据并加以比较，对照步幅类型区别进行留痕人的步幅类型确定，制作步幅特征测量表，完成作业。

2. 归纳不同步幅类型人的行走特点。

五、注意事项

测量时注意行走滚动的擦痕、挑痕对步长的影响。

六、实验作业

1. 制作步幅特征测量表一份。

2. 归纳以上实验中两人的步幅类型。

七、思考题

1. 什么是步幅特征？

2. 现阶段利用步法特征是否可以进行人身识别？其方法及其依据是什么？

实验 1-38　足迹的步态特征观察与测量

一、实验目的

1. 掌握观察测量步态特征的具体方法。

2. 了解掌握行走过程中起足、落足、支撑阶段分别出现哪些主体痕和伴生痕以及各自的位置、形态、形成机理。

二、实验原理

步法特征包括步幅特征和步态特征。步态特征，是指足迹中能够反映因留痕人特定的习惯和身体结构而形成的特有施力方式的行走特征。

三、实验器材

1. 直尺、量角器。

2. 踩出实验人和同组人的单个或成趟足迹（平面、立体均可）。

四、实验内容

（一）步态特征观察

两人一组，在实验室内或实验室外可留下立体足迹的地面上进行肉眼观察和手工操作。第一步，观察自己和同组人正常行走的足迹所反映的各主体痕、伴生痕并加以标示；第二步，与同组人采用非正常行走方式，分别留下各种伴生痕进行观察区别，记录形成各伴生痕的特定动作、鞋种足迹，对伴生痕的位置、形态进行标示，并总结其形成的规律。具体有：

1. 观察蹬痕、踏痕、压痕的位置、形态并作出标示。

（1）蹬痕，是起足阶段的主体痕迹，位于足迹的前尖部位，是起足时足底蹬地与地面呈夹角状态形成的痕迹；起缘位于足迹前缘，形式为立体足迹的趾或鞋尖区呈半月形的凹陷，以及平面足迹相应部位、形状的擦蹬痕，止缘一般在掌前缘；作痕起缘和痕止缘的中点连线可确定内侧蹬、正蹬、外侧蹬，由此分析起足用力的方向。

（2）踏痕，是落足阶段的主体痕迹，位于足迹的后跟后部，是落足时足底踏地与地面呈夹角状态施力所形成；起缘位于足迹后边缘，形式为立体足迹的脚跟或鞋跟后部呈半月形的凹陷，以及平面足迹相应部位、形状的擦蹭痕，止缘是后跟处压力分界的一条线；作痕起缘和痕止缘的中点连线可确定内侧踏、正踏、外侧踏，由此分析落足用力的方向。

（3）压痕，是支撑阶段的主体痕迹。根据压痕在足迹中出现的具体部位，可划分为趾压痕、跖压痕、弓压痕和跟压痕。一般规律是：第一跖骨、第五跖骨和跟骨与地面的接触点是重压点，围绕重压点可观察到重压面，在趾、跖、弓、跟区可观察到相应的重压或次重压、轻压面，即压痕。趾压痕的基本形状接近圆形并随年龄变化，跖压痕的第一趾压痕和第五趾压痕的基本形状也接近圆形并随年龄变化，两者相连呈椭圆形、斜条形、勺子形或不规则形等。弓压痕大致呈长方形，并可能因断弓而中断。跟压痕的基本形状接近圆形并随年龄变化。立体足迹的压痕部位深、光滑、密实，而与其他部位形成比对；平面足迹压痕部位所受力大，往往该部位介质厚、密度大，但由于被沾走的介质也多，因此有时压痕部位的介质反而少，可通过介质转移情况观察到压痕界面。

2. 观察抬痕、挑痕、秸痕、划痕、扫痕、磕痕、擦痕、推痕、跎痕、迫痕、坐痕、拧痕的位置、形态并作出标示。

（1）抬痕。抬痕是起足阶段的伴生痕迹，位于足迹的前掌中后部及弓外侧部。因起足时抬脚高、速度快，鞋底形成空气的负压，将地面上干燥细腻的粉尘吸附起来所形成。其形态为地面粉尘呈麻沙状的隆起，掌区的抬痕大致呈圆形，弓区的为长条形，只有在干燥细腻的土地面上或有浮尘的硬地面上才出现。

（2）挑痕。挑痕是起足阶段的伴生痕迹，位于足迹前方的地面上，是由于起足低或小腿前甩而在足尖离开地面时挑擦前上方所形成，其形态为立体足迹出现弯眉形缺口以及平面足迹相应部位出现的擦蹭痕，并因留痕的方向可确定为内挑、正挑或外挑，由此分析起足方向。

（3）秸痕。秸痕是起足阶段的伴生痕迹，位于足迹前方的地面上，是由于起足低或因鞋大不合脚而在足尖离开地面时秸划前方所形成。其形态为立体足迹出现犁沟状的缺口以及平面足迹相应部位出现擦蹭痕，并因留痕的方向可确定为内秸、正秸或外秸，由此分析起足方向。

（4）划痕。划痕是起足阶段的伴生痕，位于足迹前内侧地面上，是由于起足低并同时伴有踝关节内翻或膝关节内翻病变而在足尖离开地面时耠划内前方所留下的痕迹。其形态为立体足迹出现线条状划沟以及平面足迹相应部位出现的擦蹭痕。身体结构正常的人行走不留下划痕。

（5）扫痕。扫痕是起足阶段的伴生痕，位于足迹前内侧地面上，是由于起足低并同时伴有髋关节病变或臀肌麻痹症状而在足尖离开地面时前掌、趾内缘拖扫地面形成的痕迹。其形态为立体足迹出现宽条形扫动痕以及平面足迹相应部位出现擦蹭痕。身体结构正常的人行走不留下扫痕。

（6）磕痕。磕痕是落足阶段的伴生痕，位于足迹边缘后侧，是由于落足时臀肌和大腿肌后侧肌群用力使得跟边缘向后下方用力过大形成的。其形态为立体足迹后缘有明显的堆土以及平面足迹相应部位有明显的重压和擦蹭痕，并因留痕的方向可确定为内磕、正磕或外磕，由此分析落足方向。

（7）擦痕。擦痕是落足阶段的伴生痕，位于足迹后方。其形态为立体足迹后方地面上有带状、条状缺口以及平面足迹相应部位出现的擦蹭痕，并因留痕的方向可确定为内擦、正擦或外擦，由此分析落足方向。

（8）推痕。推痕是落足阶段的伴生痕，位于足迹跟边缘内侧，是由于膝、踝关节内突病变及两腿分离较大，使得落足时足跟内着地并向内前方作用所形成。其形态为立体足迹后跟内缘地面上的堆土以及平面足迹相应部位明显的重压和擦蹭痕。身体结构正常的人行走不会留下推痕。

（9）跄痕。跄痕是落足阶段的伴生痕，位于足迹前掌和跟前缘，是由于行走时臀部后突、膝关节弯曲、腰部起伏动作或负重使得落足较低较平，在足接触地面后没有完成制动而继续前移所形成。其形态为立体足迹后跟部前方出现堆土和鞋底横向花纹前方出现堆土或足迹前掌部有向后开口的裂纹，平面足迹相应部位或有明显的重压和擦蹭痕，往往反映不明显。

（10）迫痕。迫痕是支撑阶段的伴生痕，位于足迹边缘的内外侧地面上，分为内迫痕和外迫痕两种，在足迹边缘内侧出现的叫内迫痕，在足迹边缘外侧出现的叫外迫痕，是由于特殊腿型、负重、大脚穿小鞋、重心晃动等使得足支撑时向内侧或外侧挤压所形成。其形态为立体足迹边缘内外侧有明显的堆土以及平面足迹相应部位的鞋的侧面有擦蹭痕。通常外迫痕的出现率远高于内迫痕。

（11）坐痕。坐痕是支撑阶段的伴生痕，位于足迹边缘的后方地面上，是由于鞋帮软、鞋底薄或膝关节后突、走路甩小腿的习惯使得支撑足沿地面向后微动所形成。其形态为立体足迹后边缘地面上出现鞋后帮痕或双边以及平面足迹相应部位出现鞋的后帮痕迹，并因留痕方向可确定为内坐、正坐、外坐，由此分析支撑用力方向。

（12）拧痕。拧痕是支撑阶段的伴生痕，在足迹边缘的掌外侧和跟内侧、跟外侧和掌内侧成对出现，是行走速度快、臀部突出拧动形成的。其形态为立体足迹跟内侧边缘与掌外侧边缘成对出现堆土，或跟外侧边缘与掌内侧边缘成对出现堆土，或鞋底面花纹扭曲变形。通常掌外侧与跟内侧成对的拧痕出现率远高于掌内侧与跟外侧成对拧痕的出现率。

（二）步态特征分析

1. 根据蹬痕、踏痕的位置、方向，确定行走人起落足方向。

2. 根据踏痕、压痕的位置，测量其大小，确定行走人起落足的施力特点。

3. 总结各伴生痕形成的特点和规律。

五、注意事项

观察步态特征时应认真对照各主体痕和伴生痕的概念、位置、形态，体会各特征出现时所对应的行走特点。

六、实验作业

画出蹬痕、踏痕、压痕及任意其他5种伴生痕的位置示意图，并观察。

七、思考题

1. 什么是步态特征？

2. 蹬痕、踏痕、压痕各自在什么阶段形成？其机理是什么？

3. 行走的三个阶段中各形成哪些伴生痕？认识其位置和形状。

4. 如何根据步态特征来判断留痕人的行走姿势？

实验 1-39   根据足迹分析身高体态并验证

一、实验目的

1. 通过观察确定赤足和穿鞋足迹的形态特征与步法特征，分析推断留痕人身高、体态。

2. 验证足迹，分析身高和体态公式的适用范围。

二、实验原理

（一）留痕人身高分析（足迹单位均为 cm）

分析依据为立七坐五盘三。

1. 赤足足迹分析身高：

身高 ≈ 足实长 ×6.876

≈ 平面足迹长 ×7

≈ 立体足迹长 ×7-3

≈ 足底板痕迹长（不算脚趾）×8

≈ 赤足掌区最宽处 ×17.5

2. 穿鞋足迹分析身高：

身高 ≈ 鞋号 ×6.876

3. 利用步法特征推算：

身高 ≈ 1.32+0.54X（X 为平均步长，单位为 m）

（二）留痕人体态分析

1. 形态与步法的区别：胖人足宽、压力面大而均匀，重力点不突出，步长小、步宽大、步角大，后跟压重，多擦痕；瘦人足窄、跖骨粗隆明显，重力点突出，步长大、步宽小、步角小，后跟压轻，脚趾蹬地重，多挑痕。

2. 计算：

体重（公斤数）≈ 27.41+0.418X（X 为左赤足平面足迹前掌宽，单位为 m）。

体重（公斤数）≈ 25.41+0.438Y（Y 为右赤足平面足迹前掌宽，单位为 m）。

算出体重后，再与计算出的身高数相比：

身高−体重的得数等于 105——中等体态；

身高−体重的得数在 100~105 之间——偏胖人体态；

身高−体重的得数小于 100——胖人体态；

身高−体重的得数在 105~110 之间——偏瘦人体态；

身高−体重的得数大于 110——瘦人体态。

该计算方法适用于中青年男子，大致中等体态者，准确率为 80%；妇女平均体重标准比男子少 2.5 kg。

三、实验器材

多名留痕人足迹各一组（可根据实验项目要求布置为不同鞋种留痕和不同性别、身高、体态、年龄、行走姿势的人的留痕等）；卷尺、分规。

四、实验内容

1. 在实验室内或室外通过肉眼观察和手工测量取得有用数据，再应用相应公式计算、分析推断留痕人的身高、体态。

2. 当场提交对留痕人条件的分析推断结果，仔细与教师点评相对照，分析误差及原因。

五、注意事项

所应用公式或系数多是通过统计方法得出或根据经验归纳，因此在分析推断过程中应注意综合条件和或然因素，不可机械地依靠公式解决问题。

六、实验作业

每人上交实验报告一份，完成对 3 个足迹的推断。内容有：序号（足迹样本标号）、在身高和体态分析中所用的测得参数、依据公式、运算过程与结果、推断意见、误差分析和修正及对所用公式的适用评价。

七、思考题

1. 应用足迹分析身高体态公式计算时要注意什么问题？

2. 男子的体态标准与女子有何不同？

3. 应用立体足迹分析身高的公式有何条件限制？对不符合条件的如何调整？

4. 如何利用残缺足迹分析身高？

实验 1-40 根据足迹综合分析留痕人人身条件并验证

一、实验目的

1. 通过观察确定赤足足迹的形态特征和步法特征，分析推断留痕人身高、体态、性别、年龄、行走姿势。

2. 通过观察确定穿鞋足迹的形态特征，分析推断留痕鞋种；通过观察确定穿鞋足迹的形态特征和步法特征，分析推断留痕人身高、体态、性别、年龄、行走姿势。

3. 验证足迹，综合分析留痕人人身条件各公式的适用范围。

二、实验原理

（一）分析留痕人身高、体态

见实验 1-39。

（二）分析判断留痕人性别

男女足迹特征反映的一般区别有：

（1）男性的足迹形态及步法特征反映：足长而宽、骨骼突出、足弓较高、足底面力的反映不均匀、重轻压分明、周边不完整，步幅长（平均 75 cm 左右）、步宽较窄、步角较大；起落足特征明显、蹬踏压痕清晰，O 形腿多、外压重或偏外落脚多，跖骨粗隆清晰、易出现外缘缺损，赤足纹路粗大、脱皮老茧伤疤等多且明显，穿鞋部位磨损重、其他部位轻（不均匀磨损）。

（2）女性的足迹形态及步法特征反映：足短而窄、骨骼不突出、足弓较低、足底面力的反映均匀饱满、周边完整，步幅短（平均 70 cm 以下）、步宽较宽、步角较小；起落足特征不明显、力量小而蹬踏压痕不清晰，在走直线步或交错步时，往往出现拧痕，X 形腿较多、内落足多、内侧压偏重。

（三）分析判断留痕人年龄

1. 观察赤足迹趾蹬痕。

2. 分别测量拇趾压痕和第五跖压痕的纵向长度,应用公式:年龄(岁)=跖压痕直径×10(一般适用于 30 岁以下)。

3. 乘 3 法:测量从拇趾压痕前沿到内侧压痕后沿的垂直距离 L(cm),应用公式:年龄(岁)= 3L(cm)(一般适用于 30 岁以下)。

4. 测量出足迹后跟压痕纵向长度 R(cm),应用公式:年龄(岁)= 5R(cm)。

5. 踏痕法:以落足点为圆心测量出踏痕半径 R,应用公式:年龄(岁)= 10R(cm),可适用于赤足和穿鞋足迹。

6. 跟压与跖压关系综合法:第一步,确定跟压内缘突点和前缘突点,作平行于两突点的上内缘切线;第二步,作出跖内外侧压痕后缘的公切线;第三步,观察两切线延长相交与足迹外缘上者,可推断年龄为 40 岁左右;两切线延长相交点超出足迹外边缘者,测量出其与外边缘相交两点的距离 AB(cm),则年龄(岁)= 40−5AB。

三、实验器材

多名留痕人足迹各一组(可根据实验项目要求布置为不同鞋种留痕和不同性别、身高、体态、年龄、行走姿势的人的留痕等);卷尺、分规。

四、实验内容

1. 在实验室内或室外通过肉眼观察和手工测量取得有用数据,再应用相应公式计算、分析推断留痕人身高、体态、性别、年龄、行走姿势。

2. 根据计算得出对留痕鞋和留痕人条件的分析推断结果,仔细与教师点评相对照,分析误差及原因。

五、注意事项

1. 所应用公式或系数多是通过统计方法得出或根据经验归纳,因此在分析推断过程中应注意综合条件和或然因素,不可机械地依靠公式解决问题。

2. 应用足迹分析年龄公式时,应注意跖压痕和前掌压痕数值的应用范围。

六、实验作业

每人上交实验报告一份，完成对 2 个足迹的推断。内容有：序号（足迹样本标号），在身高、体态、性别、年龄、行走势各项分析中所用的测得参数，依据公式，运算过程与结果，推断意见，误差分析和修正及对所用公式的适用评价。

七、思考题

1. 大腿、小腿肌肉在人的运动中起什么作用？各软组织在人体运动中起什么作用？

2. 什么是关节？其作用是什么？

3. 如何解决不同足长的人因压力面大小不同而引起的年龄计算误差问题？

4. 如何减少足迹测量的误差？

5. 如何观察足迹压力面？

6. 试阐述足型随年龄增长而变化的机理。

7. 观察有特殊行走姿势的人的步法特征和重压部位。

8. 哪些特殊职业者有足迹的特殊磨损反映？各有什么规律？

实验 1-41　平面和立体足迹反映的差异辨识

一、实验目的

1. 认识平面足迹和立体足迹留痕的不同机理、形成的差异。

2. 认识不同承痕体所形成的不同立体足迹与平面足迹差异的规律。

二、实验原理

1. 足迹形成机理。

（1）立体足迹：承痕体在力的作用下产生塑性变形。

（2）平面足迹：在力的作用下，造痕体和承痕体相互接触，没有产生塑性变形，但接触过程使得粘附物质的一方将多余的介质印压在原无介质一方的表面，通过介质转移将造痕体的外部形状很好地反映在承痕体上。

2. 人足与地面接触的部位接近球面，平面足迹长是球面的一部分，不能完全反映出足的实际长度；而立体足迹在形成的过程中由于足起落滚动时对地面的擦、挑作用，使得承痕体变形，因此大于足实长。

三、实验器材

捺印纸、卷尺、三角板、足迹石膏模（实验 1-36 已完成）、同一足迹的油墨捺印（实验 1-33 已完成）。

四、实验方法

1. 测量记录不同承痕体所形成的立体足迹与平面足迹差异的数值。

（1）测量几种客体上的平面足迹长度 5 次，记录数值并分析差异，测量记录足实长。

（2）测量承痕体厚度分别为 1 cm、2 cm、3 cm 时正常行走与负重条件下立体足迹的长度。

2. 验证与分析。

（1）验证平面与立体足迹长度差异现象。

（2）分析探索平面与立体足迹长度差异规律。

五、注意事项

1. 注意实验报告要求的分析内容。

2. 注意同一立体足迹不同方法成模（如石膏制模、石蜡制模）之间的长度差异。

六、实验作业

每人提交实验中所测量的平面足迹与立体足迹的对比数据，须注明足迹形成的条件。

七、思考题

1. 起落足的高低、擦挑痕的大小对平面足迹的长度有什么影响？对立体足迹又有什么影响？

2. 平面和立体足迹反映的差异对分析留痕人人身条件有什么影响？

3. 在足迹分析实际工作中，如何避免长度差异引起的分析误差？

实验 1-42　鞋型分析

一、实验目的

1. 掌握常见鞋底花纹的分类方法，通过观察鞋足迹的工艺原料特征和花纹类型分析推断鞋种。

2. 掌握足迹信息管理建档的鞋底花纹存储和检索方法。

二、实验原理

判断鞋子种类和鞋号就是通过足迹反映的鞋底花纹来推断鞋种及鞋帮的式样特点，据此确定留痕鞋的式样、种类、大小，尽快确定和找到嫌疑鞋。

1. 承痕体的不同物理性质，对测量鞋底长宽和形状的测量参数有一定影响。

2. 常见鞋的分类：塑料鞋、胶鞋、旅游鞋、布鞋、皮鞋、新型材料底鞋。

3. 计算机对鞋底花纹进行全自动存储和检索，依靠图像识别技术的应用，足迹信息管理建档及足迹自动识别系统将鞋底花纹数据化或图像化存入，并在检索中提供存储的同类编码或同类图像输出检索结果。

三、实验器材

1. 足迹捺印板、不同鞋型捺印的作业纸、直尺、分规。

2. 足迹信息管理系统或足迹自动识别系统。

四、实验内容

（一）鞋型的分析判断

1. 通过花纹判断：

（1）鞋底花纹的分类：波折形、角形、圆环形、格块形、交织形、线条形、火焰形、"丰"字形、物象形、复合形等。

（2）鞋底花纹特点：胶鞋、塑料鞋、皮鞋、布鞋、旅游鞋的花纹特点各不一样。例如，硬塑凉鞋、拖鞋为空穴状大花纹；软塑发泡凉鞋、拖鞋为新颖大块花纹或无边埂的细小规律花纹；橡胶机制底为规律性花纹，工艺严整；等等。

2. 通过工艺判断：模压成型、注压成型、冲切成型、硫化成型、缝绱成型、胶粘成型、组装成型的鞋的工艺特征各不相同。

3. 通过式样和功能判断：

（1）不同式样：男式、女式，瘦窄式、宽松式，高跟、中跟、低跟，品牌鞋、大众鞋，等等。

（2）不同功能：运动鞋、雨鞋、凉鞋、工作鞋、特殊用途鞋等。

4. 根据经验积累对照判断：常见鞋种的特征与对照，例如解放鞋、警用皮鞋、帆布运动鞋、女式高跟皮鞋、冲切底拖鞋、软塑料底拖鞋等。

（二）鞋号的分析判断

1. 通过长宽数据判断：首先测量鞋底长宽和参数。

因为足实长≈鞋号，所以，鞋号越大说明足越长，相邻鞋号之间足长相差1 cm，每半号之间足长相差0.5 cm；按肥瘦与长短比例可分为五个型，一型最瘦，五型最肥，相邻型之间差为7 mm。

鞋内底长＝足长＋放余量（使足自由活动的空间）；

鞋外底长＝鞋内底长＋内外差；

足迹长＝足长（鞋号）＋放余量＋内外差。

对同种类的鞋测量计算出放余量和内外差，然后根据鞋外底长参数计算出鞋号，所得应为整号或半号，如24、24.5、25、25.5等。

2. 根据经验积累对照判断。存储常见鞋种的放余量和内外差参数，以用于实际计算；寻找鞋底原料、设计、生产工艺特征的具体反映并结合穿用修补特征，根据生活和工作经验分析推断形成足迹的鞋的式样和大小。

（三）足迹信息管理建档的鞋底花纹存储和检索方法

1. 鞋足迹前掌花纹分析编码：按花纹类型、花纹形状、花纹方向、花纹数量、边沿形状五步的具体规定输入计算机系统。

2. 鞋后跟花纹分析编码：按边沿形状、花纹类型、花纹形状、耐磨块四步的具体规定输入计算机系统。

以上编码代号查询《刑事犯罪信息管理代码 第52部分：鞋底花纹分类和代码》（标准编号：GA 240.52—2003）的具体规定。

五、注意事项

1. 中国新鞋号应为整码数或半码数，但国外鞋另有分数或小数。

2. 注意足迹信息管理建档时对复合形鞋底花纹的编号和管理。

六、实验作业

1. 完成对 10 种常见鞋底花纹鞋种和鞋号的分析，并出具分析意见和依据。

2. 完成对 6 种常见鞋底花纹的计算机管理系统的分析编码输入，并说明输入的步骤和依据。

3. 了解掌握足迹自动识别系统的功能，练习其中的足迹比对、足迹查询、足迹串并案、图片浏览、足迹统计等操作。

七、思考题

1. 简述足迹自动识别系统的功能和构成。

2. 如何根据鞋种和鞋号来分析适用人群?

实验 1-43　赤足足迹鉴定及鉴定书制作

一、实验目的

掌握赤足足迹鉴定的程序、要求；掌握赤足足迹鉴定的操作方法，能制作规范的足迹鉴定书。

二、实验原理

（一）足迹鉴定的基本理论：同一认定

同一认定，是指在刑事侦查过程中，具有专门知识的人经比较先后出现的客体，通过其特征反映，对客体是否同一所作出的判断和鉴定（认定或否定）。

（二）足迹鉴定的程序

足迹鉴定是执法工作，必须严格按照规定的程序和方法进行操作。程序有：

（1）预备检验。

（2）分别检验——分别寻找和确定检材足迹和样本足迹的特征。

（3）比较检验——比较现场足迹与样本足迹的特征相符处与差异。

（4）综合评断——通过对两者符合点和差异点的综合评断，确定两者本质，提出认定或否定的鉴定意见。

（5）制作鉴定书。

（三）足迹鉴定书的构成

足迹鉴定书由文字、照片两部分构成。

1. 文字部分：题目、文件号，正文内容包括论、检验、论证、结论四个部分，另有落款、姓名、职称、单位、年月日及签名盖章。

2. 照片部分：要求有方位照片、全貌照片、比对照片三种。

三、实验器材

检材赤足足迹、样本赤足足迹、放大镜、标画用尺、笔；也可将图片扫描输入电脑加以观察特征及标画。

四、实验内容

（一）赤足足迹形态特征的确定

1. 足迹长、宽以及各部位长宽（跖宽、弓宽、跟宽、某一趾头长、跖某部位长、弓长、跟长等）的具体数值。

2. 足迹各部位形状（趾区、跖区、弓区、跟区边缘连线的形状）。

3. 乳突纹线特征（纹线形状、位置、朝向、纹形、系统和三角、线条根数、流向、细节特征与相互关系）。

4. 畸形、损伤、伤疤、老茧、脱皮、附着物的位置、大小、形状、相互关系及与乳突纹线的关系。

分别描述和标画出以上各特征。

（二）赤足足迹特征的比较检验

1. 特征的选择：宜选择明显、稳定、可靠的特征进行比较，如长宽参数、三角、褶皱纹、复杂花纹、伤疤、附着物等。

2. 比较的内容：特征的位置、形状、相互之间的关系，如伤疤的位置和形状、褶皱纹的图案和起始点、花纹的中心点、系统的形状大小等。

3. 比较的步骤：先比较种类特征，再比较个别特征。

4. 比较的方法：特征对照法。

（三）综合评断

通过对各特征的分析，对符合点和差异点作出解释，认识检材赤足足迹和样本赤足足迹的本质属性。

五、注意事项

注意鉴定书的格式要求。

六、实验作业

根据给定的案件要求，每人制作赤足足迹鉴定书一份。

七、思考题

1. 为什么足迹鉴定要从检验现场足迹开始？检验现场足迹和样本足迹一

般采用什么方法?

2. 足迹鉴定的指导思想是什么?

3. 什么是足迹特征的质量?

4. 足迹鉴定意见的表述应遵循什么原则?

5. 当前足迹鉴定可以解决哪些方面的问题?

实验 1-44　鞋足迹鉴定及鉴定书制作

一、实验目的

掌握鞋足迹鉴定的程序、要求；掌握鞋足迹鉴定的操作方法，会制作规范的鞋足迹鉴定书。

二、实验原理

同实验 1-43。

三、实验器材

检材鞋足迹、样本鞋足迹、放大镜、标画用尺、笔；也可将图片扫描输入电脑加以观察特征及标画。

四、实验内容

（一）鞋足迹形态特征的确定

1. 工艺、花纹反映出的原料特征。

2. 鞋足迹的长、宽以及各部位长宽（跖宽、弓宽、跟宽、掌长及其内外侧长、弓长及其内外侧长、跟长及其内外侧长等）的具体数值。

3. 鞋足迹各部位形状（鞋尖、鞋掌、鞋弓、鞋跟的具体形状与搭配关系）。

4. 鞋底制作的生产工艺特征。

5. 鞋底花纹图案和标志的类型、形状、位置、边埂、对称和规律性。

6. 穿用修补形成的特征：周边围条、破损、老化、硬伤补丁的大小、位置、形状。

7. 附着物的形状、位置、大小、成分，印模与鞋底的对应关系等。

（二）鞋足迹特征的比较检验

1. 特征的选择：宜选择明显、稳定、可靠的特征进行比较，如长宽参数、鞋底花纹、穿用损伤情况、补丁、附着物等。

2. 比较的内容：特征的位置、形状、相互之间的关系。例如，测得的鞋底参数，鞋底形状，生产中形成的花纹特点，硬伤的位置和形状，图案磨损的起始点，等等。

3. 比较的步骤：先比较种类特征，再比较个别特征。

4. 比较的方法：特征对照法。

（三）综合评断

通过对各特征的分析，对符合点和差异点作出解释，认识检材鞋足迹和样本鞋足迹的本质属性。

五、注意事项

注意鉴定书的格式要求。

六、实验作业

根据给定的案件要求，每人制作鞋足迹鉴定书一份。

七、思考题

同实验 1-43。

实验 1-45　凹陷状痕迹的结构与特征寻找

一、实验目的

通过实验观察凹陷状痕迹的形态，了解痕迹形成的过程，掌握凹陷状痕迹的结构，熟悉凹陷状痕迹特征的寻找方法，学会评价特征质量，理解客体材料变形的性质。

二、实验原理

在碰撞作用下，工具与客体相互挤压而使客体产生塑性变形，形成立体痕迹。工具部位不同以及与客体接触角度不同，均会影响凹陷状痕迹的形态与特征。

工具与客体接触形成痕迹的全过程可分为三个阶段，即开始接触阶段、中间接触阶段和最后接触阶段。

开始接触阶段，是指工具与客体接触开始形成痕迹的瞬间。这个过程很短，多是工具的突出的部位（如边、棱角）首先接触客体，形成痕起缘。

中间接触阶段，是指工具与客体接触，形成痕迹的过程阶段。该阶段相对长一些，工具与客体接触比较充分，此时形成的痕迹特征与开始阶段比较出现了变化，接触的中间阶段形成痕迹壁。

最后接触阶段，是指工具与客体即将脱离接触，停止运动的瞬间。该阶段也很短，形成痕止缘和痕底。在该阶段，工具与客体接触较完整，形成的痕迹稳定，多能反映出接触部位的形态结构，如压痕中的止缘与痕底。

凹陷状痕迹特征：种类特征为压痕的轮廓形状，并以痕迹中止缘和痕底的形态结构反映形象，包括形状、大小尺寸、种类规格等内容。个别特征是压痕中凸凹坑丘的形态。凸凹坑丘是对凹陷状痕迹个别特征的总称。无论是生产加工特征，使用产生的特征或自然腐蚀形成的特征，都会以凸起点或凹下点的形式程度不同地反映在痕迹处。凸凹坑丘的形状是多种多样的，有尖状、角状、圆形、条形、丫状、坑状、丘形、点状以及不规则形状等。凹陷状痕迹中，形状各异的凸凹坑丘构成了个别特征，而质量好的特征是稳定、稀有、明显的凸凹坑丘。

三、实验器材

1. 铁锤、长宽为 200 mm×150 mm 的木板一块。
2. 台式立体显微镜及 5 倍放大镜。
3. 铅笔、直尺、色笔、作业纸等。

四、实验内容

（一）总体实验内容

1. 观察凹陷状痕迹的结构，确定痕迹壁、痕起缘、痕止缘和痕底。
2. 观察打击凹陷状痕迹的形成过程中，在三个接触阶段中的痕迹反映，观察凹陷状痕迹凸凹坑丘的形态并认识其与工具上相应特征起伏状态相反的性质。
3. 观察、确定凹陷状痕迹的种类特征和个别特征。

（二）操作步骤

1. 凹陷状痕迹的制作。将木板（光滑面朝上）放在实验台上固定，以铁锤垂直打击木板（力度以能形成凹陷状痕迹并显著反映锤顶形状为宜），并在打击接触过程，体会接触的三个阶段与凹陷状痕迹四个结构部位的对应关系。

2. 观察凹陷状痕迹结构。在体视显微镜下观察打击木板形成的凹陷状痕迹的结构形状。区分印压痕迹中痕起缘、痕迹壁、痕止缘、痕底等四个部位所在的位置，以及各自的形状反映。

3. 观察凹陷状痕迹特征。观察种类特征，分别观察痕起缘、痕止缘的形状，并用分规、直尺测量其各方向的尺寸，观察各部位特征反映的特点；观察个别特征，在体视显微镜下寻找痕起缘、痕迹壁、痕止缘、痕底处明显的凸凹坑丘，观察这些特征的形状、起伏状态，并用读数显微镜测量其尺寸。

4. 观察工具上相应的特征。观察铁锤的形状并用分规测取锤击面的尺寸，镜下观察铁锤表面状态特征和棱边形状特征，用读数显微镜测量其尺寸。将观察结果同相应痕迹的结果比较，注意工具与痕迹二者的同名特征在位置上的镜面对称关系和起伏状态上的相反关系。

五、注意事项

1. 在制作凹陷状痕迹时，注意锤柄连接是否稳固，使用时避免伤及自己和他人。

2. 尽量选择木块比较光滑的一面来制作痕迹，以便于观察。

六、实验作业

1. 注明凹陷状痕迹的结构及其各部位名称。

2. 按比例描绘工具接触部位和痕迹，用色笔按顺时针方向标注特征，并注明加工特征和使用特征。

七、思考题

凹陷状痕迹中，哪些部位反映的特征稳定、可靠？

实验 1-46 线条状痕迹的结构与特征寻找

一、实验目的

通过实验观察线条状痕迹的形态，了解线条形成的过程，掌握线条状痕迹的结构，熟悉线条状痕迹特征的寻找方法。

二、实验原理

在外力作用下，工具与承痕体接触时发生相对位移，划破承痕体表层形成凹凸线条状痕迹。该痕迹以凹凸线条状的形式反映出工具接触部位的外表结构形态特征。工具与承痕体接触的前角、侧角和偏角三个角对线条状痕迹的线条数量、宽度、粗细、深浅、间距和形状均会产生影响。

单一线条特征由峰、腰、谷构成，峰、腰、谷有各自的形态，可以相互区别开来，这也是线条状痕迹鉴定的基础。

线条状痕迹特征中种类特征为线痕的基本轮廓和形态，包括形状、数量、间距、宽度大小等内容。个别特征是单一凸线或凹线的具体结构形态，包括单一纹线的起伏形态、线痕的倾斜流向、峰腰谷的形态等内容。而质量好的特征是粗大、明显、连贯的凸凹线痕。

三、实验器材

1. 螺丝刀、25 mm×20 mm 的铅片 1 块。
2. 台式立体显微镜、5 倍放大镜。
3. 铅笔、直尺、色笔、作业纸等。

四、实验内容

（一）总体实验内容

1. 观察线条状痕迹的结构，确定痕起缘、痕止缘和痕迹面。
2. 观察线条状痕迹形成过程中，在三个接触阶段中痕迹反映的特点，凹凸起伏线痕中峰、腰、谷的具体形态；观察线痕的凹凸起伏与工具的对应关系。

3. 观察、确定线条状痕迹的种类特征和个别特征。

4. 观察三个角度变化对线条的数量、宽度、粗细、间距的影响规律。

（二）操作步骤

1. 线条状痕迹的制作。先将铅片平放在试验台上固定，以螺丝刀接触铅片，使刀口与其运动方向垂直，沿铅片表面滑动（力度以能在作用区绝大部分产生新表面为宜）。在划动接触过程中体会接触的三个阶段与痕迹的三个结构部位的对应关系。

可以改变三个角度，分别制作刀口与铅片不同接触状态下的线条状痕迹。

2. 观察线条状痕迹结构。将制作的线条状痕迹置于体视显微镜下，观察其结构形状。注意痕起缘、痕迹面、痕止缘及其附近的堆积物等部位的形态、位置、尺寸，特别要注意痕起缘、痕迹面、痕止缘的特点，比较各部位反映的差异。

3. 观察线条状痕迹特征。观察线条状痕迹的种类特征，并用分规测量擦痕的宽度，主要擦痕的间距；观察线条状痕迹的个别特征，在放大镜下找出几条粗大、明显、有代表性的线条，观察这些线条的连贯性，起伏的形态，倾斜流向，峰、腰、谷的形状，并观察粗大线条与附近细小直线的位置关系。

4. 观察工具上的特征。观察螺丝刀形成痕迹部位的形状、表面状态特征和棱边形状特征，并用分规、直尺测量其各方向的尺寸，镜下观察螺丝刀大小、刀面上的砂轮磨纹，用读数显微镜测量其尺寸，将观察结果同痕迹进行比较。

五、注意事项

1. 在制作线条状痕迹时，注意在铅片上划动螺丝刀时不要把手放在划动方向上，以免划伤手。

2. 在制作不同接触状态下的线条状痕迹时，要注意记录下几个接触角度，以便对比不同状态下的线条特征。

六、实验作业

1. 按比例描绘工具接触部位和痕迹，并用色笔按顺时针方向标注特征，并注明加工特征和使用特征。

2. 用表格分别列出对工具和痕迹测量的数据。

3. 绘出线条状痕迹某一痕迹部位的剖面图，标示该处线痕的起伏状态，并注明峰、腰、谷。

七、思考题

1. 如何区分线痕的起缘与止缘？

2. 如何理解"粗大、明显、连贯"的含义？

实验 1-47   撬压与打击痕迹的形成与特点

一、实验目的

通过实验了解杠杆作用形成撬压痕迹、碰撞作用形成打击痕迹的规律与特点；掌握不同方式的撬压和打击形成的痕迹的特点；学会观察、识别钢丝钳和螺丝刀撬压、铁锤打击形成痕迹的特征；掌握在木质客体痕迹中寻找、确定特征的方法。

二、实验原理

（一）撬压痕迹的实验原理

撬压痕迹形成的原理：一次撬压形成支点和重点两处痕迹，两痕迹处受力方向相反。

折离撬压，工具一般会以一个端部和杆部的某个部位接触客体。木质客体强度较低，痕起缘处木纤维容易发生断裂，出现两个断面沿纵向错动分离的状态，呈撕裂状痕迹壁，表面参差不齐。痕止缘及其附近的痕底，则以压缩变形的形式表现为典型的凹陷痕迹。金属材料强度较高，压痕多不明显，如表面有油漆层，一般会伴随油漆脱落。

夹持撬压破坏，主要由工具的夹持部位发挥功能，形成痕迹。不同品种的工具，夹持部位的结构形状各有不同，在痕迹中可反映出相应工具接触部位的形状、结构和尺寸。鲤鱼钳一般无前平台，齿纹较细、较密。大力钳、水泵钳、管钳的夹持部位各有特殊的形状，齿纹的尺寸也较大。胡桃钳的刃部夹持也可方便地承担部位的作用，在研究夹持撬压破坏的工具时必须考虑，而其他钳的刃部在这里就不是那么重要。

（二）打击痕迹的实验原理

打击痕迹形成力的因素是物理学中的碰撞作用。打击破坏力是冲击力，在打击痕迹的形成过程中，冲量、动量在工具和客体间传递，并交换能量。客体受冲击作用，属瞬时加载，能量由零瞬时增大，材料变形跟不上外力变化的速度，客体容易发生脆断破坏。木质客体上打击痕迹的痕起缘常出现纤维翘起、痕壁处木纤维多发生断离的现象，原因就在于此。在具有足够弹性的客体上进行打击，可能因为材料变形不充分而导致弹性恢复不一致的现象，使平顶工具打出凸底的痕迹。

三、实验器材

1. 体视显微镜、读数显微镜、分规、直尺等。
2. 螺丝刀、钢丝钳、大力钳、水泵钳、管钳、胡桃钳等工具。
3. 各种锤（至少要有方、圆、球形三种锤顶）、棍等打击工具各一把。
4. 木板若干块、硬纸板若干、纺织物、动物软（硬）组织。

四、实验内容

（一）撬压痕迹的制作与观察

1. 撬压痕迹的制作。

一字形螺丝刀撬压痕迹的制作：将两块木板用钉子固定在一起，其中上边的一块木板较短，用螺丝刀从两板之间的缝隙处进行扩缝撬压。每撬压一次更换一下位置，可采用向上用力和向下用力两种方式。

钢丝钳夹持撬压痕迹制作：将锁钉锔和锁扣用钉子固定于木板上，并上锁，用钢丝钳夹住钉锔上下面，然后用力扭拉。

2. 撬压痕迹的观察。

观察每次撬压形成的一对痕迹之间的位置关系、形态方面的特点：一处为螺丝刀头部刀口形成的痕迹，一处为螺丝刀头部大面或杆部形成的痕迹。分离两木板，在立体显微镜下观察痕迹的结构，弄清痕起缘、痕止缘、痕迹壁和痕底。观察螺丝刀作用部位上的卷刃、缺口等细节特征在痕迹中的反映。

观察钢丝钳夹持撬压前后平台痕迹的形状，包括前后平台痕的长度、宽度、边缘的凹凸点、各部位的角度；观察痕迹中所反映的齿纹数量、长短、每根齿纹的间距等。

（二）打击痕迹的制作与观察

1. 打击痕迹的制作。

将木板的光滑面置于工作台上，用铁锤垂直打击，每打击一次更换一下位置，形成多处打击痕迹；使用铁锤倾斜角度打击，分别形成单独打击痕迹和多次打击痕迹。

2. 打击痕迹的观察。

对于垂直打击痕迹，观察痕迹反映出的边棱数、每条边棱长度、痕迹总体形态和形状；观察痕起缘和痕止缘上明显的凹陷特征、痕迹壁和痕底上的特征。

对于倾斜打击的痕迹，观察其总体形态、痕迹壁上的线条状特征、痕止缘的形态特征、边缘夹角以及痕底上的划痕和磕碰特征。

对于重叠打击痕，观察边缘痕迹所反映出的打击次数。

五、注意事项

1. 实验过程中，不得乱撬乱打，只能在提供的客体材料上进行。

2. 在制作痕迹样本时，小心操作，防止弄伤自己和别人。

3. 实验器材用后应按规定整齐摆放在指定位置，不可到处乱放。

六、实验作业

1. 描绘折离撬压痕迹草图，要求反映支点、重点痕迹的位置、形貌，同时形成的支点、重点痕迹的对应关系，用特写图表示痕迹的细节特征。

2. 列表给出测量数据。

3. 对折离撬压痕迹进行文字描述，要求明晰表达反映支点、重点痕迹的对应关系和痕迹的细节特征。

4. 列表给出观察结果和归纳结果。

5. 根据观察比较结果，归纳打击痕迹的变化规律（列表）。

6. 比较撬压、打击两种凹陷痕迹在特征反映方面的异同（列表）。

七、思考题

1. 在观察对比同一把锤在不同客体上所留痕迹时，一般先确定一条比较边，试思考确定比较边的意义。

2. 怎样从形成的凹陷痕迹中区分出打击或撬压痕迹？有什么依据？

3. 如果反映的是局部痕迹，能否根据受力方向判断是哪个部位留下的痕迹，能否推断出整个锤顶面的形状或轮廓？

实验 1-48　刺切痕迹的形成与特点

一、实验目的

通过实验，了解刺切痕迹的形成机理和特点，识别常见刺切工具形成痕迹的特征，掌握其变化规律。

二、实验原理

刺切的力学原理为尖劈作用。刺切工具的作用部位一般为尖刃，在工具与客体接触作用时，作用部位的接触面积往往比较小，而作用力较大，客体材料的接触部位所受到的力往往大于材料的强度极限，材料的表层会被切开或被工具挤压变形。刺切工具在刺切客体时，客体的作用部位一般会出现材料纤维被切断或被撕断。

三、实验器材

1. 立体显微镜。
2. 菜刀、单刃刀、双刃刀和三刃刀各一把。
3. 木板、硬纸板和纺织物（一块布）。

四、实验内容

（一）刺切痕迹的制作

1. 使用菜刀在木板上砍切，制作一次砍切不切断和多次砍切断木板，形成 V 字形切口和切断的断面痕迹。

2. 使用单刃刀、双刃刀和三刃刀在硬纸板、纺织物等客体上分别刺切，制作刺切痕迹。

（二）刺切痕迹的观察

1. 菜刀在木板上形成的痕迹窄而长，菜刀刃口上的卷刃、豁口等特征能在木板上反映出来。砍切痕中间相连，可测量特征的长度以及到痕迹两端的距离，然后和菜刀上的特征作对照。

2. 多次砍切形成的痕迹，其分离面的痕起缘处可见到由于砍切形成木屑而造成的缺损。

3. 观察菜刀上的卷刃、豁口形成的线条痕，找到它们的对应关系。

4. 观察单刃刀、双刃刀和三刃刀在硬纸板、纺织物上的刺切痕迹的形态，注意痕迹形态与各种刀刃形态之间的对应关系。

5. 观察硬纸板和纺织物正反两面的痕迹，注意反面纤维的翘起方向，它能指示出形成刺痕的用力方向。

五、注意事项

1. 在实验中，由于使用的都是具有锋利刃口的工具，在整个实验过程中，必须注意安全，不能与其他人开玩笑。

2. 在实验中，要爱护实验器材，不能违规操作。

3. 实验完毕，应将所有实验器材摆放整齐，不可随处乱丢。

六、实验作业

1. 绘制菜刀和各种刺刀在客体上形成痕迹的形态。

2. 描述菜刀的使用特征在痕迹中的反映规律。

七、思考题

如何从纺织物上的刺切痕迹中纤维断裂的情况来分析刺刀的种类？

实验 1-49 钳剪痕迹的形成与特点

一、实验目的

通过实验，理解钳类工具、剪类工具形成痕迹的原理，理解、掌握痕迹形成过程中工具与客体的接触关系，熟悉常见钳类工具、剪类工具的刃部加工特征的形态，以及其在痕迹中的反映。

二、实验原理

钳剪痕迹的形成原理是钳剪的剪切作用，但不能单纯地理解为剪切。钳剪痕迹是在工具发挥局部挤压、侧向推挤并伴随剪切功能或剪切伴随局部挤压功能时形成的。

钳类工具和剪类工具主体功能的发挥有着明显的不同，形成的痕迹也存在很大的差异。尤其对鲤鱼钳等名称叫钳，实质是剪的工具，更要理解其主体功能。无论是钳类工具还是剪类工具，其刃部与客体间的相互作用都是一系列复杂的过程，复杂程度与钳具个体结构特点密切相关，应注意在实验中发现特殊现象并给以合理的解释。钳具的刃部有多种加工方式，在工具表面留下不同的加工纹线作为种类特征，这些种类特征在痕迹中有不同的反映。

三、实验器材

1. 立体显微镜、读数显微镜。

2. 钢丝钳、断线钳、胡桃钳、鹰嘴钳等钳类工具若干把，铁皮剪、家用剪等剪类工具若干把。

3. 直径为 3 mm、长度为 50 mm 的高碳钢丝、铜线、铝线、铅丝若干。

四、实验内容

（一）总体实验内容

1. 观察不同产地的钢丝钳刃部的结构、形态、咬合角、刃侧加工特征、刃顶加工特征和刃口形状特征。

2. 用各种钳剪工具在不同客体上制作痕迹，观察钳剪作用部位各种参数与痕迹之间的对应关系。

3. 比较钳类工具、剪类工具形成痕迹的差异。

4. 用同一钳具在同种客体上以不同剪法制作痕迹，比较剪法对痕迹表现的影响。

（二）操作步骤

1. 使用各种钳类和剪类工具以直剪方式在各种客体上制作剪切痕迹，记下作用部位，并对应编号。

2. 按照编号，逐次观察工具的咬合角、咬合位置、刃顶厚度，处于咬合极限位置时的咬合间隙，并测量。

3. 按照编号，逐次观察制作的痕迹，与对应工具的测量参数进行比较。

4. 观察各工具刃侧的加工铣纹在痕迹中的反映。

五、注意事项

1. 在制作痕迹时，注意安全。

2. 在制作痕迹时，要把工具与其痕迹对应编号，不要搞混淆。

3. 实验结束后，要整理好工作台，不要随处乱丢工具和客体材料。

六、实验作业

1. 列表给出各种钳刃结构参数及对应痕迹的参数。

2. 列表给出各种剪具对应痕迹的参数。

七、思考题

1. 如何认识和解释鱼鳞纹现象？

2. 如何认识和解释二次压痕现象？二次压痕现象是否会在钳类工具痕迹中出现？

3. 如何认识和解释胡桃钳痕迹的挤压优越区靠向痕止缘的现象？其他钳类工具痕迹中是否也会出现这种现象？

实验 1-50 割削痕迹的形成与特点

一、实验目的

通过实验，了解金属钻、木钻的结构，了解金属钻（麻花钻）头各部位功能，掌握金属钻痕的结构、痕迹各部位与工具的对应关系，掌握金属钻痕的特征形式；熟悉木锯各种锯齿的排列规律，锯断面形态与锯齿的排列规律的对应关系；熟练掌握常见的五种断面形态；熟悉金属锯齿的排列规律，掌握单齿痕、齿终端痕的存在形式和位置规律；熟悉金属锉齿的排列规律，了解金属锉痕的形态，掌握特殊条件下金属锉痕的重点特征。

二、实验原理

割削痕迹形成基本原理是切削刃对客体材料进行层次剥离作用。

三、实验器材

1. 体视显微镜、读数显微镜、游标卡尺、分规等测量用具。
2. 手摇钻具一把，12 mm 木钻头、5 mm 麻花钻头各一支，15 mm 厚的木板、3 mm 或 5 mm 厚的铅片、铝片、铜片各一块，直径 8~12 mm 的低碳钢筋一段。
3. 不同齿列组合的木锯每组一把，金属锯每组一把。
4. 不同型号的金属锉一把。

四、实验内容

（一）总体实验内容
1. 观察金属钻头结构，以及与其对应形成的痕迹。
2. 观察木钻头结构，以及与其对应形成的痕迹。
3. 观察木锯齿结构，以及与其对应形成的痕迹。
4. 观察金属锯齿结构，以及与其对应形成的痕迹。
5. 观察金属锉齿结构，以及与其对应形成的痕迹。

（二）操作步骤

1. 金属钻痕迹的制作：选择适当的金属钻头安装在手摇钻具上（注意旋紧钻卡头，防止在钻到一定深度时卡钻），分别在铅片、铝片、铜片上制作钻痕，钻通若干，不钻通若干，要使钻卡头形成数个痕迹。

2. 木锯痕迹的制作：用木锯在木材上制作木锯痕迹（注意运锯要平衡顺畅，不要过急），锯断若干，不锯断若干。

3. 金属锯、金属锉、木钻痕迹的制作：分别用金属锯、金属锉、木钻在金属客体、木材客体上制作痕迹，作出断面痕迹、钻底痕迹和锉底痕迹。

4. 观察测量：金属钻的钻孔口、钻卡头痕迹、钻底、钻屑，再剖开钻孔观察钻壁，木锯的锯底、锯口、锯断面（三角形、内弧形、外弧形、田垄形和锯路波形）、展平面、单齿痕、齿终端痕。

5. 观察的一般项目：金属锯痕的锯底、锯断面，金属锉痕的锉底、锉断面，木钻痕的钻屑、钻底和钻壁。

五、注意事项

1. 在制作痕迹时，注意安全。

2. 实验的工具较多，在制作痕迹时，要把工具与其痕迹对应编号，不要搞混淆。

3. 实验结束后，要整理好工作台，不要随处乱丢工具和客体材料。

六、实验作业

分别列表表述痕迹与工具的对应关系。

七、思考题

1. 金属钻壁痕迹的纹线形态受哪些因素影响？这些线痕是否有利用价值？

2. 实际工作中怎样观察确定木锯的实用齿列组合规律和实用齿列组合形式？

3. 形成锯路波的木锯在锯齿和实用齿列组合的形式方面应具备什么条件？

4. 能否确定单齿是哪个锯齿形成的？齿终端痕是如何形成的？

5. 怎样确定一次行程痕？

6. 金属锯锉痕迹可以如何利用？

实验 1-51　工具痕迹的测量及工具种类分析

一、实验目的

通过实验，掌握凹陷状痕迹和线条状痕迹结构或特征基本参数的测量方法，以钳剪类工具痕迹为实验内容，了解工具种类分析方法。

二、实验原理

凹陷状痕迹和线条状痕迹结构或特征基本参数是分析作案工具的关键点，正确测量这些参数是分析作案工具种类和进行鉴定的基础。

对于凹陷状痕迹，其痕迹的形态、尺寸、角度等基本参数是常见测量对象；对于线条状痕迹，线条的数量、形态、距离等基本参数是常见测量对象。对于这些参数可以使用读数显微镜、直尺、量角器等传统测量工具来完成，使用这些测量工具可以直接测量痕迹的参数，有时候不方便直接测量还需要用间接的办法来测量痕迹的参数。除了传统测量工具来测量痕迹的参数，还可以使用图像处理软件的测量功能来测量痕迹的参数。使用图像处理软件来测量痕迹有两种途径：一是通过数码相机或图像采集系统把工具痕迹采集成数字图像信号，然后在图像处理软件中打开，对需要测量的尺寸参数可以用软件中的拉线连接两个测量点，软件即可计算出两点间的像素距离；二是在采集痕迹图像时，在痕迹的适当位置放上比例尺，然后在图像处理软件中使用比例尺对图像显示设备进行标定，确定一个像素的实际尺寸，再通过将测量的像素尺寸转换计算出实际尺寸来达到测量目的。

根据工具痕迹种类特征来分析工具的种类。以钳剪类工具痕迹为例，钳的咬合角、咬合间隙、咬合位置、刃顶宽度、刃侧加工铣纹等参数均反映了钳的种类，即不同种类的钳，这些参数也不同。由于这些参数均不反映到痕迹中，因此，可以通过测量痕迹中的相关参数，来分析形成痕迹的工具。

三、实验器材

1. 读数显微镜、直尺、量角器。

2. 装有 Photoshop 软件的计算机一台。

3. 圆形、方形、多边形等不同形状锤击面的铁锤各一把，两把不同型号的钢丝钳。

4. 木板和铅丝若干。

四、实验内容

（一）总体实验内容

1. 测量凹陷状痕迹的尺寸参数。

2. 测量线条状痕迹的特征参数。

3. 测量钢丝钳剪切痕迹的种类特征参数，并分析钢丝钳种类。

（二）操作步骤

1. 使用不同形状锤击面的铁锤以垂直和倾斜两种角度打击木板分别制作反映全局形态和局部形态的打击凹陷状痕迹。

2. 使用直尺和 Photoshop 图像处理软件分别测量圆形痕迹的直径、多边形痕迹的边长。

3. 通过量角器测量多边形痕迹的两条边夹角，对于倾斜打击形成锤击面局部形态的痕迹间接计算铁锤打击面的边数。

4. 使用两把不同型号的钢丝钳分别以钳刃的前、中、后部三个位置直剪铅丝，制作钳剪痕迹。

5. 使用读数显微镜或直尺测量痕迹立顶宽度和高度以及钢丝钳对应的咬合间隙和刃顶宽度，并列表记录。

6. 使用量角器间接测量痕迹的峰角与对应钢丝钳的咬合角，并列表记录。

7. 使用读数显微镜或图像处理软件测量断头斜面加工铣纹间距，并列表记录。

8. 对列表记录的测量数据进行比较，分析钢丝钳的种类。

五、注意事项

1. 在制作痕迹时，注意安全。

2. 实验的工具较多，在制作痕迹时，要把工具与其痕迹对应编号，不要搞混淆。

3. 在测量参数时，选择的测量基准点要一致。

4. 实验结束后，要整理好工作台，不要随处乱丢工具和客体材料。

六、实验作业

根据钢丝钳剪切痕迹的测量参数，详细给出分析工具种类的根据。

七、思考题

如何根据痕迹分析剪刀工具的种类？

实验 1-52 工具痕迹的破坏、侵入 方式与技术分析

一、实验目的

通过实验，掌握工具痕迹的破坏、侵入方式和技术分析的基本方法与思路。

二、实验原理

工具痕迹不但在现场出现率高，而且包含大量有用的信息，尤其对破坏、侵入方式的分析非常有效。力是工具痕迹形成的一个关键因素，可以通过工具痕迹形成方向判断工具作用方向；根据工具痕迹的痕起缘和痕止缘上材料破坏特点，可以分析擦划痕迹的起点和终点；根据工具痕迹线条流向及深浅等特点，可以判断工具剪切、夹持的方向；根据孔洞口大小、光滑程度、断离纤维等形成特点，可以判断工具形成孔洞的方向；根据工具痕迹是否违反撬压规律、破坏部位是否适当、破坏效果是否足够等逻辑规律，能够分析工具作用客体的真实情况。

三、实验器材

1. 立体显微镜。
2. 钢丝钳、一字形螺丝刀。
3. 锁页、铅片、木板。

四、实验内容

（一）总体实验内容

1. 使用钢丝钳夹持锁页，根据线条形成特点判断夹持方向。
2. 使用螺丝刀在铅片上擦划线条，观察线条痕起缘和痕止缘的金属颗粒堆积情况，判断擦划起点和终点。
3. 使用螺丝刀在木板上擦划，观察木板断离纤维的指向，判断擦划

方向。

（二）操作步骤

1. 使用钢丝钳的前平台用力夹持锁页，观察钢丝钳前平台钳齿在锁页上所留痕迹的深度，比较不同深浅的齿痕迹与前平台钳齿夹持方向的对应关系。

2. 使用一字形螺丝刀用力一次性在铅片上擦划，观察擦划起点和终止金属颗粒堆积情况。

3. 使用一字形螺丝刀用力在木板上擦划，观察擦划线条的起点和终点的断离木纤维的指向。

五、注意事项

1. 使用工具制作痕迹时，注意安全。

2. 实验结束后，整理好工具和其他实验器材，不要随意乱放。

六、实验作业

1. 详细描述钢丝钳夹持锁页所留痕迹的特点，分析夹持方向。

2. 详细描述一字形螺丝刀擦划铅片、木板形成的线条痕迹的痕起缘、痕止缘的特点。

七、思考题

1. 简述不同客体材料对擦划痕迹的起点、终点判断分析的影响。

2. 简述客体的尺寸对夹持方向判断分析的影响。

实验 1-53　工具痕迹的提取

一、实验目的

通过实验，掌握凹陷状痕迹和线条状痕迹的提取方法。

二、实验原理

对于凹陷状痕迹，采用制模法提取，制模的方法常用硬塑料法和硅橡胶法。硬塑料法，是将硬塑料加热使其变软，然后压在需提取痕迹的上面，用力均匀按压，立体痕迹即会印压在变软的塑料上。硅橡胶法，取硅橡胶 2 g、月桂酸二丁基锡 15 滴、正硅酸乙酯 15 滴，然后搅拌均匀，静置片刻去泡，再涂于痕迹处，10 min 后固化即可提取到痕迹。

对于线条状痕迹，常用 AC 纸（醋酸纤维素薄膜）法提取。AC 纸的制作分溶液配制和制备两步。

溶液配制：用量杯量取丙酮 1000 mL，用天平称取 100 g 醋酸纤维素颗粒加入丙酮中，用玻璃棒按一个方向不断搅拌以加速溶解，静置一段时间以消除气泡。

制备：将溶液集中倒在干净的玻璃板上，让溶液慢慢向四周漫延自然摊平，盖上玻璃钟罩，边沿留一窄缝，以便丙酮缓慢挥发并排出，丙酮完全挥发（约 24 h）后，溶液凝固为 0.5 mm 厚无色透明的薄膜。用刀片从一侧轻轻剥离取下薄膜，裁成适当大小块夹放在书中以备用。

三、实验器材

1. 立体显微镜。

2. 铁锤、木板、螺丝刀、铅片、玻璃板。

3. 硬塑料、硅橡胶、月桂酸二丁基锡、正硅酸乙酯、甘油、丙酮、醋酸纤维素。

四、实验内容

（一）制模法提取凹陷状痕迹

1. 硬塑料法。

（1）用铁锤在木板上制作打击痕迹。

（2）均匀涂少许甘油到痕迹上。

（3）将适量的硬塑料在热水中浸泡，并一边浸泡一边揉搓，使其变软；然后将其在玻璃上压出一平面，该平面须光滑无沟痕，而后将此光滑面覆盖痕迹部位并用力均匀按压，等塑料重新变硬后，即可取下。这样凹陷状痕迹便被提取下来。

2. 硅橡胶法。

（1）用铁锤在木板上制作打击痕迹。

（2）取硅橡胶 2 g、月桂酸二丁基锡 15 滴、正硅酸乙酯 15 滴，然后搅拌均匀，静置片刻去泡，再涂于痕迹处，10 min 后固化即可提取到痕迹。为了便于脱模，可在痕迹表面先涂少许甘油。

（二）AC 纸法提取线条状痕迹

利用 AC 纸法提取的步骤如下：

（1）用螺丝刀在铅片上擦划形成线条状痕迹。

（2）根据痕迹面积剪取事先制备好的 AC 纸两块，用镊子夹住其中一块的边缘放在丙酮溶液中浸泡，待 AC 纸变软后取出，贴在痕迹上，从一侧向另一侧赶压（压紧后再在其上覆盖一块 AC 纸，同方向赶压，使上下两块 AC 纸溶合在一起），表面溶解的 AC 纸粘附在痕迹表面，将痕迹特征复印在 AC 纸上。约 10 min，丙酮完全挥发，揭下干透的 AC 纸即可。操作过程中注意 AC 纸在丙酮中不要浸泡过软，以能支持本身质量为宜。

五、注意事项

1. 保持室内通风良好。

2. 注意不要将丙酮洒到桌上，以防脱漆。一旦洒到桌面上，尽快用布擦干。

六、实验作业

1. 各种方法提取的工具痕迹模型，用纸袋包好，分别注明客体种类、破坏情况、提取的方法等。

2. 根据自己提取的痕迹，总结一下各种方法的优缺点、反映特征情况、成功与不足之处。

实验 1-54　现场工具痕迹勘查

一、实验目的

通过实验，掌握现场工具痕迹勘查的基本程序和方法，掌握常见工具痕迹的提取与包装方法，掌握现场工具痕迹分析的基本原理。

二、实验原理

现场工具痕迹勘查遵循《公安机关刑事案件现场勘验检查规则》的相关规定。

三、实验器材

1. 数码相机、包装袋、现场勘验检查表、红墨水。
2. 螺丝刀、撬杠、钢丝钳、单刃刀、双刃刀。

四、实验内容

1. 接报案、现场保护可省略。
2. 根据所给的现场，寻找和发现现场工具痕迹。
3. 提取并包装现场工具痕迹。
4. 填写现场勘验检查表。
5. 根据所提取的工具痕迹对现场进行分析。

五、注意事项

实验结束后，清理现场。

六、实验作业

根据所给的现场，完成现场勘验检查表。

七、思考题

1. 提取现场工具痕迹应注意哪些问题？
2. 根据现场工具痕迹可以做哪些方面的现场分析？

实验 1-55　凹陷状痕迹鉴定

一、实验目的

通过实验，了解凹陷状痕迹鉴定的程序和方法；掌握样本材料的选择原则，学会制作样本的实验设计方法；熟悉比对显微镜的功能、性能、特点和操作技术；掌握凹陷状痕迹鉴定书的制作方法。

二、实验原理

痕迹鉴定的基本原理是同一原理。凹陷状痕迹的鉴定需要比较痕迹的种类特征和细节特征，两类特征都一致时，即为鉴定同一。凹陷状痕迹的种类特征主要有痕迹的形态、尺寸等；凹陷状痕迹的细节特征主要是痕迹中的凹凸点的形态、数量及排列关系等。

三、实验器材

1. 比对显微镜。
2. 铁锤两把、木板。

四、实验内容

（一）总体实验内容

1. 依鉴定程序对检材痕迹和嫌疑工具进行分别检验。
2. 根据现场痕迹检验和嫌疑工具检验的结果，选取工具的部位，制作样本。
3. 比对检验。
4. 综合评断得出鉴定意见。
5. 拍照和出具鉴定书。

（二）操作步骤

1. 观察检材痕迹形态，痕迹是垂直打击形成还是倾斜打击形成的。
2. 测量痕迹的各种尺寸，检验痕底细节特征。

3. 观察两把铁锤，确定嫌疑工具。

4. 使用嫌疑工具制作样本。

5. 检验样本特征。

6. 比较检材和样本的种类特征以及细节特征。

7. 分析检材和样本特征的异同点。

8. 分别对检材和样本的特征区进行拍照。

9. 出具鉴定书。

五、注意事项

1. 制作样本时，注意安全，以防弄伤自己。

2. 实验结束后，整理好实验台。

六、实验作业

按照要求的格式，出具一份鉴定书。

实验 1-56　钳剪痕迹鉴定

一、实验目的

通过实验，了解钳剪痕迹鉴定的程序；掌握现场痕迹和嫌疑工具检验的任务、目的、方法和步骤；掌握制作钳剪痕迹样本的过程和方法，掌握样本材料的选择原则，学会制作样本的实验设计方法；熟悉比对显微镜的功能、性能、特点和操作技术；掌握钳剪痕迹鉴定书的制作方法，并培养良好的操作习惯。

二、实验原理

痕迹鉴定的基本原理是同一原理。钳剪痕迹的鉴定需要比较痕迹的种类特征和细节特征，两类特征都一致时，即为鉴定同一。钳剪痕迹的种类特征主要有断头立顶的高度和宽度、断头的峰角大小；钳剪痕迹的细节特征主要是断头斜面上线条的数量、排列关系等，在比较线条特征时主要方法是线条的对接。

三、实验器材

1. 比对显微镜。
2. 钢丝钳两把、铅丝。

四、实验内容

（一）总体实验内容

1. 依鉴定程序对检材痕迹和嫌疑工具进行分别检验。
2. 根据现场痕迹检验和嫌疑工具检验的结果，选取工具的部位，制作样本。
3. 比对检验。
4. 综合评断得出鉴定意见。
5. 拍照和出具鉴定书。

（二）操作步骤

1. 观察检材痕迹形态，检材痕迹具有什么样的侧面形态，具有什么样的立顶形态，具有什么样的断面铣纹线条形态，等等。

2. 测量检材断面各种参数，检验断头斜面特征。

3. 观察检验两把钢丝钳，确定嫌疑工具。

4. 使用嫌疑工具制作样本。

5. 检验样本特征。

6. 分别把检材和样本放置在比对显微镜的两个载物台上，调整好观察位置，比较检材和样本的对应特征。

7. 分析检材和样本的相似特征和不同特征的本质关系。

8. 分别对检材和样本的特征区进行拍照，并对检材样本线条对接比对区进行拍照。

9. 出具鉴定书。

五、注意事项

1. 制作样本时，注意安全。

2. 调整比对显微镜时，注意两个载物台与物镜的距离要保持一致，放大倍数要相同。

3. 实验结束后，整理好实验台。

六、实验作业

按照要求的格式，出具一份鉴定书。

实验 1-57　牙模制作与牙齿特征寻找

一、实验目的

了解人牙排列规律,掌握牙齿宽度、牙弓形态与牙位的分析方法;掌握牙齿宽度、牙弓宽度、牙弓深度及牙齿之间相对夹角的测量方法;掌握利用牙科打样膏制作牙齿痕迹样本的操作方法。

二、实验原理

恒牙列形成后,能在相当长的时期内保持稳定,这是牙齿痕迹检验、鉴定的基本条件;医用打样膏能够在加热的条件下被塑造成需要的形态,冷却即可定型,能够如实地反映牙齿的结构特征。

三、实验器材

1. 牙科打样膏(硬塑料)、一次性纸杯(每人两个)、热水(70～80 ℃)、冷水。

2. 立体显微镜、读数显微镜、分规、直尺、角度尺。

四、实验内容

(一)制作牙齿痕迹样本

取出一块牙科打样膏,浸泡在装有 70～80 ℃热水的一次性纸杯中,待打样膏软化后立即取出,手动塑成与牙弓大小相近的形状,然后将打样膏置于口腔中,上、下颌正常咬合,待打样膏硬化后取出,置于装有冷水的一次性纸杯中冷却,待完全硬化定型,即制备成了牙齿痕迹样本。

(二)牙齿痕迹测量

1. 测量牙冠宽度。

2. 测量牙弓宽度与牙弓深度。

3. 描绘牙列曲线。

（三）观察痕迹确定特征

观察牙齿痕迹样本，确定牙齿的排列规律；确定畸形牙、病变牙的数量、部位和种类；分析正常牙列或由畸形牙和病变牙构成的牙列的各自特征，分析特征的特定意义；分析牙齿痕迹的特征反映及特征的特定性，分析前牙痕迹在检验中的作用与意义。

（四）得出实验报告

根据牙齿痕迹样本的测量数据、观察结果、分析意见写出实验报告。

五、注意事项

使用牙科打样膏制作牙模时，要控制咬合的力度，不可反复咬合，否则会破坏牙齿痕迹。

六、实验作业

1. 要求学员个人独立操作，制作牙齿痕迹样本。

2. 观察牙齿排列，测量上、下颌前牙数据，总结排列规律。

3. 逐一测量牙冠宽度、单牙尺寸、牙弓宽度、牙弓深度、牙齿相对夹角。

4. 以小组为单位，课后交换样本进行观察测量，要求每个学员观测 3 副别人的样本（包括不同性别牙齿样本）。

5. 按照实训要求完成实验报告。

七、思考题

1. 根据前牙数量能否准确分析上、下颌和左、右侧，能否确定是何种牙齿形成的痕迹？

2. 上、下颌齿的咬合状况有哪几种？试从生理结构上分析。

3. 前牙痕迹特征的构成，具有特定性的特征包括哪些？

4. 对于现场发现的牙齿痕迹，如何提取、保存？

实验 1-58 原配钥匙和后配钥匙痕迹的观察与分析

一、实验目的

1. 了解锁的结构及开启原理，了解锁芯结构对锁具性能的影响。
2. 熟悉原配钥匙开锁、选配钥匙开锁、后配钥匙开锁、万能钥匙开锁的工作原理和相应痕迹形态以及出现的部位。
3. 掌握原配钥匙开锁痕迹的形态、出现的部位及分布规律。
4. 掌握后配钥匙开锁痕迹的形态、出现的部位及分布规律。

二、实验原理

1. 钥匙的尺寸与锁芯规格相匹配，钥匙的截面形状与对应的锁芯匙槽形状相同。钥匙的作用就是以其高度不同的齿与对应的圆头弹子配合后，解除平弹子对锁芯的约束开启锁具。
2. 后配钥匙经过车铣、加工、打磨后，齿列关系与原配钥匙相同。
3. 后配钥匙是仿制了原配钥匙，虽然能够开启锁具，但是会在弹子的端面上留下后配钥匙的开锁痕迹。其位置、形态、亮度、深浅等与原配钥匙开锁痕迹都有不同。

三、实验器材

1. 直开挂锁、横开挂锁及相应的原配钥匙。
2. 台钳、手摇钻、钢锯。
3. 钥匙仿真机、钥匙坯。
4. 体视显微镜、读数显微镜。

四、实验内容

1. 用原配钥匙开启直开挂锁和横开挂锁，在体视显微镜下寻找原配钥匙开锁痕迹。

2. 利用钥匙仿真机，仿制原配钥匙，制作后配钥匙。

3. 观察增配钥匙的过程中，仿真机在原配钥匙上形成的痕迹。

4. 用后配钥匙开启直开挂锁和横开挂锁，在体视显微镜下寻找后配钥匙开锁痕迹。

5. 在显微镜下观察原配钥匙开锁痕迹和后配钥匙开锁痕迹，进行比较区分。

五、注意事项

1. 原配钥匙开启锁具的痕迹位置分布比较固定，痕迹形态规律，磨损痕迹明显，不能反映细节特征。

2. 选择不同材质的钥匙坯制作后配钥匙观察开锁的痕迹时，结合不同材质钥匙坯上加工纹，观察锁芯弹子端面上的痕迹。

六、实验作业

1. 画出原配钥匙和后配钥匙的齿列关系结构图。

2. 对后配钥匙开齿加工纹和后配钥匙开锁的弹子端面痕迹进行标画。

3. 按照实训要求完成实验报告。

七、思考题

1. 常见的开锁和破坏锁的方法有哪些?

2. 如何通过痕迹区分原配钥匙开锁和后配钥匙开锁?

实验 1-59　整体分离痕迹特征观察与分析

一、实验目的

了解整体分离痕迹的概念和形成方式，掌握整体分离痕迹特征的识别和分析方法。

二、实验原理

整体分离痕迹是指物质整体在外力作用下发生断裂或分解为若干部分，而在各分离体上留下的痕迹。分离痕迹的结构由分离面和分离缘构成，分离特征受材料的性质、物体的形状结构、分离的方式等因素的影响，而产生不同的变化。

三、实验器材

纸张、铜线、铜片、塑料、剪刀、裁纸刀、体视显微镜。

四、实验内容

（一）整体分离痕迹的制作

1. 借助剪刀或裁纸刀将纸张分离。

2. 用剪刀剪断具有一定直径的金属铜线和薄的铜片。

3. 采用弯折、拉伸等方式将塑料棒或塑料膜进行分离。

（二）整体分离痕迹的特征观察

1. 分离体的固有特征、加工特征的观察。观察物质的色泽、成分、形态、微观结构等固有特征及物体在加工和使用中因表面状态或内部结构改变而形成的特征。

2. 分离特征的观察。二维整体分离主要观察分离线的形状，三维整体分离主要观察分离断面上的裂痕和凹凸结构。

3. 分离体的附加特征的观察。观察分离体原始表面上的固有花纹和图案及分离面上的附着物等特征。

（三）**整体分离痕迹的影响因素分析**

1. 材料性质对分离特征的影响。观察纸张和塑料断离后，相邻分离面和分离缘的特征，分析材料的塑性、脆性等特征对分离痕迹形态的影响。

2. 物体空间结构对分离特征的影响。观察断离铜线和铜片相邻分离面或分离线的整体对应关系，分析二维物质和三维物质分离后不同的分离痕迹特征表现。

3. 分离方式对分离特征的影响。观察纸张剪切分离、切断分离、裁断分离、撕断分离的分离特征，结合材料性质分析不同分离方式对分离痕迹特征的影响。

五、注意事项

1. 提取分离体时，要注意保护分离面和分离缘，防止损坏和变形。例如，金属要存放于干燥环境中，防止锈蚀；绳索分离体要进行粘贴或捆扎，防止松脱；体积小的纸片要用玻片夹住，防止掉落。

2. 脆性高、弹性好的材料破坏分离时，分离痕迹不易变形；塑性材料的分离痕迹变形情况取决于材料的可塑性及其分离方式的不同。

六、实验作业

1. 描绘纸张剪切分离、切断分离、裁断分离、撕断分离的分离痕迹特征。

2. 描绘塑料薄膜徒手分离、剪刀剪断的分离痕迹特征。

3. 描绘铜线及铜片经剪刀剪断后的分离痕迹特征。

七、思考题

1. 整体分离的方式有哪些？整体分离痕迹的特征有哪些？

2. 如何进行整体分离痕迹的勘验？

实验1-60 纺织物、绳索痕迹特征 观察与分析

一、实验目的

了解纺织物、绳索的组织结构特征和加工使用特征，掌握纺织物和绳索分别作为造痕体和承痕体所形成的痕迹特征。

二、实验原理

纺织品、绳索作为人们日常生活和工作中的常见用品，是各类刑事案件现场的重要痕迹物证。纺织品、绳索的种类繁多，包括机织物、针织物、无纺布、絮制品、毡制品；材质有麻类、合成纤维和金属纤维。了解纺织物的组织结构、加工使用特征和绳索结构，对纺织物、绳索的检验有一定的意义。纺织物、绳索作为造痕体时，承痕体的可塑性、颗粒度、硬度及表面光洁度等性质对痕迹特征的形成有很大的影响；纺织物、绳索作为承痕体时，随着受力状态和作用方式的不同，产生不同的痕迹特征。

三、实验器材

各类绳索、各种布块、锤、螺丝刀、匕首、剪刀、体视显微镜。

四、实验内容

（一）观察纺织物、绳索的固有特征

1. 将纺织物放在体视显微镜下，观察疵点、花纹图案等组织结构特征，缝纫、对接、封边等加工特征以及磨损、修补等使用特征。

2. 将绳索放在体视显微镜下，观察材质、颜色、直径、股数、捻向等绳索结构特征。

（二）纺织物、绳索作为造痕体的痕迹特征观察

1. 用纺织物、绳索在潮湿的细土地、粉尘大的客体表面、弹性好的皮肤表面或未干的油漆面上实施印压、捆绑动作。

2. 观察客体表面的纺织物组织结构特征及绳索结构特征反映。

（三）**纺织物、绳索作为承痕体的痕迹特征观察**

1. 观察绳索不同缠绕规律的绳结特征，用剪刀剪断绳索，观察其断口痕迹特征。

2. 用锤、匕首、剪刀、螺丝刀等工具破坏纺织物，观察其断口形状等痕迹特征。

五、实验作业

描绘匕首、剪刀、螺丝刀在纺织物上形成的痕迹特征。

六、思考题

如何根据纺织物上断口的形态判断破坏工具的种类？

实验 1-61 玻璃破碎痕迹特征观察与分析

一、实验目的

掌握各种载荷作用下的玻璃破碎痕迹特征，了解根据裂纹形态分析冲击方向、冲击顺序、冲击物体速度的方法。

二、实验原理

玻璃是一种具有无规则结构的非晶态脆性固体材料，是犯罪现场的常见物品。因此，对玻璃破碎痕迹的研究是刑事技术检验的重要组成部分。对玻璃的破坏方式主要有冲击波载荷、机械载荷和热冲击载荷。玻璃在以弹头为代表的冲击波载荷作用下，破碎过程符合应力波理论，裂纹分布包括喇叭口层裂区、放射末梢纹区和放射纹区。机械载荷的方式有抛击、敲击、撬压和玻璃刀划等，玻璃破碎裂纹的扩裂主要依据材料变形而产生的应力分布，主要特征是作用点的斜面状断口、放射裂纹和切向裂纹。可根据裂纹的形态及分布、局部形态及断口弓形纹的特征来分析判断作用方式、冲击方向、冲击顺序等相关情况。

三、实验器材

玻璃、铁锤、钢珠、弹弓、螺丝刀、酒精灯。

四、实验内容

（一）冲击波载荷下玻璃破碎痕迹的特征观察

1. 用五四式手枪对准玻璃射击制作冲击波载荷样本。

2. 观察弹孔及层裂区形状、孔径大小、弹孔边缘的玻璃粉末分布及出口附近的玻璃碎片。

3. 观察放射末梢纹和放射纹的长度、密度、形态、分布及断面情况。

（二）机械载荷下玻璃破碎痕迹的特征观察

1. 用钢珠抛击玻璃制作抛击样本。

2. 观察孔洞形状、孔径大小、层裂情况及出口处玻璃碎块分布情况。

3. 观察放射纹的长度、数量、形态、分布及断口上弓形纹的方向。

4. 观察切向裂纹的形态、半径、断口及断口上弓形纹的方向。

5. 用螺丝刀撬压玻璃制作撬压样本，观察裂纹数量、分布、断口及断口上弓形纹的形态。

（三）**热冲击载荷下玻璃破碎痕迹的特征观察**

1. 将玻璃置于酒精灯上，固定点加热至玻璃破碎，制作点热源玻璃破碎样本。

2. 观察裂纹形态、分布、断口形态，寻找局部断裂面上的拉伸断裂区。

（四）**玻璃破碎痕迹的分析**

1. 判断冲击方向：根据玻璃碎块位置、断口形状、放射纹断口上的弓形纹汇聚方向和切向裂纹断口上的弓形纹汇聚方向等特征来判断冲击方向。

2. 判断冲击顺序：根据裂纹的相对位置及裂纹扩展终止的情况判断冲击的顺序。

3. 判断冲击速度：根据孔洞层裂情况、末梢纹数量及形态分布、放射纹数量及形态、有无切向裂纹等特征来判断冲击速度。

五、实验作业

观察并描绘各种载荷下的玻璃破碎痕迹特征。

六、思考题

1. 现场勘查玻璃破碎痕迹应注意些什么？

2. 怎样提取现场的玻璃碎块？

3. 如何根据玻璃破碎痕迹特征分析作用方式？

实验 1-62　轮胎痕迹测量与车型分析

一、实验目的

根据轮胎痕迹的具体形态选择不同的测量方法，并对其进行分析。

二、实验器材

自行车、摩托车、汽车、白纸、卷尺、计算器。

三、实验内容

（一）测量车轮痕迹

1. 制作样本。

2. 测量印迹：一是测量轮距和胎面宽；二是测量轴距。

（二）判断车种及类型

四、注意事项

1. 当痕迹边缘模糊不清或产生变形时，可多选择几个测量点，然后取平均值。

2. 由于车辆载重不同，轮胎内气压高低不同，路面软硬程度不同，可能会使测得的胎面宽度数据与厂家提供的数据有出入。

3. 轮胎痕迹在测量时，应选择多点进行测量，将测量数据取平均值可得出较为精确的数据。

五、实验作业

用测量的痕迹数据填写实验报告《轮胎痕迹测量与车型分析》。

六、思考题

1. 转弯处的痕迹如何测量？

2. 平面痕迹与立体痕迹的测量有什么不同？

实验 1-63　轮胎痕迹特征寻找与标示

一、实验目的

寻找模拟现场与模拟嫌疑车辆的轮胎痕迹，并进行标示。

二、实验器材

自行车、摩托车、汽车、白纸、卷尺、计算器、数码相机、比例尺。

三、实验内容

（一）寻找模拟现场的车轮痕迹

1. 制作样本。
2. 对检材痕迹进行拍照。
3. 标示痕迹。

（二）寻找模拟嫌疑车辆的车轮痕迹

1. 制作样本。
2. 对样本痕迹进行拍照。
3. 标示痕迹。

（三）检验检材及样本痕迹

1. 利用特征测量法比对：对模拟现场的痕迹进行比对。
2. 利用特征对照法比对：对照片痕迹进行比对。

四、注意事项

1. 实验分为现场实验和实验室实验。

2. 现场实验中，应注意测量痕迹的角度、长度、宽度、直径、弧度等数据，并加以标示。

3. 实验室实验中，应注意对现场痕迹照片和样本实验照片进行比对，比较两者特征出现的位置、形状、大小、间距、分布关系等，可以借助放大镜、体视显微镜或投影仪来完成。

五、实验作业

填写实验报告《轮胎痕迹特征寻找与标示》。

六、思考题

1. 轮胎痕迹较大时，发现痕迹后应用什么测量方法？
2. 轮胎痕迹与车辆行驶状态之间有何关系？

实验 1-64 轮胎痕迹提取

一、实验目的

根据轮胎痕迹的不同类型选择不同的提取方法，并掌握操作过程。

二、实验器材

自行车、摩托车、汽车、白纸、卷尺、计算器、数码相机、比例尺、石膏粉、水、薄塑料板、小脸盆、强光灯、多波段光源、电源、旧衣服。

三、实验内容

（一）立体轮胎痕迹的提取

1. 制作立体轮胎痕迹。
2. 在轮胎痕迹旁加比例尺，拍照。
3. 用石膏粉提取立体痕迹。

（二）平面轮胎痕迹的提取

1. 用强光灯照射痕迹，对痕迹进行观察。
2. 在轮胎痕迹旁加比例尺，拍照。
3. 用静电吸附法提取痕迹。

（三）纺织品上痕迹的提取

1. 用多波段光源发现旧衣服上的痕迹。
2. 加比例尺并拍照提取痕迹。

四、注意事项

1. 提取立体轮胎痕迹时，如果痕迹太大太长，可将石膏分割成适当大小的若干块，并编写序号。
2. 对平面痕迹进行拍照时，可不断变换光源的角度，选择最佳状态进行拍照。
3. 提取立体轮胎痕迹时，比例尺应与痕底保持在同一平面。

五、实验作业

用测量的痕迹数据填写实验报告《轮胎痕迹提取》。

六、思考题

1. 人体上轮胎痕迹的提取方法是什么？
2. 木板上轮胎痕迹的提取方法是什么？

实验 1-65 车辆行驶状况、方向与车速分析

一、实验目的

根据轮胎痕迹的具体形态对其进行分析，观察与分析行驶状况、方向与车速。

二、实验器材

自行车、摩托车、汽车、白纸、卷尺、计算器。

三、实验内容

（一）制作各种行驶状况的模拟现场轮胎痕迹

1. 启动痕迹。

2. 转弯痕迹：制作正常转向侧滑、碰撞侧滑、制动侧滑、驱动侧滑痕迹。

3. 刹车痕迹：制作刹车拖痕。

4. 变换行驶方向产生的痕迹：制作滚印痕迹。

（二）观察与分析行驶方向

1. 根据尘土分布判断行驶方向。

2. 根据转弯处的轮胎摩擦痕迹判断行驶方向。

3. 根据制动痕迹判断行驶方向。

4. 根据轮胎花纹颜色深浅判断行驶方向。

5. 根据立体轮胎痕迹判断行驶方向。

（三）观察与分析车辆行驶速度

1. 测量轮胎在路面上留下的拖痕。

2. 计算车辆行驶速度。

四、注意事项

1. 观察时要细心。

2. 立体痕迹形成时，承受体种类较多，痕迹有时变形大。

五、实验作业

根据观察痕迹的结果填写实验报告《车辆行驶（状况、方向与车速）分析》。

六、思考题

1. 不同路面条件下的制动痕迹有何不同？

2. 高速与低速行驶时，路面尘土的分布有何不同？

实验 1-66　发动机和车架号码显现

一、实验目的

了解被盗、被抢的机动车及走私、非法拼装、组装、拆装的车辆，改变车架、发动机号码的方法和原理，掌握对改动的车架及发动机号码的显现方法。

二、实验原理

（一）金属受外力作用前的状态

金属多数都是晶体，金属晶体是由金属原子和金属正离子通过金属键结合而形成的晶体，金属原子和金属正离子共存于晶格点上，采取紧密的堆积方式进行排列。

（二）金属受外力作用后的变化

1. 金属受外力冲刻后微观结构的变化。

2. 冲刻部位金属理化性质的变化。

（三）采用化学腐蚀的方法重现发动机和车架号码的原理

三、实验器材

1. 铸铝合金发动机、铸铁合金发动机、车架。

2. 脱脂棉、滴管、滴瓶、烧杯、量筒、量杯、玻璃棒、天平、砝码、锉、钢号、砂轮。

3. 浓盐酸（35%）、浓硝酸（65%～68%）、浓硫酸（98%）、醋酸、蒸馏水、氯化铁、乙酸乙酯。

四、实验内容

1. 对现有的机器号码拍照。

2. 清洁机器号码表面，用弱酸或乙酸乙酯去除油漆。

3. 抛光，首先用粗砂布打磨金属表面，去除金属表面的毛刺和油漆残渣。然后用细砂布将金属表面抛光，尽量使金属表面光滑，否则化学试剂不能均匀地侵蚀金属材料。操作中要注意砂布打磨的轻重程度，打磨不能太深也不能太浅，打磨太深，伤及原金属的基本层，原符号、字迹将彻底被破坏；打磨太浅，达不到显现复原的目的，所以要边打磨边观察。

4. 配制化学显现试剂，按顺序配制药液。

5. 用吸管或棉签将显现液均匀涂抹在金属表面，要不断地擦拭掉反应生成物，显现期间要注意观察，显现试剂会变颜色，如果显现时间较长，应及时更换新鲜试剂。

6. 显现出原号码后，要及时拍照固定。为增加原号码反差，可适当涂抹增色试剂。

五、注意事项

1. 利用化学腐蚀法显现车辆号码，不少试剂对环境污染严重，特别是含杂质较多的铸铁，必须采用强酸腐蚀，挥发出的大量有毒气体会给操作人员带来巨大的身体损害，因此必须注意安全防护。

2. 对打磨部位最好一次打磨好，千万不要磨一下显现一下，否则有可能在显现不理想时越磨越深，最后造成无法显现。

3. 尽量打磨光滑，避免由于金属表面受到腐蚀变粗糙，粘贴杂质影响效果。

4. 显现时尽量用新鲜溶液。

5. 注意药液浓度，不要太高，也不要太低。

6. 对于显现出的车辆号码要及时记录，记录方法有照相法和化学药剂固定法两种。照相法：先对角双向进行全貌拍照，再以 45°方向对准再现号码，采用打侧光方法拍照获得最佳比对效果，可利用不同曝光时间拍得最好效果。化学药剂固定法：显现结束后立即用稀乙酸或清水冲洗试样以阻止氧化反应继续，再用透明的 502 胶涂抹，即可达到长时间固定和保存的目的。

7. 在显现车辆号码的过程中，可应用加热效应，即预先加热发动机，然后再进行化学药剂显现，以达到减少显现时间并取得较好效果。可采用酒精喷灯直接对发动机加热，时间控制在 3 min 内。发动机动车的发动机让其预热 10 min 左右，可同样起到类似作用。

六、实验作业

将显现的号码用照相的方法提取，填写《发动机和车架号码显现提取作业》。

七、思考题

1. 此类化学方法的显现原理是什么？
2. 不同客体上的号码显现，在选择显现方法上有何考虑？
3. 环境、化学试剂对显现程序和方法有何影响？

实验 1-67　枪弹的观察与解剖

一、实验目的

掌握枪弹外形特点，如枪弹的质量、长度、弹头和弹壳相应部位直径；熟悉枪弹的基本组成、结构特征；了解枪弹的性能及杀伤力。

二、实验器材

1. 托盘天平、游标卡尺、读数显微镜。
2. 台钳、锯、钢丝钳、立体显微镜、照相机。
3. 实验用的手枪枪弹样本和步枪枪弹样本。
4. 测量标画用工具，如铅笔、橡皮、分规、直尺等。

三、实验内容

（一）枪弹的观测

1. 观察不同枪弹的外形结构。
2. 利用托盘天平测量各枪弹的质量及弹头、弹壳的质量。
3. 利用直尺、游标卡尺测量全弹长、弹头圆柱部直径、弹壳底部直径。

（二）枪弹的解剖

现代枪弹，由弹头、弹壳、发射药和底火四大部分组合为一整体。

1. 观察、解剖并标画弹头。观测解剖后的手、步枪枪弹的弹头外形，测量其有关数据，确定弹种，明确其配用枪种的一般范围。测量时，可用立体显微镜、放大镜、游标卡尺、托盘天平等进行测定，测量后须将测得的数据，对照弹种结构数据，确定弹种及其配用枪种的一般范围。测量时，每个数据应测量多次，力求准确。

2. 观察、解剖并标画弹壳。观测解剖后的手、步枪枪弹的弹壳外形，测量其有关数据，确定弹种，明确其配用枪种的一般范围。测量时，可用立体显微镜、放大镜、游标卡尺、托盘天平等进行测定，测量后须将测得的数据，对照弹种结构数据，确定弹种及其配用枪种的一般范围。测量时，每个数据应测量多次，力求准确。

（三）**枪弹的标画**

　　1. 根据观察，画出未解剖的手、步枪弹头侧面图。

　　2. 根据观察，画出未解剖的手、步枪弹壳侧面图和底部标志面图。

　　3. 根据观察，画出解剖后的手、步枪弹头解剖图。

　　4. 根据观察，画出解剖后的手、步枪弹壳解剖图。

四、注意事项

　　1. 标画弹壳底部标志面时，依据弹壳底部标志的印压方式（单印压、双印压、三印压）不同，要进行时钟定位。例如，当弹壳底部为双印压时，将生产厂家代号置于 12 点钟时位，将生产年份置于 6 点钟时位。

　　2. 实验结束后将样本枪弹如数返回。

五、实验作业

　　1. 完成一组弹种的识别（手枪弹一枚、步枪弹一枚）。分别观察解剖每一个弹种的弹头、弹壳，标画出该弹种的侧面图和解剖图，并对其结构组成和材料进行注明。

　　2. 完成一组弹种的识别。针对不同的识别方式给出识别依据，并列表说明。

六、思考题

　　1. 如何从结构组成上区分手枪弹和步枪弹？

　　2. 什么是底火？尝试画图说明其结构组成。

实验 1-68　射击弹头痕迹特征

一、实验目的

1. 熟悉枪支射击循环过程中，遗留在射击弹头上的各种痕迹。
2. 掌握射击弹头上形成的各类痕迹的形态、位置、出现率和稳定性。
3. 了解射击弹头在膛内不同运动时期所形成的痕迹特点和形成原因。

二、实验原理

射击弹头痕迹是枪支在射击过程中形成的，是枪支的有关机件与弹头相互作用产生的各种痕迹，这些痕迹能够反映枪支有关机件与弹头接触表面的结构特点。

三、实验器材

1. 体视显微镜、读数显微镜（以上设备每人各一台）。
2. 供观测用的不同枪种发射的射击弹头，每人一组。
3. 测量标画用工具，如铅笔、橡皮、分规、直尺等。

四、实验内容

1. 观测标画射击弹头上的进膛痕迹。
2. 观测标画射击弹头上的拔弹痕迹。
3. 观测标画射击弹头上的坡膛痕迹。
4. 观测标画射击弹头上的线膛痕迹。通常将线膛痕迹分为阴阳膛线痕迹、小线纹痕迹、主次棱线痕迹和金属卷屑。
（1）观测标画射击弹头上阴阳膛线痕迹。
（2）观测标画射击弹头上小线纹痕迹。观测小线纹痕迹分布的位置、数量、粗细、线条间隔、分布流向、峰谷形态、相互关系等，思考小线纹痕迹与枪支、枪种的关系。
（3）观测标画射击弹头上主次棱线痕迹和金属卷屑。

五、注意事项

1. 通过体视显微镜观测痕迹时，若射击弹头上还存其他痕迹反映，如金属卷屑、烟垢、拔弹时形成的明显壳口壁擦痕及其他一些非正常射击造成的各种痕迹等，都要一并标注清楚。

2. 绘制射击弹头上痕迹特征图示时，一定要客观、清晰；标注特征要准确；制成的图形要合乎比例、美观、整洁。

3. 实验结束后要如数上交枪弹样本。

六、实验作业

（一）绘制射击弹头痕迹的平面展开图

1. 绘制手枪发射的射击弹头上痕迹特征的平面展开图。

2. 绘制步枪或冲锋枪发射的射击弹头上痕迹特征的平面展开图。

（二）标画弹头痕迹名称及其他几何参数

在绘出的弹头痕迹平面展开图上，分别按照相应位置标注出进膛痕迹、拔弹痕迹、坡膛痕迹及线膛痕迹，其中对于线膛痕迹还应具体明确标出阴阳膛线痕迹、主次棱线痕迹、起末端痕迹、小线纹痕迹和金属卷屑等。

七、思考题

1. 射击弹头上一般会遗留下哪些线膛痕迹？哪些必然会出现？哪些可能得到反映？

2. 射击弹头上各类痕迹形成的原因是什么？它们分布的一般位置和形态是什么？

实验 1-69　射击弹壳痕迹特征

一、实验目的

1. 熟悉枪支在装弹、发射和退壳过程中，遗留在射击弹壳上的各种痕迹。

2. 掌握射击弹壳上形成的各类痕迹的形态、位置、出现率和稳定性。

3. 了解射击弹壳在各个时期痕迹形成和变化的因素、规律及其特点和形成原因。

二、实验原理

射击弹壳痕迹是枪支在射击过程中形成的，是枪支的有关机件与弹壳相互作用产生的各种痕迹，这些痕迹能够反映枪支有关机件与弹壳接触表面的结构特点。

三、实验器材

1. 体视显微镜、读数显微镜（以上设备每人各一台）。

2. 供观测用的不同枪种发射的射击弹壳，每人一组。

3. 测量标画用工具，如铅笔、橡皮、分规、直尺等。

四、实验内容

（一）观测标画装弹过程中产生的弹壳痕迹

1. 观测标画射击弹壳上的弹匣口痕迹。

2. 观测标画射击弹壳上的托弹痕迹。

3. 观测标画射击弹壳上的枪机下表面痕迹。

4. 观测标画射击弹壳上的推弹突笋（推弹平面）痕迹。

5. 观测标画射击弹壳上的弹膛后切口痕迹。

6. 观测标画射击弹壳上的拉壳钩抓壳痕迹（拉壳钩前端痕迹）。

7. 观测标画射击弹壳上的指示杆痕迹。

（二）**观测标画击发过程中产生的弹壳痕迹**

　　1. 观测标画射击弹壳上的击针头痕迹。

　　2. 观测标画射击弹壳上的弹底窝痕迹。

　　3. 观测标画射击弹壳上的弹膛内壁痕迹。

（三）**观测标画退壳过程中产生的弹壳痕迹**

　　1. 观测标画射击弹壳上的拉壳钩痕迹。

　　2. 观测标画射击弹壳上的抛壳挺痕迹。

　　3. 观测标画射击弹壳上的抛壳口痕迹。

　　4. 观测标画射击弹壳上的抽壳刮擦痕迹。

　　5. 观测标画射击弹壳上的烟垢特征。

五、注意事项

　　1. 绘制射击弹壳的侧视图和弹底标志面图，在相应的位置上标画痕迹特征。

　　2. 实验结束后如数上交枪弹样本。

六、实验作业

　　1. 通过显微镜观察实验样本，绘制手枪、步枪或冲锋枪射击弹壳痕迹特征图各一张，尽量体现主要机件形成痕迹的特征反映。

　　2. 对已绘好的特征，要标注痕迹特征名称，并标明具体尺寸大小和彼此间距、角度等。

七、思考题

　　射击弹壳在发射过程中会形成哪些痕迹？出现率及稳定程度如何？检验价值如何？

实验 1-70　弹孔分析

一、实验目的

熟悉弹头与不同客体相互作用形成的弹孔痕迹的形态反映，判断目标物上的孔洞是否为弹孔；掌握几种常见客体上形成的弹孔痕迹的形态、射击角度、射击出入口和射击先后顺序的判断；了解弹头穿透目标物的几种典型贯穿方式，能够正确判断弹头对目标物杀伤作用的方式。

二、实验原理

弹头击中目标时高速旋转、穿透力大，与一般低速物体在目标物上形成的痕迹有很大的区别，因此能将弹孔与其他痕迹区分开来。通过弹孔痕迹的形态反映，可以推断枪种、射击距离、射击角度、射击时间等相关线索。

三、实验器材

1. 供射击用的枪支及其配用枪弹。
2. 供射击用的不同客体目标物，不同客体的弹孔样本。
3. 载有两个弹孔的玻璃实验样本，载有三个弹孔的玻璃实验样本。

四、实验内容

（一）判断弹头对一般目标的作用方式

在设定的位置处向不同的干松木板射击，根据弹头嵌入、穿透情况，判断弹头对目标物的作用方式。

（二）判断弹头对目标物的几种贯穿方式

在设定的位置处向干松木板、铁皮、竹片等客体上发射弹丸，观察弹头穿透目标物后，弹孔痕迹的形态反映。

（三）分析识别客体上的孔洞是否为弹孔

利用所提供的客体分析识别客体上的孔洞是否为弹孔（玻璃弹孔样本、砖块制造的玻璃孔洞、木板上的弹孔、木板上的螺丝刀孔洞等）。

（四）**判断弹孔的射入口和射出口**

利用所提供的实验样本判断不同客体上弹孔的射入口和射出口（玻璃弹孔、纺织物上的弹孔、铁皮上的弹孔、木板上的弹孔）。

（五）**判断弹孔的射击顺序**

利用所提供的两个弹孔的玻璃客体和三个弹孔的玻璃客体，分析判断形成不同的弹孔的射击顺序。

五、注意事项

1. 进行射击样本制作时，注意安全。

2. 下课时如数上交枪械、枪弹样本。

六、实验作业

1. 完成一组射击实验样本的初步识别。

（1）判断样本组中各实验样本上弹头的作用方式。

（2）判断样本组中各弹头贯穿样本的方式，分别画图说明。

2. 完成一组弹孔样本的识别实验。

判断样本组中各实验样本上的孔洞是否为弹孔，以及弹孔的射击角度、射击出入口和射击顺序。

3. 按照要求写出实训报告。

七、思考题

1. 如何判断几种典型的贯穿方式？

2. 如何判断弹孔的射击角度、射击出入口和射击顺序？检验价值如何？

实验 1-71 射击距离的分析

一、实验目的

熟悉判断射击距离的方法，掌握依据人体弹孔判断射击距离的分析方法，掌握根据射击残留物判断射击距离的分析方法，了解弹头对有生目标的杀伤作用方式。

二、实验原理

1. 弹头击中目标时高速旋转、穿透力大，与一般低速物体在目标物上形成的痕迹有很大的区别，因此能将弹孔与其他痕迹区分开来。

2. 在射击过程中，射击者手上、身上、枪管中以及近距离射击时的目标物上都可能留下射击残留物。分析检验这些物质，可以帮助我们分析射击距离等。

三、实验器材

1. 有生目标物的弹孔样本，不同射击距离下非有生目标物弹孔样本。
2. 实验射击用钝头弹和尖头弹若干。
3. 不同射击距离下的目标物上射击残留物的实验样本。
4. 体视显微镜、数码相机、直尺、分规、游标卡尺、卷尺。

四、实验内容

（一）判断弹头对有生目标的杀伤作用方式

1. 针对实验中提供的各种有生目标的弹孔客体，通过观察分析，能够判断出其杀伤作用方式。

2. 分别观察钝头弹、尖头弹贯穿动物躯体时造成肌体损伤的形态反映。

（二）观察目标物的枪弹创推断射击距离

1. 按照弹道特点及射击残留物的遗留情况，可以分为三种射击距离。

（1）接触贴近射击：射击距离小于 5 cm。

（2）近距离射击：射击距离在 5～100 cm 范围内。

（3）远距离射击：射击距离大于 100 cm。

结合实验提供的各种非有生目标物弹孔样本（玻璃弹孔、纺织物上的弹孔、铁皮上的弹孔、木板上的弹孔等），观察分析射击残留物与射击距离之间的关系，并总结规律。

2. 通过有生目标物上的弹孔痕迹推断射击距离。模拟人体弹孔的形成，发射弹丸在动物躯体的不同部位上，分别选取接触贴近射击、近距离射击和远距离射击的射击范围内多个距离间隔，制作有生目标物弹孔样本，观察学习人体弹孔的形态反映。

五、注意事项

1. 进行有生目标物弹孔痕迹样本制作时，注意安全。

2. 下课时如数上交枪械、枪弹样本。

六、实验作业

1. 完成一组有生目标物实验样本的初步识别。判断样本组中各实验样本弹孔痕迹的杀伤作用方式，分别分析说明。

2. 完成一组弹孔样本射击距离的分析判断。

（1）观察样本组中各非有生目标物弹孔样本，推断出射击距离，并给出相关依据。

（2）观察样本组中模拟人体弹孔痕迹的动物实验样本，推断出射击距离，并给出相关依据。

3. 按照要求写出实训报告。

七、思考题

如何根据人体上弹孔痕迹的孔洞状态分析判断射击距离？

实验 1-72　弹种分析

一、实验目的

1. 掌握枪弹外形特点，枪弹的基本组成、结构特征。
2. 熟悉枪弹的质量、长度、弹头与弹壳相应部位直径。
3. 了解枪弹的性能及杀伤力。

二、实验原理

1. 不同弹种的枪弹具有不同的外形尺寸、材料组成。
2. 不同弹种的枪弹具有不同涂色标志、发火部位和印压标记。

三、实验器材

1. 托盘天平、游标卡尺、读数显微镜。
2. 台钳、锯、钢丝钳、立体显微镜、照相机。
3. 实验用的样本人均一套（包括常见国产军用制式手枪弹、步枪弹若干）。
4. 测量标画用工具，如铅笔、橡皮、分规、直尺等。

四、实验内容

（一）根据枪弹的参数规格进行弹种分析

1. 利用托盘天平对样本组中各枪弹样本进行称重，称量实弹质量、射击弹头质量、射击弹壳质量。
2. 利用专用测量工具对样本组中各枪弹样本进行测量，包括全弹的长度、弹头的长度、弹壳的长度，弹头、弹壳相应部位的直径。

（二）观测样本弹头，进行弹种分析

1. 根据枪弹弹头的外形尺寸，进行弹种分析：钝头弹一般为手枪弹，尖头弹一般为步枪弹，也有些枪弹为平头弹或内藏弹头。
2. 利用实验提供的加工工具，对枪弹进行解剖。根据枪弹弹头的材料组

成，进行弹种分析。

  3. 观察枪弹弹头的涂色标志，进行弹种分析。

（三）观测样本弹壳，进行弹种分析

  1. 观测枪弹弹壳的外形尺寸，进行弹种分析。

  2. 观察枪弹弹壳的底部边缘，进行弹种分析。

  3. 观察枪弹弹壳的发火部位，进行弹种分析。

  4. 观察枪弹弹壳底部标志面的印压方式，进行弹种分析。

五、注意事项

  1. 实弹不许带出实验室，下课时如数上交。

  2. 注意托盘天平和游标卡尺的使用方法。

六、实验作业

  1. 按照实验内容完成样本组中各个实验样本的弹种识别，并说明相关依据。

  2. 按照实训要求完成实验报告。

七、思考题

  1. 识别弹种的依据有哪些？

  2. 普通弹和特种弹的区别有哪些？

实验 1-73　枪种分析

一、实验目的

1. 掌握在枪支整个发射过程中，弹头、弹壳与枪支有关机件相互作用，而遗留在弹头弹壳上的痕迹，能够根据射击弹头、弹壳的形状、外形尺寸及遗留痕迹，进行枪种分析。

2. 熟悉每种国产军用制式枪弹的配用枪种。

二、实验原理

1. 枪弹弹头的圆柱部和弹壳口部的直径与所配用的枪支的口径要相匹配，同时弹壳的形状、锥度、长度等规格要与枪支的弹膛有一定的适应关系。

2. 在射击过程中，枪支的有关机件与枪弹相互作用，在射击弹头、弹壳上产生了痕迹，这些痕迹反映了枪支有关机件接触表面的结构特点。通过对射击弹头、弹壳痕迹特征的检验，可以进行枪种分析。

三、实验器材

1. 实验用的射击弹头、弹壳样本人均一套（包括常见国产军用制式手枪弹、步枪弹若干）。

2. 游标卡尺、读数显微镜、体视显微镜。

3. 测量标画用工具，如铅笔、橡皮、分规、直尺等。

四、实验内容

1. 观测弹头上膛线痕迹的几何参数，进行枪种分析。

2. 观测弹壳的外形尺寸，分析判断其发射枪种。

通过弹壳与枪支的适配关系，使用专用测量工具对弹壳的外形尺寸进行全面、准确的测量，包括弹壳重，弹壳长，弹壳口部、斜肩、体部、底部的直径，以此作为判明适用枪种的客观依据。

（1）依据弹壳外形有瓶形、柱形，通过分析检验形状和规格与其适配的弹膛进而分析发射该弹壳的枪种。逐一观察样本组中各弹壳样本。

（2）测量弹壳口部直径，检验与其适配的枪支口径，进行枪种分析。

（3）观测弹壳的底缘、底槽，分析判断其发射枪种。弹壳的底缘、底槽是同枪支的性能、射击效果密切相关的。

3. 通过射击弹壳上遗留的痕迹进行枪种分析。

（1）观察分析实验用样本组中五一式 7.62 mm 手枪的枪弹痕迹，进行枪种分析。

（2）观察分析实验用样本组中六四式 7.62 mm 手枪的枪弹痕迹，进行枪种分析。

五、注意事项

1. 下课时如数上交枪弹样本。

2. 使用游标卡尺测量时，注意其读数方法。

六、实验作业

1. 标画样本组中各弹头、弹壳的平面图，并测量弹头、弹壳各部位的尺寸。

2. 找出样本组中各枪弹区分枪种的重要痕迹，标画痕迹特征的平面图和平面展开图。

3. 按照要求写出实训报告。

七、思考题

1. 什么是枪种特征？区分枪种的方法有哪几种？

2. 五一式 7.62 mm 手枪弹、六四式 7.62 mm 手枪弹和五六式 7.62 mm 步枪弹配用的常见国产枪支有哪几种？各枪种遗留的射击弹头、弹壳痕迹的主要区别有哪些？

实验 1-74　利用射击弹头、弹壳痕迹区分发射枪种

一、实验目的

掌握利用射击弹头痕迹区分发射枪种，掌握利用射击弹壳痕迹区分发射枪种。

二、实验原理

射击弹头、弹壳上的各种痕迹是枪支在射击过程中形成的，是枪支的有关机件与弹头、弹壳相互作用产生的，它们反映了枪支有关机件接触表面的结构特点。通过对射击弹头、弹壳痕迹特征的检验，可以区分发射枪种。

三、实验器材

1. 游标卡尺、读数显微镜、体视显微镜。
2. 实验用的射击弹头、弹壳样本人均一套。
3. 测量标画用工具，如铅笔、橡皮、分规、直尺等。

四、实验内容

1. 通过观察常见国产军用制式手枪、步枪的射击弹头上的痕迹区分发射枪种，包括进膛痕迹、拔弹痕迹、坡膛痕迹和线膛痕迹。

（1）射击弹头上的进膛痕迹是枪弹进膛过程中产生的，主要出现在弹尖附近，接近弹尖的弧形部上，多为圆形、月牙形、角形、点块状、点线状等磕碰痕迹。

（2）射击弹头上的坡膛痕迹是弹头在火药气体压力作用下经过坡膛时克服枪管坡膛内表面，尤其是坡膛区阳膛线起始部位对弹头披甲产生阻力而形成的。出现在弹头的圆柱部，也波及弹头弧形部位的下端和尾部的前端，平行于弹轴，呈条束状。

通过观察样本弹头坡膛痕迹与阴阳膛线痕迹之间的空隙宽度，可以判断

发射枪支的老化磨损程度。

（3）射击弹头上的线膛痕迹是在弹头挤进膛线和在膛内旋转前进时，因挤压、剪切、摩擦等作用所形成的一系列痕迹的总称，它包括阴阳膛线痕迹、小线纹痕迹、主次棱线痕迹和金属卷屑。

通过确定射击弹头上线膛痕迹的几何参数可以区分发射枪种。

2. 通过观察常见国产军用制式手枪、步枪的射击弹壳上的痕迹区分发射枪种，包括装弹痕迹、击发痕迹和退壳痕迹。

（1）装弹过程中形成的射击弹壳痕迹由于成痕力小，痕迹轻微，反复装弹又会使痕迹互相覆盖和重复出现，因此干扰检验，鉴定价值不高。

（2）击发过程中形成的射击弹壳痕迹是在高膛压下产生的痕迹，由于痕迹特征反映明显、稳定，是射击弹壳的主要痕迹，也是枪弹痕迹检验的主要痕迹。

（3）退壳过程中形成的射击弹壳痕迹是弹壳与枪支有关机件之间发生刚性碰撞，痕迹表现较为明显，痕迹变化小，是射击弹壳的主要痕迹，也是枪弹痕迹检验的主要痕迹。

五、注意事项

1. 下课时如数上交样本弹头。
2. 弹匣口刮擦痕迹用来进一步地认定枪支时，要求枪支没有更换弹匣。

六、实验作业

按照实验要求对样本弹头、弹壳进行观测，画图比较并区分发射枪种，完成实训报告。

七、思考题

1. 为什么弹头痕迹中坡膛痕迹可以用来判断枪支的老化磨损程度？试从枪支的结构上说明。
2. 为什么装弹过程中形成的射击弹壳痕迹的检验价值不高？
3. 为什么拨弹痕迹不能用于区分枪种？

实验 1-75   射击弹头痕迹鉴定

一、实验目的

1. 熟悉每种弹头痕迹的形成机理，掌握各痕迹的部位、性质特点和在检验鉴定中的作用。

2. 掌握特征接合法，掌握弹头痕迹中主要特征的利用方法，重点掌握得出认定结论和否定结论的条件。

3. 掌握射击弹头痕迹鉴定的程序、步骤，能够按照正规格式编写枪弹痕迹鉴定书。

二、实验原理

射击弹头上的各种痕迹是枪支在射击过程中，枪支有关机件与弹头相互作用产生的，它们反映了枪支有关机件接触表面的结构特点。通过对射击弹壳痕迹特征的检验，既可以区分发射枪种，也可以认定射击枪支。利用弹痕鉴定的常规比对方法，对射击弹头上遗留的痕迹进行检验鉴定。常规的方法有：特征并列比对、线条接合比对、重叠比对、综合比对。

三、实验器材

1. 比对显微镜、体视显微镜、读数显微镜（以上设备每人各一台）。

2. 供观测用的射击弹头，每人三组。

（1）不同枪种发射同一种枪弹的射击弹头痕迹样本一组。

（2）同一枪种不同枪支发射的射击弹头痕迹样本一组。

（3）同一支枪发射的射击弹头痕迹样本一组。

3. 测量标画用工具，如铅笔、橡皮、分规、直尺等。

四、实验内容

对射击弹头上的痕迹进行鉴定，首先要进行枪种分析，进而认定射击枪支，对射击弹头上的痕迹进行检验鉴定，最后出具枪弹痕迹检验鉴定书。

1. 根据射击弹头痕迹区分发射枪种。射击弹头上的痕迹有：进膛痕迹、拔弹痕迹、坡膛痕迹、线膛痕迹（阳膛线痕迹、阴膛线痕迹、小线纹痕迹、主棱线痕迹、次棱线痕迹、金属卷屑）。

2. 根据射击弹头痕迹认定射击枪支。

（1）利用射击弹头上的进膛痕迹、拔弹痕迹、坡膛痕迹、线膛痕迹中的细节特征进行枪支的认定。

（2）寻找射击弹壳上因个人使用、擦拭、烧蚀形成的微观特征和次生的擦痕等个别特征，进行枪支认定。

3. 给出认定或者否定的结论，出具枪弹痕迹检验鉴定书。

五、注意事项

1. 下课时如数上交射击弹头样本。

2. 利用射击弹头痕迹进行枪支认定时，小线纹痕迹的尾区的利用价值比较高；如果条件好，坡膛痕迹也可以用来认定枪支。

六、实验作业

按照实验要求对样本弹头进行枪弹痕迹检验鉴定，出具检验鉴定书，并完成实训报告。

七、思考题

1. 操作使用比对显微镜时要注意哪些问题？

2. 为什么弹头痕迹中小线纹痕迹的尾区鉴定价值比较高？

实验 1-76　射击弹壳痕迹鉴定

一、实验目的

1. 熟悉每种弹壳痕迹的形成机理,掌握各痕迹的部位、性质特点及在检验鉴定中的作用。

2. 掌握特征接合法,掌握弹壳痕迹中主要特征的利用方法,重点掌握得出认定结论和否定结论的条件。

3. 掌握射击弹壳痕迹鉴定的程序、步骤,能够按照正规格式编写枪弹痕迹鉴定书。

二、实验原理

射击弹壳上的各种痕迹是枪支在射击过程中,枪支有关机件与弹壳相互作用产生的,它们反映了枪支有关机件接触表面的结构特点。通过对射击弹壳痕迹特征的检验,既可以区分发射枪种,也可以认定射击枪支。利用弹痕鉴定的常规比对方法,对射击弹壳上遗留的痕迹进行检验鉴定。常规的方法有:特征并列比对、线条接合比对、重叠比对、综合比对。

三、实验器材

1. 比对显微镜、体视显微镜、读数显微镜(以上设备每人各一台)。

2. 供观测用的射击弹壳,每人三组。

(1)不同枪种发射同一种枪弹的射击弹壳痕迹样本一组。

(2)同一枪种不同枪支发射的射击弹壳痕迹样本一组。

(3)同一支枪发射的射击弹壳痕迹样本一组。

3. 测量标画用工具,如铅笔、橡皮、分规、直尺等。

四、实验内容

对射击弹壳上的痕迹进行鉴定,首先要进行枪种分析,进而认定射击枪支,对射击弹壳上的痕迹进行检验鉴定,最后出具枪弹痕迹检验鉴定书。

1. 根据射击弹壳痕迹区分发射枪种。

（1）装弹过程中形成的射击弹壳痕迹，痕迹轻微，检验价值不高。

（2）击发过程中形成的射击弹壳痕迹，成痕力大，是检验的重要痕迹。

（3）退壳过程中形成的射击弹壳痕迹，痕迹明显，是检验的重要痕迹。

2. 根据射击弹壳痕迹认定射击枪支。

（1）利用射击弹壳上的装弹过程、击发过程、退壳过程中形成的痕迹的细节特征进行枪支的认定。

（2）寻找射击弹壳上因个人使用、擦拭、烧蚀形成的微观特征和次生的擦痕等个别特征，进行枪支认定。

3. 给出认定或者否定的鉴定意见，出具枪弹痕迹检验鉴定书。

五、注意事项

1. 下课时如数上交射击弹壳样本。

2. 装弹过程中形成的射击弹壳痕迹的出现率和稳定性差。

六、实验作业

按照实验要求对样本弹壳进行枪弹痕迹检验鉴定，出具检验鉴定书，并完成实训报告。

七、思考题

1. 为什么装弹过程中形成的射击弹壳痕迹的检验价值不高？

2. 如何区分射击弹壳上的弹膛后切口痕迹和抛壳口痕迹？

项目二　文件检验

实验 2-1　笔迹特征识别

一、实验目的

通过与规范汉字笔画、结构进行比较，深刻领会笔迹特征的含义，掌握汉字笔迹特征识别的基本技能。

二、实验原理

笔迹特征是指脱离书写规范约束自由书写所表现出来的书写动作习惯特点。通过与规范书写的汉字进行比较，可以确定汉字笔迹特征。

三、实验器材

汉字笔画名称表，笔记本电脑（含中文文字处理系统、宋体字库、华文行楷字库），A4 白纸，中性笔，铅笔。

四、实验内容

（一）实验准备

1. 熟悉汉字笔画名称表内容，知晓汉字笔画形态及名称表述。

2. 启动笔记本电脑及中文文字处理系统。

3. 设置 2 页 A4 大小的页面，每页输入常用汉字 60 个，字号 3 号，分 3 列排版。

4. 将输入的 2 页汉字字体分别设置为宋体和华文行楷，用 A4 纸打印备用。

（二）抄写打印的汉字

在 2 页打印文件上，按列一一对应抄写打印出来的汉字。

（三）比较

1. 抄写完毕，分别观察每个打印的汉字及其对应的抄写的汉字的异同。

2. 用铅笔在对应的打印的汉字和抄写的汉字上标出不同之处。

五、注意事项

1. 抄写时不应模仿打印的汉字的笔画及结构特点，应自由书写。可在记住待书写汉字后，用不透明纸张蒙住打印的汉字再行书写，避免打印的汉字的笔画结构影响书写。

2. 对应的打印的汉字和抄写的汉字的不同之处需同时进行标注，必要时用文字进行说明。

六、实验作业

提交宋体、华文行楷打印的汉字抄写件各一份，并标注打印的汉字和抄写的汉字的不同之处。归纳概括打印的汉字和抄写的汉字的相同和不同之处，并说明抄写的汉字中哪些方面属于笔迹特征（可举例说明）。

七、思考题

1. 实验中为何需要选用宋体和华文行楷作为抄写样本？

2. 抄写的汉字与打印的汉字不同的方面是否都属于笔迹特征，为什么？

3. 在理解和识别笔迹特征时，你有哪些体会？

实验2-2　汉字笔迹特征比较

一、实验目的

通过对同一人和不同人书写的相同内容的字迹特征进行识别、标示，对相同特征和不同特征进行比较，理解书写习惯独特性的内涵，掌握特征比较的基本技能。

二、实验原理

笔迹特征是书写动作习惯的外化，由于书写文字动作的复杂性和精细性，不同人的书写动作习惯不可能完全相同，因此其笔迹特征也不相同。

三、实验器材

自由书写的笔迹检材1份（100字左右，应当包含有相同的字），笔迹样本9份（内容与检材一致，其中包含有检材书写人所书写的样本3份），A4白纸，2B铅笔，0.5 mm中性笔（红、蓝2种颜色）。

四、实验内容

1. 将A4白纸纵向分为两栏。
2. 用2B铅笔在白纸左栏仿写检材中选取的有重要特征的汉字若干。
3. 用2B铅笔在白纸右栏内仿写笔迹样本中与检材中选取的相同的汉字若干。
4. 左右两栏仿写完毕，用中性笔在左右栏内标出字迹的相同特征和不同特征。
5. 用文字记录相同特征和不同特征。

五、注意事项

1. A4白纸分为纵向两栏时，左侧应当较窄而右侧应当较宽。
2. 在检材中选取汉字时，应当选取结构较为复杂且前后相同的字，如无相同的单字，则尽量选择前后有相同偏旁部首的单字，以展示特征的规律性。

3. 文字记录主要归纳相同特征和不同特征。

六、实验作业

提交特征比对表 1 份、检验记录 1 份。

七、思考题

1. 为何 9 份笔迹样本中要包含有检材书写人所书写的样本？

2. 为何应当选取结构复杂的单字？

3. 为何应当同时标出相同特征和不同特征？

4. 你认为在理解书写习惯的独特性方面，对样本数量有什么要求？

实验 2-3　笔迹鉴定一般步骤训练

一、实验目的

通过大量正常汉字笔迹检材与笔迹样本的比对分析，掌握笔迹鉴定的一般步骤和方法。

二、实验原理

笔迹鉴定是同一认定型鉴定，即根据不同时空条件下书写的字迹材料的特征异同，判断这些字迹材料的书写人是否为同一人。同一认定型鉴定，一般需要检材和样本，通过对检材和样本二者之间特征的相似程度，判断形成检材和样本的客体是否为同一客体。

三、实验器材

真实笔迹案例 1 个：包含笔迹检材 1 份（100 字左右，应当包含有相同的字）、笔迹样本至少 3 份（内容与检材可不相同，但应当包含有相同的单字）、高精度扫描仪、笔记本电脑、A4 白纸、2B 铅笔。

四、实验内容

1. 用高精度扫描仪对笔迹案例中的所有检材和样本进行扫描（分辨率至少 600 dpi），扫描图片存入笔记本电脑备用。

2. 将 A4 白纸分为纵向两栏，左窄右宽，左栏仿写检材中的汉字，右栏仿写样本中的汉字，制作成一份检验记录表。

3. 取实验所备真实案例中的笔迹检材，观察其是否为直接书写形成的，是否为正常笔迹，字体、字号、字间距、行间距、整体用力大小、页边形式、书写工具、纸张、墨迹形态等等均应加以观察分析，并用文字加以记录。

4. 在检材中筛选比较特殊的单字、组成部分及特殊的笔画，尽量寻找特征比较特殊且有重复的单字、组成部分及特殊的笔画。

5. 在检验记录表左侧栏内用 2B 铅笔仿写筛选的这些单字、组成部分。

6. 取实验所备真实案例中的笔迹样本，观察其是否为直接书写形成的，是否为正常笔迹，字体、字号、字间距、行间距、整体用力大小、页边形式、书写工具、纸张、墨迹形态等等均应加以观察，并用文字加以记录。

7. 在样本中筛选比较特殊的单字、组成部分及特殊的笔画，尽量寻找特征比较特殊且有重复的单字、组成部分及特殊的笔画。

8. 用2B铅笔将与样本中相同的单字仿写在检验记录表右侧栏内。

9. 分析检验记录表及文字记录的内容，确定检材与样本的相同特征和不同特征，确定其是否为同一人所书写。

10. 找出扫描存储在笔记本电脑中的检材样本图片，根据检验记录表，截取重要的单字，制作一份特征比对表，并在特征比对表上标出相同特征和不同特征。

11. 结合文字记录、检验记录表，根据鉴定意见书格式，制作一份笔迹鉴定意见书。

五、注意事项

1. 注意检验记录表是为了深入笔迹特征而用，不可替代特征比对表；同样，特征比对表也不可替代检验记录表。

2. 在特征比对表上标示笔迹特征时，要按照特征符号的使用要求分别标示相同特征和不同特征。

3. 制作特征比对表是用截取粘贴重点单字的方式进行，无须仿写。

六、实验作业

提交一份格式正确的笔迹鉴定意见书。

七、思考题

笔迹鉴定的一般步骤和指纹鉴定的一般步骤有何异同？

实验 2-4   书写速度变化笔迹检验

一、实验目的

通过实验体会并了解同一人正常、快写与慢写笔迹的特点和差异，以及强行快写的笔迹特征，归纳并掌握书写速度变化及强行快写的特征变化规律。

二、实验原理

书写习惯具有多种表现形式，在不同的书写速度下，书写习惯可能以不同的形式呈现。人的书写习惯形成是以大脑皮层有关中枢的非永久联系为基础的。这种非永久联系既可因不断强化而得到巩固，也可因条件的变化而发生改变。书写速度是一种书写动作表现形式，这种表现形式由大脑皮层的中枢联系模式所决定，同一人拥有在不同速度下大体相同的动作模式，同一人在不同书写速度下的笔迹特征存在相同与不同之处。

三、实验器材

文字素材（任意一段打印的文字）、中性笔、A4 纸若干、稿纸若干。

四、实验内容

1. 分别以慢速、快速和强行快写四种速度在 A4 纸和稿纸上将实验文字素材内容书写一遍（共 8 页 8 遍），并注明学号、姓名。

2. 同桌之间互换上述材料，用作书写速度变化笔迹的分析素材。

3. 在慢速、正常速度、快速书写的笔迹材料之间进行观察、分析、比较，归纳慢写与快写笔迹的特点，并仿写典型单字作为例证加以说明。

4. 观察、分析、比较强行快写与正常速度书写笔迹，归纳强行快写笔迹的特点，并仿写典型单字作为例证加以说明。

5. 在上述 3、4 项的基础上，总结慢速书写、快速书写及强行快写笔迹特征的变化规律。

6. 将上述 3、4、5 项的实验结果填写在实验报告上，与分析素材（每人

8 页）一并上交。

五、注意事项

1. 本实验须严格按照实验步骤依次进行，不得打乱顺序。

2. 每人须按要求认真书写实验文字素材内容，不得随意书写，4 种速度要拉开距离，如强行快写时，必须尽可能以最快的速度书写，从而制作出比较标准的分析素材。

3. 列举典型单字时，要按照分析素材上的单字用铅笔仿形描绘，并标注特征点。

4. 上交的实验报告上写清与自己互换分析素材的同学姓名、学号。

六、实验作业

4 种速度的笔迹特征比对表及对 4 种笔迹特征的归纳总结。

七、思考题

1. 书写速度由慢到快与强行快写笔迹变化规律的关系如何？

2. 书写水平不同者快速与慢速笔迹的变化规律有何不同？

实验 2-5　左手伪装笔迹检验

一、实验目的

通过两三个实际案例的检验，进一步增强对左手伪装笔迹的理解，学会检验被左手伪装的笔迹，掌握如何运用左手伪装笔迹的变化规律进行分析研究，同时积累左手伪装笔迹检验的经验。

二、实验原理

同一人左手笔迹与右手笔迹有所不同，但又能反映右手笔迹的某些特征，主要表现在字的基本书写形式、错字、别字、笔顺、偏旁部首之间的基本搭配比例关系，部分笔画的特殊运笔及标点符号等方面的特征上，所以在判明左手伪装的前提下，要侧重注意区分左手笔迹普遍出现的有规律的变化现象和书写人固有的书写习惯特征，同时考虑书写人书写水平的高低，方能作出正确的判断。

三、实验器材

实验案例两套、电脑、铅笔、中性笔、A4 纸若干。

四、实验内容

1. 按照笔迹检验的基本程序和方法进行操作，通过分析检材和样本，选择特征、制作特征比对表，比较笔迹的异同，最后综合判断，作出鉴定结论。

2. 书写的分析意见与特征比对表一并上交。

3. 经评阅，针对有关问题进行辅导答疑。

五、注意事项

1. 按实验步骤逐一进行，要求独立思考，认真操作，在规定时间内完成实验。

2. 选择特征要全面、细致，抓住那些突出反映个人书写习惯的特征，并正确使用标示符号。

 3. 勿在案例材料上标画。

六、实验作业

制作笔迹鉴定意见书一份。

七、思考题

1. 通过实验，你对左手伪装笔迹的变化规律有何体会？
2. 影响左手伪装笔迹特征的客观因素有哪些？

实验 2-6   模仿笔迹检验

一、实验目的

通过模仿笔迹案例，掌握模仿笔迹鉴定的基本方法和基本技能。

二、实验原理

模仿笔迹是一种伪造文件物证的行为。模仿笔迹一般会表现模仿的共同特征。同时由于书写人受到注意力、知识背景和控制能力的局限，以及持有的被模仿人笔迹的限制，模仿笔迹必然与被模仿人的笔迹有不同程度的区别，而且不可避免地在模仿笔迹中不同程度地表现出模仿书写人的一些固有书写习惯，使模仿笔迹案件认定模仿书写人成为可能。

三、实验器材

两套模仿签名笔迹案例、笔记本电脑、2B 铅笔、A4 打印纸。

四、实验内容

1. 了解案情，实验的目的、要求。
2. 用铅笔仿写检材，分析有无模仿的特征，判断有无模仿的可能。
3. 用铅笔仿写样本，分析样本笔迹的稳定特征。
4. 制作特征比对表，比较检材和样本特征的相同点与不同点。
5. 评估相同特征和不同特征各自的价值。
6. 认定模仿事实、模仿书写人和被模仿人。

五、注意事项

1. 对物证笔迹特征的选用要充分，尽可能每个字都用。同时相应地选取被模仿人和模仿人的单字样本，合理编排特征比对表。
2. 单字描绘要更加准确，神形兼备。有些细微特征不仅要描绘准确，必要时还要把检材中的单字和嫌疑人样本直接进行比较，判明两者书写习惯是否存在内在联系。

3. 综合评断，标注特征异同。标注特征时可重点突出模仿人的笔迹特征。

4. 写出每个案例的分析意见。

六、实验作业

制作笔迹鉴定意见书两份。

七、思考题

1. 模仿笔迹有哪些基本特征？为什么这些特征的典型性与书写工具和书写条件有关系？

2. 为什么对于模仿笔迹的检验，必须同时提供模仿嫌疑人和被模仿人两方的笔迹样本？

实验 2-7　文件打印方式判定

一、实验目的

通过本实验，了解常见打印机打印方式的特征，掌握常见打印机打印方式判断的基本方法和技能。

二、实验原理

打印机按打印原理可分为字符式打印机和点阵式打印机。字符式打印机目前已经很少作为办公印刷机具使用，目前是点阵式打印机广泛使用的时代。常见点阵式打印机分为喷墨打印机、针式打印机、热敏打印机、激光打印机（含复印机）。

喷墨打印机的点阵是墨滴，墨滴喷溅在打印纸上，其形状不规则，在纸张表面纤维上洇散，打印色料无法掩盖纸张表面纤维。喷墨打印机常有四色墨盒（青、品、黄、黑），故在显微镜下可见四色色斑，但也可能去除了青、品、黄三色墨盒而仅有黑色墨盒。喷墨打印字迹色料可溶于水。

针式打印的点阵，是钢针冲击在色带上并转印到打印纸上形成的小点。针式打印文件点阵颜色呈浅灰色，色料转印自色带，不溶于水，小点形状规则，笔画边缘呈波浪形，显微镜下观察小点可见下凹，用手触摸打印件背面略有突起感。

热敏打印机的打印原理是，打印机发热元件与热敏纸或热敏色带接触，热敏纸变色形成图文，或热敏色带熔出色料在纸上形成图文。热敏打印文件点阵色料较深，小点呈方块状，侧光观察可反光，斜笔画呈阶梯状。

激光打印是激光光束在硒鼓上扫描，形成静电潜像，硒鼓与墨粉接触，静电潜像吸附了墨粉再转印到打印纸上形成图文，再经过定影将墨粉固定在纸张上。激光打印文件不可见明显点阵特点，但显微镜下可见墨粉颗粒，笔画边缘平整，墨粉可掩盖纸张纤维，体视显微镜下可见墨粉颗粒有浮凸感。可用针尖或小刀将墨粉颗粒从纸张上剥离。

三、实验器材

体视显微镜，喷墨打印、针式打印、热敏打印、激光打印文件材料各 3 份，笔记本电脑。

四、实验内容

1. 学生按 2 人一组分组。
2. 给预先调试好的体视显微镜安装 CCD 摄像头并连接至笔记本电脑。
3. 将以上 4 种打印材料混杂放置于纸袋中，每组一袋。
4. 指令学生逐一从纸袋中抽出打印文件材料，置于体视显微镜下先在 50 倍下观察，后增至 100 倍、200 倍观察。
5. 观察每一份打印文件材料时，需做好观察记录，以文字记录所观察到的现象，并对重点观察部位拍照保存至笔记本电脑。
6. 观察完毕后，根据观察到的现象对文件材料以打印方式分类。
7. 制作特征比对表，将显微照片编入特征比对表，并指示出打印方式的特征。
8. 撰写总结，根据文字记录和图片材料，判断各打印文件的打印方式并说明理由。

五、注意事项

1. 显微镜观察应当逐步放大倍数，注意观察点阵特征。
2. 注意体会肉眼观察和显微镜观察二者之间的差异。
3. 特征比对表可分为 4 列，逐一用符号标示各种打印方式的特征。

六、实验作业

提交一份实验报告，内容包括观察文字记录、显微照片、打印方式分类结果及分析意见。

七、思考题

1. 判断不同打印方式的基本依据是什么？
2. 不同打印方式打印的文件宏观特征与微观特征有什么区别？
3. 打印文件与其他印刷文件有什么区别？

实验 2-8 打印机同一认定

一、实验目的

通过实验，掌握识别打印机的个体特征的技能，掌握打印机同一认定的基本技能。

二、实验原理

打印机虽然是通过工业流水线制造的，具有统一的标准，但即使是同品牌的不同打印机在制造时也不可能完全相同，打印机零部件装配调试上存在误差；同时，打印机在长时间使用之后，机器零部件出现了磨损，和出厂时相比，零部件之间工作协调性能也会逐渐发生改变，装配调试误差越来越大。这些误差、磨损可能会在打印机上形成一些有规律性的、具有唯一性的特征，即个体特征。通过对个体特征的识别，我们可以借此进行打印机的同一认定。

喷墨打印机个体特征：墨孔堵塞特征、输纸误差特征、调色误差特征、字库瑕疵特征、墨水污染特征等。

针式打印机个体特征：钢针折断或缺失特征、输纸误差特征、色带使用特征、字库瑕疵特征、色带污染特征等。

热敏打印机个体特征：发热片残缺特征、杂质阻热特征、输纸误差特征、字库瑕疵特征等。

激光打印机个体特征：装配调试误差特征、硒鼓表面瑕疵特征、墨粉污染特征、输纸误差特征等。

三、实验器材

体视显微镜、扫描仪、笔记本电脑，分别用不同喷墨打印机、针式打印机、热敏打印机、激光打印机等打印出的材料各 5 份。

四、实验内容

1. 学生按 2 人一组分组。

2. 给预先调试好的体视显微镜安装 CCD 摄像头并连接至笔记本电脑。

3. 将以上 4 种打印材料混杂放置于纸袋中，每组一袋。

4. 指令学生逐一从纸袋中抽出打印文件材料，置于体视显微镜下先在 50 倍下观察，后增至 100 倍、200 倍观察。

5. 观察每一份打印文件材料时，需做好观察记录，以文字记录所观察到的现象，并对重点观察部位拍照保存至笔记本电脑。

6. 观察完毕后，根据观察到的现象对文件材料以打印方式分类。

7. 根据个体特征，从同类打印方式的文件材料中，找出同一打印机打印的文件。

8. 制作特征比对表，将显微照片编入特征比对表，并指示出打印方式特征、打印机个体特征。

9. 撰写总结，根据文字记录和图片材料，判断由同一打印机打印的文件，并说明理由。

五、注意事项

1. 显微镜观察应当逐步放大倍数，注意观察点阵特征。

2. 在观察特征时，注意区分打印方式特征和打印机个体特征。

3. 在打印机的个体特征中，应当着重发现有规律的、重复出现的特征。

六、实验作业

提交一份实验报告，内容包括观察文字记录、显微照片、打印机同一认定意见。

七、思考题

1. 打印方式特征在打印机同一认定中是否有意义？

2. 打印机的个体特征的价值如何确定？

3. 如何确定打印机个体特征的稳定性？

实验 2-9 印章印文检验

一、实验目的

通过实验，巩固对印章印文形成方式、刻制工艺等特征的认知，掌握对印章印文刻制工艺种类特征及印章个体特征的辨识技能，并能够对印章进行同一认定。

二、实验原理

在日常公务、商务及个人事务中，重要文件的真实性和有效性常常是由其上所盖印文决定。因此，于这类文件上的印文的真实性会成为这类案件证据争议的焦点。对印章印文的检验，主要是对于这类印文的形成方式、制作工艺、个体特征与真实印章所盖印文进行对比，从而判断其真实性。

关于形成印文方式的判断：常见的伪造印文的形成方式是彩色复印或彩色打印。这类伪造印文在显微镜下观察，常可见到分色打印特征，无印油洇散或印染特征，静电压痕检验可发现印文有压痕。

关于印章制作工艺的判断：印章制作工艺一般包括手工雕刻印章、激光雕刻印章、机械雕刻印章、热压原子印章、光敏印章等，各种雕刻工艺形成的印章所盖印文上会不同程度地反映出印章制作工艺特征，这些特征属于印章印文种类特征。

关于印章同一认定判断：印章在刻制时，由于操作的误差，可能在不同印章上形成独特的个体特征；印章在刻制时，可能会在印章上附加一些防伪标记，这些防伪标记也可称为个体特征；印章在使用时，由于异物填塞、微孔堵塞、磨损、碰撞等因素，印章上会产生其独有的个体特征；等等。根据这些个体特征，结合印章制作工艺等种类特征，可以对印章进行同一认定判断。

以上判断可通过显微镜观察法、特征对照法、重叠法、画线比对法等方法进行观察、比对。

三、实验器材

体视显微镜、扫描仪、笔记本电脑，由制作工艺不同的印章所盖内容相同的印文材料 10 份（其中包含彩色打印或复印印文 2 份，同一印章所盖印文 2 份）。

四、实验内容

1. 学生按 2 人一组分组。
2. 给预先调试好的体视显微镜安装 CCD 摄像头并连接至笔记本电脑。
3. 将预先准备好的 10 份印文材料混装一袋，每组发放一袋。
4. 将印文材料置于体视显微镜下观察，找出彩色打印或复印印文。
5. 对剩下的印文材料，以 1200 dpi 分辨率扫描，将扫描图片存入电脑。
6. 在电脑显示器中观察确定印章制作工艺特征，并根据制作工艺特征对印文进行分类。
7. 在同类印文中进一步观察，确定个体特征，通过比较检验（重叠法、特征对照法等），找到为同一印章所盖印文。
8. 制作特征比对表，将显微照片编入特征比对表，并指示印章印文个体特征。
9. 撰写总结，根据文字记录和图片材料，判断印文形成方式、印章制作工艺及同一印章所盖印文。

五、注意事项

1. 对印章制作工艺的判断，要立足对制作工艺不同的印章的特征的全面观察及掌握的基础之上，否则可能会导致错误判断。
2. 同一认定时，需要用多种特征比较方法，彼此印证。

六、实验作业

提交一份实验报告，内容包括观察文字记录、显微照片、印章同一认定意见。

七、思考题

1. 印章印文制作工艺是否会产生个体特征？

2. 收集印章印文样本时应当注意哪些问题？

3. 哪些制作工艺形成的印章所盖印文较难鉴定，有无更为有效的方法？

项目三　图像与语音鉴定

实验 3-1　数字图像处理基础

一、实验目的

1. 了解常见数码影像处理软件的基本使用技巧。
2. 掌握光影魔术手和 Photoshop 等软件的基本使用方法。

二、实验原理

（一）光影魔术手

光影魔术手是一款照片画质改善和个性化处理的软件。光影魔术手简单、易用，用它能制作精美相框、艺术照、专业胶片效果，而且完全免费。登录其官方网站可以下载最新版本。

光影魔术手的主界面如图 3-1 所示。

在光影魔术手的主界面上部为主菜单栏，包括打开、保存、另存、尺寸、裁剪、旋转、素材、边框、拼图、模板、画笔等多项功能。通过主菜单栏启动各项功能的命令，是大多数应用软件的通用方法。菜单中包含了全部功能的启动命令，它代表着功能的齐全性。在光影魔术手右侧栏中有几个选项卡，对各项功能作了分类，如基本调整、数码暗房、文字、水印等。在基本调整分类的功能中，又分为直方图、一键设置、基本、数码补光等，我们能很容易地找到所需要的功能。每个选项卡下，又可展开或收回有关的项目。右侧栏集菜单栏功能的齐全性与工具栏的快捷性于一体，给各项操作带来了很大

图 3-1 光影魔术手主界面

的方便。

（二）Photoshop

Photoshop 是一款功能强大的平面图像处理软件，在几乎所有的广告、出版、软件公司，它都成为首选的图像处理工具。Photoshop 支持几乎所有的图像格式和色彩模式，能够同时进行多图层的处理；它的绘画功能和选择功能让编辑图像变得十分方便；它的图层样式功能和滤镜功能给图像带来丰富的奇特效果。Photoshop 的界面包含了整个绘图窗口以及在窗口中排列的工具箱、工具选项栏以及设置面板等各个组成部分。熟悉 Photoshop 的应用界面是学习 Photoshop 的第一步。

Adobe Photoshop 主界面如图 3-2 所示。

1. 标题栏。这里显示当前应用程序的名字。当我们将图像窗口最大化显示时，这里会改为显示当前编辑图像的文件名及色彩模式和正在使用的显示比例。标题栏右边的 3 个按钮从左往右依次为最小化、最大化和关闭按钮，分别用于缩小、放大和关闭应用程序窗口。

2. 菜单栏。使用菜单栏中的菜单可以执行 Photoshop 的许多命令。在该

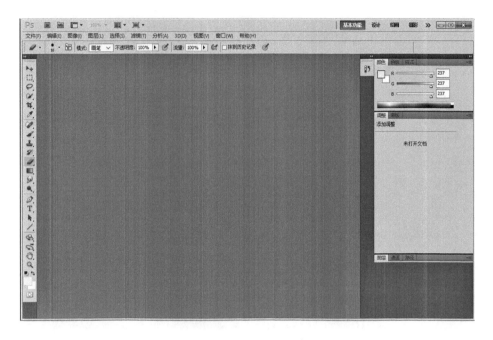

图 3-2　Adobe Photoshop 主界面

菜单栏中共排列有文件、编辑、图像、图层、选择、滤镜、分析、3D、视图、窗口和帮助等 11 个菜单，每个菜单都带有一组自己的命令。

3. 工具箱。工具箱包含了 Photoshop 中各种常用的工具，单击某一工具按钮就可以调出相应的工具。工具箱中的工具大致可以分为选择工具、绘图工具、路径工具、文字工具、切片工具以及其他类的工具，此外还有一些提供独立控制功能的按钮和选项。

4. 工具选项栏。从 Photoshop 6.0 开始，工具选项栏取代了以往版本中的工具选项面板，从而使得我们对工具属性的调整变得更加直接和简单。选取某种工具后，Photoshop 的工具选项栏会自动显示该工具的参数设置，可以根据需要进行参数调整。

5. 图像窗口。图像窗口即图像显示的区域。在这里可以编辑和修改图像，也可以对图像进行放大、缩小和移动等操作。

6. 控制面板。窗口右侧的小窗口称为控制面板，用于配合图像编辑操作和 Photoshop 的各种功能设置。执行窗口菜单中的一些命令，可打开或者关闭控制面板。

7. 状态栏。窗口底部的横条称为状态栏，它能够提供一些当前操作的帮助信息。

8. Photoshop 桌面。在这里可以随意摆放 Photoshop 的工具箱、控制面板和图像窗口，此外还可以双击桌面上的空白部分打开各种图像文件。

三、实验器材

本实验在实验楼影像处理实验室进行。实验设备主要有电脑，光影魔术手、Photoshop 等软件，拍摄的照片和相关照片素材等。

四、实验内容

1. 老师讲解光影魔术手、Photoshop 等软件中各种功能的基本使用方法和常用技巧。

2. 学生使用光影魔术手、Photoshop 等软件对照片进行处理，以熟悉软件的基本使用方法和常用技巧。

3. 使用光影魔术手、Photoshop 等软件完成照片的后期处理，完成作业。

4. 在学生实验过程中，指导老师针对学生提出的问题进行答疑。

5. 实验讲评。

五、注意事项

注意在进行图像处理时保存照片原始文件，以方便对处理效果进行比对。

六、实验作业

完成所拍摄照片的影像后期处理，并按时提交实验报告。

实验 3-2　素材采集及非线性编辑基础

一、实验目的

了解非线性编辑系统的工作原理,熟悉视频制作流程,掌握非线性编辑软件的素材采集、素材编辑、特效处理、字幕叠加以及成片输出等技术并完成视频制作。

二、实验原理

非线性编辑是依靠数字技术实现素材采集、素材管理、故事板编辑、音频编辑、特技编辑、字幕制作等的视频后期制作技术。以 Premiere Pro 软件为例,其使用流程主要包括以下 5 个步骤。

1. 素材采集与输入:素材采集是利用硬件采集卡或相关软件将模拟信号转换成数字信号,或者将外部的数字信号存储起来,成为备用素材。素材输入主要是把其他软件处理过的图像、声音等素材导入到 Premiere Pro 软件的素材管理库中。

2. 素材编辑:选择素材最合适的部分,设定入点与出点进行剪切,然后按照时间顺序组接素材。

3. 特技处理:充分利用软件支持的多视频和多音频轨道的编辑功能,对视频、音频素材实现转场、特效、合成、叠加等处理。

4. 字幕叠加:可利用软件提供的字幕模板,也可自定义字幕文件,实现字幕叠加。可以做到多任务、多层面字幕同时出现,多个图元、多个滚屏、多个唱词同屏播出。

5. 输出:节目编辑完成后,可以输出为 MPEG、WMV、VCD 等多种格式视频。

三、实验器材

高性能计算机、麦克风、Photoshop 图像处理软件、Cool Edit 音频处理软件、录音软件、Premiere Pro 非线性编辑软件、会声会影软件等。

四、实验内容

1. 教师讲解非线性编辑技术的基础知识，演示并讲解非线性编辑软件 Premiere Pro、会声会影软件的界面操作及基本功能。

2. 学生以自己拍摄的素材为基础，结合其他材料，根据小组计划完成素材采集及分类管理。

3. 对各种素材进行镜头剪接、精度调整，并实现镜头顺序重组。

4. 对素材或镜头实现特效处理。

5. 为视频制作字幕。

6. 为视频制作声音文件，并完成声音混合。

7. 完成成片输出。

五、实验作业

用非线性编辑技术制作 3~5 min 的视频短片。短片中需要实现素材编辑重组、特效处理、字幕叠加、声音混合等，并输出短片提交。

实验 3-3　Photoshop CS 基础

一、实验目的

接受图像处理的基本技能训练，提高动手能力。掌握 Photoshop CS 的基本操作方法，在对图像处理软件的学习和使用中体会图像处理的基本理论和方法。

二、实验器材

高性能计算机、Photoshop CS 图像处理软件。

三、实验内容

1. Photoshop CS 基本操作。熟悉 Photoshop CS 界面以及提供的各种工具和调板等内容。

2. Photoshop CS 选区的选择与编辑。掌握各种区域选择工具、移动工具和裁剪工具的应用技巧。

3. Photoshop CS 图像编辑。掌握图像编辑的功能和技巧。

4. Photoshop CS 图像工具使用与绘图。了解图像工具的使用方法，学习绘制和修改图片。

5. Photoshop CS 图像色彩和色调的调整。了解各种色彩和色调模式及其工作原理，掌握 Photoshop CS 调整图像色彩和色调的方法。

6. Photoshop CS 图层的应用与编辑操作。掌握图层的概念，学习编辑图层的方法。

7. Photoshop CS 图像路径的建立。掌握图像路径的建立方法和对路径的应用。

8. Photoshop CS 通道和蒙版的应用。掌握应用通道和蒙版处理图像的方法。

9. 使用 Photoshop CS 滤镜特效。掌握 Photoshop CS 的内部滤镜特效的使用方法。

10. 使用 Photoshop CS 动作。掌握动作的创建和使用。

11. 使用 Image Ready 制作 GIF 动画。

12. Photoshop CS 中各种命令及功能的综合使用。

四、实验作业

1. 利用图像编辑功能将给定图片转换为 800 像素×600 像素大小，并保存为多种格式，比较文件大小。

2. 利用图层管理功能和提供的素材，以示例图像为标准完成图像制作。

3. 利用图像的裁剪和拼接，以及模糊、印章处理等工具实现两张图片的合成。

4. 将色彩正常的图像转换为有怀旧风格的图像。

五、思考题

如何实现图像的批处理操作？

实验 3-4　图像数字处理基础（Ⅰ）

一、实验目的

法庭科学领域对图像的研究，主要集中在解决实践中出现的事实或法律问题上。基础实验部分主要讨论图像处理在法庭科学领域的一般性应用，着重讨论图像锐化、图像增强、彩色图像分割、伪彩色图像的处理及应用。需要了解它们的处理原理以及如何在法庭科学领域应用，掌握利用 Photoshop CS 软件实现图像处理的方法。

二、实验原理

基础实验部分包括了数字图像锐化、图像增强、彩色图像分割、伪彩色图像处理等多方面的知识。

在图像拍摄过程中，对焦不准或者景物的相对移动等会造成图像内容的模糊；在图像采样时，采样精度也会影响图像的清晰度。此外，即使图像内容没有失真，在分析图像时，常常也需要突出目标边界或灰度细节。图像锐化处理能够提高图像边缘的分辨率，获得更多细节特征，它主要是通过锐化滤波器（微分算法）实现的。在 Photoshop CS 软件中，利用锐化滤镜可以提高图像边缘的分辨率，获取图像更多细节。

图像增强是对图像进行处理，使其比原始图像更适合于特定应用。这里的"特定"很重要，它确立了所讨论的技术是面向问题的。例如，一种很适合增强 X 射线图像的方法，不一定是增强由空间探测器发回的火星图像的最好方法。因此，图像增强的通用理论是不存在的。当图像为视觉解释而进行处理时，由观察者最后判断特定方法的效果，也可以通过外挂滤镜在频域内进行图像增强。在视频监控、工具痕迹、交通碰撞等方面，往往需要全局或局部的图像增强处理，以改善图像视觉性能。

在图像处理中，颜色的运用受两个主要因素推动。第一，颜色的有力描绘，它常常可简化为目标物的区分及从场景中提取目标物；第二，人可以分辨几千种颜色色调和亮度，但相比之下只能辨别几十种灰度层次。第二个因素对于人工图像分析特别重要。处理彩色图像需要了解色彩空间，色彩空间便于在某些标准下用通常可接受的方式对彩色加以说明。在数字图像处理中，实际中最通用的色彩空间是面向硬件的 RGB（红、绿、蓝）色彩空间，该色彩空间常用于彩色监视器和彩色视频摄像机。CMY（青、深红、黄）和 CMYK（青、深红、黄、黑）色彩空间是针对彩色打印机的。HSI（色调、饱和度、亮度）色彩空间更符合人们描述和解释颜色的方式。HSI 色彩空间的另一个优点是把图像分成彩色和灰度信息，使其更适用于灰度处理技术。本实验主要讨论色彩空间下的彩色图像分割以及伪彩色图像处理。

彩色图像分割主要是根据图像在各个区域的不同特性，在不同的色彩空间上进行分割并增强。在 Photoshop CS 软件中，通常应用通道或通道混合器在不同色彩空间快速分割彩色图像。彩色图像分割在印章、印文处理中经常应用。对于伪彩色图像处理，应注意人眼对蓝光的强弱对比度、灵敏度，可把细节丰富的物体映射成深浅与亮度不等的蓝色。伪彩色图像处理经常应用于治安视频监控图像、法医图像等的处理方面。

三、实验器材

高性能计算机、Photoshop CS5 图像处理软件。

四、实验内容

1. 教师介绍图像锐化、图像增强、彩色图像分割、伪彩色图像处理的原理及其在法庭科学中的应用，演示利用 Photoshop CS5 实现图像处理的方法。

2. 学生完成图像锐化操作。

（1）完成 USM 锐化操作。

（2）完成智能锐化操作。

（3）理解不同参数设置的含义，比较两种锐化操作的效果。

3. 学生完成对比度增强操作。

（1）利用亮度/对比度调整实现增强。

（2）利用曲线调整实现增强。

（3）使用蒙版功能实现图像局部对比度增强。

4. 学生完成色彩分割操作。

（1）观察同一像素点在不同色彩空间的不同通道的数值变化情况。

（2）在 RGB 色彩空间，实现印章、文字分离。

（3）在 CMKY 色彩空间，进行图像色彩分割处理。

（4）利用通道混合器完成图像分割。

5. 学生完成法医图像和监控图像的伪彩色处理，将重点区域处理为蓝色。

五、实验作业

（一）图像锐化处理

1. 思考智能锐化滤镜中，移除高斯模糊、运动模糊和镜头模糊的应用范围，并进行对比实验。

2. 比较 USM 锐化和智能锐化的差异，并用图像说明。

3. 从网上下载一个免费锐化滤镜插件，并在 Photoshop CS5 中调用。

（二）图像增强处理

1. 拍摄曝光过度和曝光不足的照片各一张，利用图像对比度增强进行适当调整。

2. 利用蒙版功能，实现上述两张图片的局部对比度增强。

（三）彩色图像分割处理

1. 进一步理解和应用通道混合器。

2. 进一步理解 HSI 色彩空间的含义，并在 HSI 色彩空间上利用通道分离技术完成图像分割。

3. 收集两张以上与法庭科学相关的，需要色彩分割的图像。

（四）伪彩色图像处理

1. 思考装在行李箱内的爆炸物的伪彩色应用。

2. 思考伪彩色图像在法医图像中的应用，并列举实例图片。

实验 3-5　图像数字处理基础（Ⅱ）

一、实验目的

法庭科学领域对图像的研究，主要集中在解决实践中出现的事实或法律问题上。基础实验部分主要讨论图像处理在法庭科学领域的一般性应用，如图像拼接、图像变形矫正和图像测量（一般指有比例尺情况下的测量）的处理及应用。需要了解它们的原理以及如何在法庭科学领域应用，掌握利用Photoshop CS 软件处理图像的方法。

二、实验原理

本实验包括了数字图像拼接、图像变形矫正、图像测量等多个方面的知识。

图像拼接是把针对同一场景的相互有部分重叠的一系列图像合成一张宽视角图像。拼接后的图像要求最大程度地与原始图像接近，失真尽可能小，没有明显的缝合线。原始图像的性质是影响图像拼接算法的最重要因素，往往需要根据原始图像不同的得到方式选择不同的拼接算法。拼接算法大致可分为基于柱面/球面/立方体全景图拼接算法以及透视变换算法。图像拼接可以在案情分析介绍、现场方位图中应用。

一般来说，图像的透视变形主要是镜头畸变造成的，镜头畸变失真对图像的成像质量是非常不利的。镜头畸变主要分为枕形畸变和桶形畸变。枕形畸变是镜头畸变引起的画面向中间"收缩"的现象，使用长焦镜头或使用变焦镜头的长焦端时，容易出现枕形畸变。桶形畸变是由透镜物理性能以及镜头组结构引起的成像画面呈桶形膨胀状的失真现象，使用广角镜头或变焦镜头的广角端时，容易出现桶形畸变。透镜的固有特性（凸透镜汇聚光线、凹透镜发散光线）无法消除，可以通过图像变形矫正技术适当改善图像质量，并应用于法庭科学领域。

图像测量涵盖范围较广，这里主要指在有明显参考标准的单幅图像中实现目标客体的测量。在图像取证、案情综合分析时，往往需要获取图像中客体的尺寸和某些角度参数，以保证证据链客观、科学。例如，在血痕分析中，为获取出血点的位置，需要测量血痕的长度、宽度等；在作案工具分析中，需要获取工具的尺寸大小及部分角度数据。

三、实验器材

高性能计算机、Photoshop CS5 图像处理软件。

四、实验内容

1. 教师介绍图像拼接、图像变形矫正、图像测量的原理及其在法庭科学中的应用，演示利用 Photoshop CS5 实现图像处理的方法。

2. 学生完成图像拼接操作。

（1）理解不同透视算法适用的对象。

（2）理解拼接操作中不同参数设置的含义。

3. 学生完成图像变形矫正操作。

（1）理解水平透视和垂直透视的含义。

（2）理解变形矫正操作中不同参数设置的含义。

4. 学生完成图像测量处理。

（1）设置标尺、参考线和网格。

（2）使用测量工具测量距离和角度。

（3）导出测量结果，并用文本方式保存。

五、注意事项

（一）图像拼接拍摄照片注意事项

1. 拍摄照片时，为了保证相机中心点的不变及相机的水平，最好使用三脚架和全景云台。

2. 两张照片之间的重叠区域应该在 25%～40%。重叠区域太小，Photoshop CS 无法识别照片之间的特征点，造成拼接错误；重叠区域太大，将导致图层混合的错误。

3. 最好使用 M 档拍摄，可以得到相同的曝光度。最好不使用闪光灯，曝光度差异过大会导致识别错误。

4. 使用变焦镜头时要保证使用同一焦距。

（二）图像测量处理注意事项

拍摄照片时，必须使被拍痕迹物证的物面、镜头的主面和感光片的平面保持平行，且垂直于镜头主光轴。

六、实验作业

（一）图像拼接处理

1. 利用直线连续拍照法拍摄照片若干，选择合适的拼接方法拼接图像。

2. 利用回转连续拍照法拍摄照片若干，选择合适的拼接方法拼接图像。

3. 思考如何制作360°全景图。

（二）图像变形矫正处理

1. 利用短焦镜头拍摄一张照片，并矫正。

2. 思考18 mm镜头的参数设定模式，保存该设定模式并在下次矫正时直接调用该模式文件。

3. 思考长焦镜头的参数设定模式。

（三）图像测量处理

至少拍摄3张照片，完成照片中特征客体的测量（包含尺寸和角度），在图像上标注出来并保存，将测量结果用Excel整理并保存。

实验 3-6 图像数字处理高级实验

一、实验目的

公安数字图像处理涉及的范围比较广，本实验主要介绍序列图像（主要指视频监控录像）的简单处理方法以及序列图像中嫌疑人的身高测量。举一反三，也可实现部分照片中重要物证的距离或体积测量。需要了解序列图像的处理办法和图像的透视原理，掌握利用 Photoshop CS 软件实现处理的方法。

二、实验原理

视频监控系统，通常称为闭路电视监控系统。视频录像是将事先安装在防范场所的摄像机镜头所获取的光学视频图像，通过摄像机内部的传感器和电路转化为电信号，并经过有线电缆或无线电波传播后，显示设备将电信号还原为视频信号。

在 Photoshop CS 软件中可以先用 Bridge 插件分割视频图像。对于隔行扫描的视频，每帧图像由两场组成，利用隔行扫描滤镜将每帧图像分割为奇数场和偶数场，然后对序列图像利用图像对齐、像素矫正、多帧平均等方式，最大限度地提高图像的视觉质量，以方便后续的测量研究。

（一）利用透视原理测量身高

序列图像中的人和物存在透视现象，但无法直接在序列图像中测量人的高度或物的长度。人物在序列图像中的亮度会随着所处位置发生变化，而图像中的固定物（如门窗、地砖）的实际长度可以在现场直接进行准确测量。如果将人的身高转化为与其相同高度的参照物高度再进行测量，则可以计算人的身高。因此，测量序列图像中人的身高实际上只要找到身高与参照物的对应关系即可。

第一步，确定条件较好的图像帧。例如，尽量选择被测人像行动较慢或静止的图像；选择人物在录像中的空间位置时，尽量选择站位较好的。参照物宜选择与人体平行的墙面、门窗等比较醒目的物体。

第二步，以人的身高和参照物为直线段，寻找空间六面体结构或矩形。

根据透视原理，确定好平行线的交点后，以交点为起点在画面中任意作一直线，则该直线也与其他平行线平行。

第三步，当确定好参照物及其测量范围后，通过现场测量的方法确定参照物的高度，并将该高度作为被测人像的身高的初始值。

第四步，观察人像所处的位置、动作幅度、人体的姿势等特征，确定人体穿鞋时的身高值。一般情况，当人体行走时跨度较大时，男性的测量身高加 3~4 cm 作为穿鞋时的实际身高比较合理，女性的测量身高加 2~3 cm 作为穿鞋时的实际身高比较合理。

（二）利用梯形或相似三角形测量身高

人眼在观看前后物体时，如果对前面的物体视线较高，后面的物体视线较低，则只能看到前面的物体。如果对前面的物体视线较低，后面的物体视线较高，则可以看到后面物体的一部分以及前面物体的全部。当前后物体发生相对运动时，如果前面的物体与后面的物体相切，则视线水平一致。当两个物体在某一时刻视线水平相同时，则摄像头、前面物体顶部、后面物体顶部在同一视线上。根据这一规律，只要找到人物在某一时刻与其后面某一物体相切，便可以判断摄像头、人物头顶、物体相切点处在同一条直线上。此时分别从摄像头、物体相切点向地面作垂线，组成一相似三角形或梯形（其延长线组成的三角形也相似），由此可以计算人的身高。

第一步，选择适当的视线位置。观察序列图像，当发现被测人像与其背景中的某个物体或某种标志相切（即处在同一视线上），取出此时的图像帧。一般选择被测物轮廓清晰、标志独特、易于测量的物体或标志作为参照物，一般不选择墙面作为测量参照物，因为很难确定交叉处。

第二步，根据提取出的图像帧信息，确定人像在序列图像中的实际位置、参照物的位置，并根据确定的位置，到监控录像现场进行测量。测量的数据必须包括摄像头的实际高度 H_1（测量从摄像头中心位置到地面的垂直距离），测量参照物或参照物的某一点到地面的垂直距离 H_3（测量从图像帧中的相切点到地面的垂直距离），测量摄像头与参照物之间的地面距离 L_1（摄像头的垂直线与地面的交点，与参照物相切点的垂直线与地面的交点之间的距离），被测人像与参照物之间的地面距离 L_2。

第三步，按照公式 $H_2 = (L_2 \times H_1 - L_2 \times H_3 + L_1 \times H_3)/L_1$ 计算人像身高的初始值 H_2。

第四步，结合人像在录像中的姿态，确定人像的实际身高。

三、实验器材

高性能笔记本电脑、Photoshop CS5 图像处理软件。

四、实验内容

1. 教师介绍录像视频图像的处理方法，图像透视测量的原理及其在法庭科学中的应用，演示利用 Photoshop CS5 实现图像处理的方法。

2. 学生完成视频图像预处理。

（1）利用 Bridge 分割视频为序列图像。

（2）利用隔行扫描滤镜将帧图像分割为奇数场图像和偶数场图像。

（3）利用帧平均、像素矫正、锐化等手段提高视频图像质量。

3. 利用透视原理实现视频中人像身高的测量。

4. 利用相似三角形或梯形实现视频中人像身高的测量。

五、实验作业

1. 完成素材中的人像身高的测量，制作分析报告。

2. 找一段序列图像，完成人像身高的测量或其他客体的长度测量。

六、思考题

如何提高人像运动时的测量精度？

实验 3-7 图像哈希值计算

一、实验目的

哈希值是文件的身份证，是文件的唯一性标识。在图像鉴定中，常常需要分析图像是否修改过，查看或计算检材和样本图像的哈希值可以判断两个图像文件是否存在修改行为。通过本实验，掌握使用常用软件计算或者查看图像文件哈希值的方法。

二、实验原理

哈希（Hash）一般翻译成"散列"，即把任意长度的输入，通过散列算法，变换成固定长度的输出。该输出就是散列值。这种转换是一种压缩映射，即哈希函数。

哈希函数具有以下性质：

1. 如果两个散列值不同，那么它们的原始输入也不同。

2. 如果两个散列值相同，那么两个输入值很可能相同，但并不绝对相同。

MD5 和哈希算法均具有数字指纹特性。MD 算法是密码学领域著名的哈希函数。SHA 是安全散列算法，是一种标准的哈希算法。MD5 和 SHA 是安全性高的算法，使用这两种算法计算两个不同文件几乎不可能得到相同的哈希值。使用安全性高的哈希函数能够使一个字符串或数字文件（音乐、图片、文档）等，产生唯一不变的字符串，这个字符串称为哈希值。改变任何元字符串、数字文件（音乐、图片、文档）的任何一点，产生的哈希值将完全不同。从已经计算出的哈希值，几乎不可能推导出原来的字符串、数字文件。

常用的哈希算法有 MD2、MD4、MD5、SHA1、SHA256、SHA384、SHA512 等。能够计算数字文件哈希值的软件较多。

三、实验器材

高性能计算机、Photoshop 软件、WinHex 软件、HashCheck 软件。

四、实验内容

（一）使用 WinHex 软件计算图片的哈希值

WinHex 是一款电子数据取证专业软件，是收费软件。

1. 使用该软件计算自己准备的图片的 MD4、MD5、SHA1、SHA256 等几种哈希值，并记录计算的各种哈希值。

2. 针对所使用的图片，修改其文件名，再使用 WinHex 软件计算修改了文件名的图片的 MD4、MD5、SHA1、SHA256 等几种哈希值，并记录计算的各种哈希值。

3. 针对所使用的图片，使用 Photoshop 软件另存为其他格式的图片，再使用 WinHex 软件计算更改了格式的图片的 MD4、MD5、SHA1、SHA256 等几种哈希值，并记录计算的各种哈希值。

4. 针对所使用的图片，使用 Photoshop 软件另存为其他尺寸的图片，再使用 WinHex 软件计算更改了尺寸的图片的 MD4、MD5、SHA1、SHA256 等几种哈希值，并记录计算的各种哈希值。

5. 针对所使用的图片，使用 Photoshop 软件进行色彩、对比度、旋转等处理，再使用 WinHex 软件计算处理后的图片的 MD4、MD5、SHA1、SHA256 等几种哈希值，并记录计算的各种哈希值。

（二）使用 HashCheck 软件计算图片的哈希值

HashCheck 是一款免费的开源外壳软件，可以从官方网站下载安装。HashCheck 软件安装完成后，文件属性对话框（鼠标右键点击图片，打开属性对话框）中会添加一个"文件校验"的标签页。打开该标签页，会显示计算出的 MD4、MD5、SHA1 等几种哈希值。

使用 HashCheck 软件重复实验内容（一）中的第 1~5 项，计算图片的哈希值。

五、实验作业

1. 列出实验内容（一）中 WinHex 软件计算的哈希值。
2. 列出实验内容（二）中 HashCheck 软件计算的哈希值。
3. 分析图片哈希值的影响因素。

实验 3-8　照片 EXIF 信息检验

一、实验目的

在分析照片是否修改过、是否为某照相设备所拍摄时，可以简单地检验照片的 EXIF 信息来判别照片的原始性。通过本实验，熟悉照片 EXIF 信息的内容，掌握检验照片 EXIF 信息的方法。

二、实验原理

EXIF（exchangeable image file format）为可交换图像文件格式，是专门为数码相机的照片设定的可交换图像文件格式，可以记录数码照片的属性信息和拍摄数据，也就是照片的元数据。

数码相机拍摄照片后，把照片保存为某种格式的图像文件时，同时把 EXIF 信息附加于文件头中。一般 EXIF 可以附加于 jpeg、tiff、riff、png、bmp 等文件之中。使用数码相机拍摄照片时，相机（手机）的型号、品牌、拍摄时间、快门曝光度、ISO 感光度、GPS 地理位置等数据都可能被 EXIF 记录下来。其中，相机只有开启定位功能时，照片的 GPS 信息才会被 EXIF 记录下来。少数图像文件格式如 jpeg2000、gif 等文件格式不兼容 EXIF。

有较多的软件可以检验照片的 EXIF 信息，可以在网络上下载。另外，在安装了 Windows 10 操作系统的电脑中，在一张数码照片上点击右键，打开照片的属性对话框，在对话框的"详细信息"标签页中显示的信息就是一些常用的 EXIF 信息。

三、实验器材

高性能计算机、Photoshop 软件、数码相机、带照相功能的手机。

四、实验内容

（一）拍摄原始照片

1. 使用两台数码相机（数码相机、带照相功能的手机）分别拍摄一张照片并保存到电脑。

2. 修改两台数码相机的拍摄参数，再分别拍摄一张照片并保存到电脑。

（二）修改原始照片

1. 针对以上拍摄的原始照片文件，修改文件名称，另保存。

2. 针对以上拍摄的原始照片，使用图像处理软件裁切照片或者修改照片的尺寸，另保存。

3. 针对以上拍摄的原始照片，使用图像处理软件对照片进行图像处理，如图像增强、色彩处理，另保存。

（三）检验照片 EXIF 信息

1. 检验拍摄的原始照片的 EXIF 信息，并进行记录。

2. 检验修改后的照片的 EXIF 信息，并进行记录。

五、实验作业

1. 列出所获取的 EXIF 信息。

2. 分析影响照片 EXIF 信息的因素。

实验 3-9　人像（头部）特征标示

一、实验目的

了解图像中人像特别是人头部特征的种类特征与个别特征，熟练掌握种类特征和个别特征的标示方法。学习标示人像特征的方法、技巧，为人像鉴定打下牢固的基础。

二、实验原理

相貌主要包括五官、脸形、头形、发型等。五官形态、脸形差别及不同的组合构成了不同的特征。人的相貌既具有共性（种类特征）又具有个性（个别特征）。

（一）头部的整体特征

1. 头的大小。

头的大小主要以头的高度来衡量。人的头从出生到成年不断生长，在儿童、少年、青少年、成年期均有一个较稳定的平均值，且人头大小与身高有一种比例关系。

2. 头部的比例。

人的头部各个局部有一个基本的比例关系，每个人的具体比例又有所不同，基本比例成为人们了解头和脸部特征的先验知识，比例的个性差异成为个别特征的要素之一。如果把头的纵向分为十等份，横向分为五等份，一般从下向上的第二份是嘴的位置，第三份是鼻子的位置，第五份是眼睛的位置，第六份是眉的位置，第七份的长度等于脸的宽度，第九份是发际的位置。

3. 脸形。

脸形的特征是指正面观看时脸部的形态。一般有圆形脸、方形脸、长方形脸、椭圆形脸、卵圆形脸、倒卵圆形脸、梯形脸、倒梯形脸、菱形脸、五角形脸等。

（二）头发的特征

发式，是头发特征的最主要表现。发式的变化和时代、地域及年龄有关。

发旋，包括发旋的数目、方向、部位等。发色和肤色一样，都是由黑色素决定的。

（三）脸部特征

1. 肤色特征。

肤色是人种分类的重要标志之一。皮肤颜色的深浅与黑色素在皮肤中的含量及分布状态有关，也受自然环境和身体健康状况的影响。

2. 前额特征。

前额是指发际线至眉心线之间的区域。前额的特征表现在纵向的高、中、低变化，横向的宽、中、窄变化。侧面观看时前额的倾斜度变化，表现为平直、前突或后倾。

3. 眼睛特征。

眼睛，由眼眶、眼睑、眼球等组成。眼睛的特征主要包括眼睛各组成部分的形状、大小等。

4. 眉毛特征。

眉毛位于眼眶之上，形状弯曲。它的结构分为眉头、眉身和眉梢三部分。眉毛的特征主要包括形状、长短、宽度、倾斜角度、眉间距等。

5. 鼻子特征。

鼻子在外形上可分为鼻根、鼻梁、鼻侧、鼻翼、鼻孔和鼻尖等六部分。鼻子的特征主要包括鼻子各部分的形态、大小和相对位置关系等。

6. 嘴唇特征。

嘴唇分为上唇和下唇，闭在一起时只有一条横缝，即口裂。口裂的两头称为口角。嘴唇及其各部分的形态、大小和相互之间的关系为其特征。

7. 耳朵特征。

耳朵的特征一般指人像侧面观看时的形状，人的耳朵一般上边与眉毛平齐，下边与鼻基平齐。耳朵的特征包括耳郭、耳垂的形状以及耳朵的外展情况。

8. 胡须特征。

胡须，泛指生长于男性上唇、下巴、面颊、两腮或脖子上的毛发。胡须特征主要表现为总体形状、位置、大小、浓疏等。

9. 脸部的特殊特征。

脸部的特殊特征是指除五官和脸形之外的特有标志。主要指因病理、生理及其他外在因素造成的斑痕、痣、疣、疤痕以及病残五官缺陷等，包括它们的位置、形状、大小及相互之间的关系。

10. 脸部的皱纹特征。

皱纹是肌肉运动后在皮外产生的沟纹。皱纹的特征包括位置、形状、大小及相互之间的关系。

三、实验器材

高性能计算机、Photoshop 软件。

四、实验内容

准备两张不同人的头部图像，分别复制 2~3 个副本保存以备用。

（一）标示头部整体特征

1. 测量头的尺寸。如有比例尺，测量尺寸则使用厘米为单位；否则，使用像素为单位。

2. 头部比例标示。把头部纵向划分十等份，横向划分五等份，分别描述嘴、鼻子、眼睛、眉毛、发际的位置。

3. 使用带颜色的线描绘脸部的外缘，说明是何种脸形。

（二）标示头发特征

1. 使用带颜色的线描绘头发的外缘，标示头发的特殊形态特征。

2. 说明发式、发色种类。

（三）标示脸部特征

1. 说明肤色特征。

2. 使用带颜色的线描绘前额区域，并说明前额的形态。

3. 使用带颜色的线描绘眼睛的外缘，测量眼睛、眼球的尺寸，标示眼睑、眼球的特征；测量两眼内角点之间的距离、外角点之间的距离。

4. 使用带颜色的线描绘眉毛的外缘，说明眉毛的形状、倾斜情况；测量眉间距；标示眉毛的特殊点的特征；标示眉毛与眼睛之间的位置关系。

5. 测量鼻梁长度，测量鼻翼宽度，标示鼻尖位置，标示鼻孔外形，测量鼻尖与眼睛之间的跨度。

6. 使用带颜色的线描绘嘴唇外缘，标示特殊点的特征；描绘口裂线，标示特殊点的特征；测量两口角之间的距离。

7. 使用带颜色的线描绘耳朵的外缘，标示特殊点的特征。

8. 标示胡须特殊点的特征，说明胡须的生长区域的外形。

9. 标示脸部的特殊特征，如有多个特殊特征，使用勾画图形方法描绘特征间的关系。

10. 标示脸部明显、稳定的皱纹特征。

五、实验作业

1. 实验内容中的文字说明均直接写在图像的空白区域，把完成的实验内容以图像文件提交。

2. 分析人头部特征的稳定性。

实验 3-10　静态人像鉴定

一、实验目的

掌握一般人像鉴定的基本程序和基本方法。

二、实验原理

种属认定原理和同一认定原理。

三、实验器材

高性能计算机、Photoshop 软件。

四、实验内容

（一）预备检验

了解案情，明确检验鉴定的目的要求，准备好相关的鉴定仪器和设备。

（二）分别检验

1. 对检材人像照片的审查。

全面了解检材人像照片的拍摄条件及后期制作过程、拍摄对象的情况，以及有关案件的情况。

2. 样本的收集。

收集拍摄时间、拍摄条件、构图规则等尽量与检材照片相近的照片。需要时，应拍摄实验样本，通过控制拍摄条件及让被鉴定人变换姿态等方式，拍摄与检材人像条件一致或相近的样本。

3. 检材人像与样本人像的处理和制作。

对于模糊不清的样本人像，可以通过图像处理技术进行处理，并将处理后的图像制作成人像图片。将检材人像和样本人像复制或截图后，制成检材人像图像和样本人像图片，供比较检验使用。制作时，应以等瞳距或相等的任意两测量点间距为基准，将检材人像与样本人像制作成等大。

4. 人像特征选取。

人像特征是人像鉴定的具体依据，特征的选取应遵循以下原则：

（1）人像特征包括整体特征、局部特征和细节特征，特征价值有高有低。一般，整体特征出现率高，价值较低，如脸形特征等；局部特征和细节特征出现率低，价值较高，如特殊特征等。

（2）在选取人像特征时，应以检材人像为主，遵循先检验检材人像后检验样本人像的原则，先整体后局部再细节的原则。注意选取特征价值高的局部特征和细节特征。

（3）在选取人像特征时，应特别注意选择人像的特殊特征，如瘤、痣、斑、麻、斜眼、歪嘴、兔唇等。

（三）比较检验

比较检验的任务是将分别检验中选取的人像特征进行比对，找出检材人像与样本人像的特征符合点和差异点。比较检验主要采用以下几种方法：

1. 特征标示法。

将检材与样本人像特征逐一直接进行比对，并标示出特征的符合点、差异点。通常使用红色标示符合点，用蓝色标示差异点。

2. 测量比较法。

在检材人像和样本人像上选取若干共同的测量点，然后选用适当的测量工具进行测量，比较各测量点之间的数值及比例关系，也可以比较各连接线交叉组合成的几何形态及交叉角度等。

3. 拼接比较法。

分别在等大的检材人像和样本人像图片上选取两个相同的测量点连线，再沿连接线将对应的检材人像和样本人像进行接合，观察其吻合程度。

4. 定位比较法。

选用带网线的透明胶片或玻璃片覆盖于检材人像和样本人像之上，确定各人像特征的位置、大小、相互间的比例关系等。

5. 重叠比较法。

先将检材人像和样本人像制成等大的负片，然后将两负片进行透光重叠比较，或将两负片重叠曝光再制成成片，观察其吻合程度。

6. 计算机图像比较法。

可以借助计算机，选用适当的图像处理软件，将检材人像和样本人像进行拼接、重叠、定位、测量等综合的比对分析。

（四）综合评断得出鉴定意见

对比较检验中发现的检材人像与样本人像的特征符合点和差异点作出客观的评断和合理的解释，并根据人像特征符合点或差异点总和的价值作出相应的鉴定意见。

认定意见的必备条件：种类特征相同；细节特征总体相符，符合点是本质的，差异点能科学解释。

否定意见的基本条件：种类特征不符；种类特征虽然相符，但细节特征总体不符，差异点是本质的；少数符合点是巧合或某种因素造成的。

五、实验作业

自己准备或老师提供检材和样本，按照实验内容完成鉴定过程，提交特征比对表和鉴定意见。

实验 3-11 录音处理基础

一、实验目的

了解数字录音的基本原理和方法，掌握常用音频处理软件的使用方法，了解音频格式及文件格式转换方法，了解录音质量的影响因素，掌握手机录音方法及不同格式的手机音频文件的特点。

二、实验原理

音频信号是一种连续变化的模拟信号，计算机只能处理和记录二进制的数字信号。自然音源得到的模拟音频信号必须经过技术处理，转换为二进制数据后才能由计算机进行再分析和存储。为了把模拟信号变换成数字信号，即 A/D 转换，必须进行采样、量化及编码。

采样是指把时间上连续的波形，用时间上离散的各时点值的序列来表示。采样的过程实际上是将通常的模拟音频信号的电信号转换成许多称作"比特（bit）"的二进制码 0 和 1，这些 0 和 1 便构成了数字音频文件。采样频率越高，音质越有保证，即保真度越高。

量化是指对于每个采样点用二进制数字即位数（bit）来具体描述，采样的位数越多，对于信号的描述越精确。系统中量化精度的 bit 数目直接决定了采用多少级来表示声波振幅的范围。

编码是具体地表示离散信息的方法，一般以二进制来进行编码，这样，连续的模拟信号便可以用有限集合中的码（数值）序列来表达。

常用的数字音频文件有 WAV、MP3、RA、RM、WMA/ASF、VOX 等格式。手机或电话机的数字音频文件一般采样率设为 6~8 kHz，bit 为 8。文件多为特殊格式，需要专门软件读取，记录时间依其存储容量而定。

三、实验器材

计算机语音工作站、手机及数据线（学生自带）。

四、实验内容

(一) 音频处理软件的使用

打开 Cool Edit 音频处理软件,新建音频文件,分别选择采样率为 8 kHz、bit 为 8 及采样率为 11 kHz、bit 为 16,在声道为单声道的模式下对播放的音频进行录音,将录音分别保存为 WAV、MP3、WMA/ASF、VOX 音频文件。比较这 8 个音频文件的大小及文件特点。

(二) 音频文件格式转换

使用格式转换软件将上述 6 个非 WAV 格式的音频文件全部转换为 WAV 格式,使用计算机语音工作站在同一桌面打开这些文件,点击窄带语图模式显示这些文件,比较各文件在窄带模式下的区别,注意观察不同采样率的文件的语图区别。

(三) 手机录音及处理

使用手机录音功能对同一音频采用不同录音格式进行录音,将录好的音频文件导入计算机,使用计算机内录功能将这些音频文件录制为 WAV 格式文件,再使用格式转换软件将原始音频文件全部转换为 WAV 格式,使用计算机语音工作站打开这些文件,点击窄带语图模式显示这些文件,比较各文件在窄带模式下的语图区别。

五、注意事项

1. 注意录音时调整录音音量,不要出现录音音量过小或者过载的现象。

2. 注意在录制、保存、转换音频文件时,使用该音频文件特点进行文件名命名,否则在文件比较时容易产生混乱。

六、实验作业

1. 按照实验内容(一)中的要求录制 8 个音频文件,将其中的 6 个非 WAV 格式的音频文件全部转换为 WAV 格式,使用计算机语音工作站的窄带语图模式显示这些文件。使用计算机拷屏功能在 Word 或 PowerPoint 软件中制作各文件的窄带图谱,比较、分析各图谱反映的音频特点,提交实验报告。

2. 按照实验内容（三）中的要求录制 2~3 个音频文件，将音频文件全部转换为 WAV 格式，使用计算机语音工作站的窄带语图模式显示这些文件。使用计算机拷屏功能在 Word 或 PowerPoint 软件中制作各文件的窄带图谱，比较、分析各图谱反映的音频特点，提交实验报告。

实验 3-12　声纹分析软件使用基础

一、实验目的

了解 Cool Edit 音频处理软件的基本功能，掌握用 Cool Edit 音频处理软件显示宽带语图的方法及降噪方法。了解计算机语音工作站的基本功能，掌握计算机语音工作站的各种声谱图的形态、种类及显示方法。了解各个元音与辅音在声谱图中反映的区别。

二、实验原理

（一）声谱仪的基本原理

声纹是图谱化的语音（声音），是通过声谱仪器显示的、携带言语信息的声波图谱。声谱仪是记录、显示和分析语音及电、磁、光记录的模拟语音信号或数字语音信号的仪器。计算机声谱仪一般是基于计算机的实时数字化声谱仪，主要包括信号采集、量化，声谱分析，显示、存储、回放等功能。

（二）声纹的形态和种类

1. 声纹的形态。由于声纹是语音声波的多种声学特征的图谱，因此声纹的形态也是多种多样的，有带状谱（宽带、窄带）、曲线谱、线状谱，以及连续谱、分离谱等。

2. 声纹的种类。声纹按分析域来划分，主要包括波形图、振幅曲线、基频曲线、过零率曲线、宽带语图、窄带语图和二维语图（LPC 功率谱）等。

（三）元音与辅音

元音和辅音是语音学两个基本概念。

发元音时，声腔呈开放状态，气流通畅，声带振动，形成周期性的声波。有时将元音称为乐音、浊音。如 a、o、e。

发辅音时，声腔呈封闭、半封闭状态，气流呈阻塞、阻碍状态。一般发辅音时声带可有两种状态，声带不振动的辅音称为"清辅音"，声带振动的称为"浊辅音"，普通话中除 r、l、m、n 外多数辅音声带不振动。

（四）计算机语音工作站

计算机语音工作站的使用见仪器的操作手册。

三、实验器材

计算机语音工作站。

四、实验内容

（一）元音及辅音录制

学生录制自己发音的文件，包括 12 个单元音及部分辅音。

（二）Cool Edit 音频处理软件的使用

使用 Cool Edit 音频处理软件对录制的语音文件进行处理，以熟悉软件的基本使用方法和常用技巧。

（三）计算机语音工作站的使用

使用计算机语音工作站，按要求对 12 个单元音分别制作波形图、振幅曲线、基频曲线、宽带语图、窄带语图、LPC 功率谱。

五、注意事项

1. 注意录音时调整录音音量，不要出现录音音量过小或者过载的现象。
2. 注意在录制元音时使用该元音名称进行文件名命名。
3. 完成作业时需要在每个图谱下方标明该图谱是何种图谱。

六、实验作业

提交 Word 或 PPT 软件制作的 12 个单元音的各种语音图谱并进行比较分析。

实验 3-13　语音同一性鉴定

一、实验目的

了解语音同一性鉴定的基本原理、基本方法和基本程序，了解语音主要声学特征，了解影响语音声学特征的主要因素及影响程度。

二、实验原理

（一）语音同一性鉴定的基本原理和方法

语音是人体发音器官发出的具有言语意义的声波，是以能量场形态存在的物质。语音不仅具有物理性质，而且具有生理、心理和社会性质。这些性质反映出语音具有稳定性、特殊性和变异性，这些特性构成语音同一性鉴定的应用基础。

变异性是人的运动器官形成的动态特征（语音、笔迹、足迹）的突出特点，动态特征和指纹等固定特征有明显的不同，研究应用的方法有很大区别。语音同一性鉴定最初的基本假设是"语音的个人变异小于与其他人的差异"，语音的变异性是语音同一性鉴定理论和实践的基础。

语音同一性鉴定的基本方法主要是听辨检验、声学检验和言语分析。听辨检验主要是从言语总体听辨声源音色、说话习惯特点；声学检验主是要对检材、样本的韵律谱、宽带语图和 LPC 功率谱等分别进行定性、定量检验；言语分析主要是对方言方音、速率、清晰度、流畅度、言语能力水平、赘语虚词、言语特点、言语缺欠等言语及其他语音特征进行分析。

语音同一性鉴定是对检材和样本进行听辨检验、声学检验和言语分析相结合的综合检验过程。

（二）语音同一性鉴定中的语音主要声学特征

1. 声源特征，即声源音色，包括声源频谱斜率、平均基频、基频域、音强域等特征。

2. 音色特征，包括音节的声母、韵母的音色，音节间节奏与过渡，能量分布。

3. 韵律特征，包括音节的声调、音强、音长，音节之间声调、音强、音长相对比率和变调、节奏、停顿、轻重音、语词等的表现和特点。

4. 言语及其他语音特征，包括方言方音、速率、清晰度、流畅度、言语能力水平、赘语虚词、言语特点、言语缺欠等。

三、实验器材

计算机语音工作站，一段检材音频，三段样本音频。

四、实验内容

（一）音频的听辨检验

仔细辨听检材音频及三段样本音频，对检材和各样本的差异程度或相似程度作出一定的评断。

（二）音频的声学检验

1. 使用计算机语音工作站检验检材音频与三段样本音频的能量及基音图谱，进行韵律定性比对分析，并制作比对图和比对表。

2. 使用计算机语音工作站检验检材音频与三段样本音频的宽带语图，进行共振峰定性比对分析，并制作比对图。

3. 使用计算机语音工作站检验检材音频与三段样本音频的宽带语图及LPC功率谱，对各音节进行共振峰定量比对分析，并制作比对图。

4. 对以上内容进行多句、多音节、多特征的综合评价，得出鉴定结果。

五、注意事项

注意在进行图谱检验时，按照实验内容逐一进行，并按句、音节、音节内的特征分别进行检验。

六、实验作业

按照实验过程和内容，完成各项比对图表，并提交实验报告。

实验 3-14　录音剪辑检验

一、实验目的

了解录音剪辑的基本方法，了解录音剪辑检验的基本原理和基本程序，了解并掌握录音剪辑在语图等方面的表现形式。

二、实验原理

（一）录音剪辑检验的概念

录音剪辑检验，即对送检录音带或音频文件中的声音信息进行检验，鉴别是否存在删除、添加、编辑等剪辑现象。录音剪辑检验涉及证据的原始性、完整性和法律有效性。因此，是司法言语声学鉴定的一项重要任务。

（二）录音剪辑检验的基本原理

因目前数字录音器材的大量使用，传统录音带的剪辑检验原理在本课程中不再赘述，以下原理仅针对数字剪辑检验。

1. 言语内容改变可能出现语气不自然和前言不搭后语的现象。

2. 剪辑录音和原录音环境可能不同，造成噪声突变现象。

3. 添加的录音采样率可能与原录音不同。

4. 正常语流中因相邻音节的协同调音作用，前音节韵尾与后音节起始音相互协同、过渡平滑；而数字剪辑可能会导致这些音节过渡部分表现出不能平滑衔接的现象。

5. 人声在语图中共振峰的强弱变化通常是渐变的过程，正常语音不会有突然发声或突然结束的现象。

（三）录音剪辑的表现

1. 语意的改变：会出现语气不自然和前言不搭后语的现象。

2. 背景噪声可能发生突变现象。

3. 声音的突变：咔嚓声、毕剥声突然出现或突然消失。

4. 声纹突变：语图中出现冲直条、空白段、共振峰不能平滑衔接等现象。

三、实验器材

计算机语音工作站，一段检材音频。

四、实验内容

（一）音频的剪辑处理及观察

自行录制一段说话的音频，使用计算机语音工作站对该段音频文件进行删除、粘贴等剪辑，辨听并观察剪辑现象。

（二）音频的剪辑检验

对提供的检材音频文件进行检验，对可能有过剪辑操作的地方使用计算机拷屏功能在 Word 或 PPT 软件中制作图谱，对可能有过剪辑操作的地方进行特征标记并分析。

五、注意事项

注意在进行剪辑检验时重视辨听手段，准确判断音频文件中的某些非正常现象是否为剪辑点。

六、实验作业

按照实验过程和内容，完成图谱，并提交实验报告。

项目四　微量物证检验

实验 4-1　常见纤维的显微镜法检验

一、实验目的

　　1. 学会纤维标本的制备及生物显微镜与偏光显微镜的使用。

　　2. 掌握常见纤维的显微镜检验方法。

二、实验原理

　　纤维是指天然或人工合成的细丝状物质，纤维的直径一般为几微米到几十微米。纤维分为天然纤维和合成纤维。合成纤维的基体物质、结晶度和取向度等不同，从而表现出不同的外表形态、横截面形态和光学性质。

　　天然纤维由于种属不同，在生长过程中形成了自身特有的表面形态和内部结构，通过生物显微镜观察纤维的纵向、横向的形态结构特征，可以区别天然纤维和化学纤维，并且对于天然纤维，可以区别棉、麻、丝、毛等。

　　偏振光即只具有一个振动方向的光，偏光显微镜是在普通的显微镜结构上，分别在光源前和物镜后装置偏振镜，利用偏振光来观察纤维显微形态的设备。不同的合成纤维由于基体材料不同，加工工艺和取向度不同，所以有着不同的光学各向异性，即双折率不同，在偏光显微镜下会产生不同的偏光干涉图像。不同纤维的干涉图像是不同的，它构成了同一认定要求的特定性。偏光显微镜对未知纤维作纵向反射、透光、偏光和横截面观察，与已知纤维图谱进行形态对照，可以确定纤维的种类。

三、实验器材

（一）仪器

生物显微镜、偏光显微镜、镊子、塑料试管、载玻片、盖玻片、玻璃棒、滤纸、分离针、纤维切片器等。

（二）试剂

无水乙醇（C_2H_5OH）或乙醚（$C_2H_5OC_2H_5$）、3%过氧化氢（H_2O_2）溶液或10%硝酸（HNO_3）溶液、1.5%氢氧化钠（NaOH）溶液、0.5%硫酸（H_2SO_4）溶液、甘油、火棉胶、蒸馏水等。

（三）样品

棉、麻、羊毛、兔毛、蚕丝、粘胶纤维、锦纶、涤纶、维纶、腈纶、氯纶、丙纶、醋酸纤维等。

四、实验内容

（一）纤维标本的制备

1. 动物纤维的预处理。

（1）脱脂。将动物毛置于清水中洗涤 1~2 min。将洗过的动物毛置于无水乙醇或乙醚中 3~5 min，脱去毛上的脂后用玻璃棒取出，放在滤纸上挥干备用。

（2）脱色。取脱脂后深色毛置于3%过氧化氢溶液（或稀硝酸）中 15~30 min，并随时摇动使脱色均匀，再移入清水中洗涤 2~3 次，烘干备用。

2. 植物纤维的预处理。

脱胶。将纤维置于 1.5%氢氧化钠溶液中煮沸 0.5~1 h，取出，用水冲洗3~4 次后，用 0.5%硫酸溶液浸渍 10 min，取出用水冲洗，烘干备用。

3. 化学纤维的预处理。

取化学纤维用水冲洗，烘干备用。

4. 纤维纵剖面标本的制作。

将以上处理过的少许纤维置于载玻片上，加一滴甘油，盖上盖玻片，不得有气泡，用滤纸吸去多余的甘油，待检。

5. 纤维横截面标本的制作。

将单根纤维小心地竖直放于一塑料小试管中，然后小心地注入火棉胶，待胶液干后，从中间横切出一薄片，把切片平放在滴有甘油的载玻片上，盖上盖玻片，用滤纸吸去多余的甘油，待检。

（二）纤维形态的观察

1. 生物显微镜的调节。

（1）调节生物显微镜的转换器，使低倍物镜对准通光孔，通过目镜可以看到白亮的视野。

（2）将样本置于载物台中心，在低倍物镜下找到视场中的纤维：打开光源，转动粗调手轮，调节载物台，同时在目镜中观察，至视场中观察到纤维后，改用微调手轮调节至最清晰。随后，旋转物镜转换器，将放大倍率依次调高，在高倍下观察纤维的形态结构。注意在由低倍转高倍时，切勿再转动粗调手轮，以免找不着视场，此时只需转动微调手轮调节至清晰。

2. 偏光显微镜的调节。

（1）调节偏光显微镜的目镜，使起偏镜与检偏镜处于正交位置，此时视场为全黑或暗紫红色。

（2）将样本夹入载物台中心，调节载物台或载玻片，使待检纤维纵向处在两个偏振镜正交位置第一、三象限内 45° 方向上，此时调焦至清晰，观察纤维的彩色条纹状干涉图像。

五、注意事项

1. 制作纤维标本的过程中，脱胶后的纤维如仍不分离，可微加热以促进分离；当纤维已部分分离时，迅速将纤维放入蒸馏水中洗净。

2. 不能徒手触及玻片上的纤维，操作时避免纤维污染或断裂。

3. 同一根纤维在视场内由于方位不同，不同部位颜色也有变化，所以最好要前后左右移动样品台，尽可能全方位地观察更多的纤维或纤维部位，不能以偏概全。

4. 在偏光显微镜下观察纤维的干涉图像时注意纤维的方向，特别是在进行比较检验时，两根纤维的方向要一致。

六、实验作业

1. 制作三种纤维标本（动物纤维、植物纤维和化学纤维各一种）。

2. 完成一种纤维样本的生物显微镜观察。

3. 完成一种纤维样本的偏光显微镜观察。

七、思考题

1. 使用偏光显微镜应注意哪些事项?

2. 纤维有哪些特征?

3. 为什么合成纤维不能用通常的光学显微镜进行表面形态观察、透光观察和横截面观察，从而确定纤维种类?

实验 4-2　常见化学纤维的红外光谱法检验

一、实验目的

1. 了解常见化学纤维的红外光谱特征。
2. 熟悉红外光谱法检验化学纤维的步骤。
3. 掌握红外光谱法检验化学纤维的原理及方法。

二、实验原理

纺织纤维是高分子聚合物，各种纤维的化学结构不同，根据纤维分子所含基团的红外吸收峰，可以确定纤维的种类。以百分透过率（或吸光度）作纵坐标，以波长作横坐标，就可得到红外光谱图。当样品不透明时，通过样品的反射信号获得样品表层或内部有机成分的结构信息，同样能够获取红外光谱图。通过建立标准纤维样品的红外光谱图库，对未知纤维的红外光谱图进行计算机检索，并对检索结果的细微差别作出合理的解释，有利于快速准确鉴别未知纤维的种类。

对于混纺纤维除检验纤维种类外，还可测定其混纺率。每种纤维都有其各自的关键吸收带，待检纤维各组分在关键吸收带处吸光度的百分比与混纺纤维各组分比呈线性关系，据此，可求出混纺纤维的混纺率。因此，红外光谱法是鉴别纺织纤维种类和测定混纺纤维混纺率的一种可靠的无损检验方法。

三、实验器材

（一）仪器和试剂

红外光谱仪（ATR 附件）、镊子、脱脂棉、无水乙醇。

（二）测试条件

工作环境相对湿度小于 50%，室温 20~25 ℃，分辨率不低于 2~4 cm^{-1}，建议扫描次数为 16~32 次。

（三）谱图库

Aldrich 拉曼凝聚相谱图库、多伦多法庭谱库、ATR 纤维谱库等。

（四）样品

1. 标准纤维样品。

涤纶、腈纶、锦纶、粘胶纤维、丙纶、维纶、氯纶、醋酸纤维等。

2. 常见市售纯化学纤维样品。

四、实验内容

（一）样品测试

1. 用镊子分别取涤纶、腈纶、锦纶、粘胶纤维、丙纶、维纶、氯纶、醋酸纤维等标准纤维样品置于金刚石池上，在上述实验条件下进行测试，系统将自动采集样品信号，即可得到纤维的红外光谱图。

2. 在同样的条件下，测试常见市售纯化学纤维样品。

（二）谱图解析

对测得的红外光谱图进行检索解析，对市售纯化学纤维进行定性分析，比较标准纤维样品与市售纯化学纤维样品红外光谱图的匹配度、峰形、峰位、峰数等。

五、注意事项

1. 操作时不能徒手触摸纤维样品，避免纤维污染。

2. 每份纤维样品测试完成后，用脱脂棉擦拭样品测试台，避免污染后续样品，影响测试结果。

六、实验作业

1. 完成一种纤维样品的红外光谱法检测。

2. 根据红外光谱图分析获得的数据结果。

七、思考题

1. 能否用红外光谱法鉴别动物、植物纤维？

2. 红外光谱有哪几个重要区域？

3. 红外衰减全反射光谱与红外透射光谱各自的特点是什么？

实验 4-3　纺织物（线、绳、布）的检验

一、实验目的

1. 学会纱、线、绳、布的细度、捻向等的检验方法。
2. 掌握镜检纤维种类的方法。
3. 掌握纺织品的检验程序、技术和方法。

二、实验原理

纱是用各种纺织纤维集聚或捻合而成的具有一定细度和强度的连续缕条，是线、绳、布等纺织物的基本骨架单元。纱按纤维种类不同分为纯纺纱和混纺纱两类。

由两股或两股以上的纱经过一次或多次合并加捻而成的细而长的东西称为线。线的捻度是指单位距离内线旋转的回数。线纺织物的组成骨架单元，按纤维种类分为棉线、丝线、麻线、毛线、涤丝线、棉丝线等。

由多股粗纱（线）经过一次或多次加捻而制成的条状物称为绳。绳的直径较大，两股以上的绳复捻后称为索，直径更大的称为缆。按制造工艺不同绳分为股绳和缆绳两类。

不同种类的线、绳、布的编织结构或用纱纤维原料不同，从而可互相区分。

表征纺织物的方法如下：

线：股数、捻向、材质、线色、捻度（x 回/6 mm）。绳：股数、捻向、材质、绳色、直径、捻度。芯绳：外皮股数及材质，芯线的股数及材质。布：平纹布方格图及经纬纱密度（x 根/6 mm）。

动物纤维的主要成分是蛋白质，其红外光谱图中都具有氨基酸结构中酰胺的特征吸收峰。植物纤维的主要成分是纤维素，其红外光谱图中都具有纤维素结构的羟基和醚键的强吸收峰。

三、实验器材

（一）仪器

读数显微镜（或体视显微镜）、偏光显微镜、红外光谱仪、放大镜、分析天平、千分尺、镊子、分离针、载玻片、盖玻片、滤纸等。

（二）药品

甘油、乙醇（试剂均为分析纯）。

（三）样品

线：棉线、尼龙线、涤纶线等各两种规格。

绳：股绳和芯绳各两种。

布：平纹布、重平组织布、斜纹布、缎纹布等各两种。

四、实验内容

（一）线的检验

1. 判断捻向。将线用两手拉直并上下放置，观察每股纱和各股线之间的扭转方向。判断实验样品线的捻向，画图并记录于本上。

2. 捻度测量。将线拉直，在读数显微镜（或体视显微镜）下数出 6 mm 长度范围内的捻度，改变纤维的位置，重复操作三次。比较两种线的捻度是否相同，注意观察短纤维和长纤维的结构特点。

3. 数出股数。将线放在手上捏紧一头，用镊子将端头拉散，数出股数。剪取 1 cm 长的一段线，用镊子将其分股后，看各股是长纤维还是短纤维。

4. 测量细度。取一定长度线准确称量，换算出号数（$g \cdot km^{-1}$）。也可对不同粗细的线各股单独测量细度值。

5. 纤维种类检验。剪取 0.5 cm 长的线，用分离针将其分散在载玻片上，放在偏光显微镜下检验纤维的种类，或者用加热燃烧法、溶解实验法、红外光谱法等进行鉴定。

（二）绳的检验

股绳检验方法、程序同股线检验方法。如果股绳较粗，要测出直径，通常用千分尺测量，或者用线将绳周围包裹起来测量线长度。

芯绳的检验。剪取 0.5 cm 长的芯绳，用镊子夹出绳芯，检验绳芯的股数、股线的种类（纱、线或混合）。然后抽出芯绳的外皮，检验外皮线的股数和股线的种类。

（三）布的检验

1. 织物检验。将实验样品布放平，用读数显微镜（或体视显微镜）观察编织结构，判断纱线根数。将实验样品布置于读数显微镜（或体视显微镜）下，使视野中测试数字 1~6 mm 清晰，并使游标线平行于经纱或纬纱，数出 6 mm 内的纱线根数。比较样品的密度是否相同。本实验应则量布的中间位置，不能靠布边沿测量。

2. 判断布经纱、纬纱的捻向和细度。将实验样品布的经纬纱各拆下几根，观察其捻向。

3. 纤维种类检验。分别拆取实验样品布的经纬纱放在载玻片一面，用分离针分散开，加上一滴乙醇甘油液（1：1），盖上盖玻片，在偏光显微镜下确定纤维的种类，也可用加热燃烧法、溶解实验法或红外光谱法确定纤维的种类。

五、注意事项

1. 测量捻度时，因线有散脱性，不能在端头测量捻度。

2. 长纤维一般无捻（如缎纹纬纱和丝绸类），可用镊子一根根数出这股纱由多少根纤维组成。

3. 纱、线、绳及布经纬纱细度测定时，用镊子夹取，不能徒手拿，防止发生质量变化。

六、实验作业

1. 完成两种未知纤维样品的种属认定。
2. 完成未知纤维检材和样本的比对检验。

七、思考题

1. 混纺纤维的检验方法及注意事项分别是什么？
2. 用偏光显微镜对检材和样本进行比对检验时，应注意哪些问题？

实验 4-4　纤维上染料的检验

一、实验目的

1. 了解有色纤维上的染料提取液的薄层色谱分析方法。
2. 掌握微型提取器的工作原理和使用方法。
3. 掌握薄层色谱分析方法的操作技术。

二、实验原理

有色纤维上的各种颜色大部分是由两种或多种染料拼混染色而成。不同厂家所用染料不同，其结构、性质、极性也不相同。即使所用染料相同，不同厂家所生产的染料在合成和处理过程中，大部分会含有一些中间体、剩余的原料等，这些因素均导致不同厂家生产的有色纤维上的染料的组成不同，因此经薄层色谱分析所得的数据必然不同，这就是用薄层色谱法对有色纤维上的染料进行鉴别的基本依据。

要提取纤维上的染料，应选用合适的提取剂，并且不同种类的染料提取液应选用不同的展开体系进行分离。在进行薄层色谱分析时，薄层板上的斑点清晰可见，不必进行显色处理，因此通过斑点的个数、颜色和 R_f 值的异同可对纤维上的染料进行分析鉴别。

三、实验器材

（一）仪器

微型提取器、层析缸、酒精灯、试管、小型电吹风机、硅胶 G 板、0.5 mm 直径的毛细管等。

（二）药品

N-N-二甲基甲酰胺、乙酸乙酯、环己烷、正丁醇、丙酮、四氢呋喃、丁酮、冰乙酸、甲酸、异丙醇、氯仿、甲醇、乙醇、氨水。

（三）样品

几组颜色相同、纤维种类相同的纤维样品。

四、实验内容

（一）纤维上的染料的提取

在纤维种类确定之后，选择合适的提取剂提取纤维上的染料。将少量有色纤维样品置于微型提取器样品池中，在提取管中加入约 1 mL 的提取剂，从冷凝管通入冷凝水，在提取管底部用酒精灯加热至提取剂沸腾，1~2 min 后，待样品池中染料提取液的颜色达到一定深度时，停止加热，将样品池中的染料提取液转移到试管中，待分析。

（二）染料提取液的薄层色谱分析

将染料提取液用管口平整的毛细管在硅胶 G 板上点样，然后根据纤维种类及染料提取液的不同，选用不同的展开体系进行分离，记录每个样品的斑点个数、颜色及 R_f 值。

（三）数据分析

根据染料提取液颜色，以及薄层板上的斑点个数、斑点颜色、斑点的 R_f 值进行比对分析，鉴别纤维上的染料的异同。

五、注意事项

1. 要按规程正确使用微型提取器。

2. 在薄层色谱分析中，点样量的多少对分离效果有很大影用，样品量太少，斑点不清楚，难以观察；样品量大，往往会出现拖尾现象，斑点不容易分开。

3. 需重复点样时，应在溶剂被吹干后再点，并且尽量不要错位，以防斑点扩散，产生拖尾现象。

4. 展开剂应饱和半小时后再使用。

5. 分析结束，取出薄层板后，应尽快标出溶剂前沿的位置。

六、实验作业

完成两种同色（肉眼观察）纤维样品上的染料的检验和比对。

七、思考题

1. 层析缸在使用前能否用水洗净，为什么？
2. 在一定的操作条件下，为什么可用 R_f 值来进行定性分析？

实验 4-5　纸张物证检验

一、实验目的

1. 了解纸张物证的处理。
2. 掌握常见物理法检验纸张的操作方法。
3. 掌握纸张物证的红外光谱检验方法。

二、实验原理

纸张是植物纤维材料经加工处理后紧密交织在一起的纤维薄层。因生长环境和品种不同，植物纤维外貌形态不同。采用生物显微镜观察各种植物纤维的外观形态，可进行植物纤维种属区分。此外，植物纤维由细胞构成，种属不同的植物，其细胞组成和形状各不相同。针叶木纤维主要通过交叉场纹孔的形态来鉴别，交叉场纹孔有云杉型、柏木型、杉木型、窗格型和松木型五种。阔叶木纤维主要通过导管细胞的形态来鉴别。禾草类纤维主要通过表皮细胞的形态来鉴别。因此，将纸张纤维分离染色，在显微镜下观察其形态、结构，也可确定纸张纤维的种属。不同类纸张的物理性质不同，同类纸张由于生产厂家采用的原料不同，生产工艺及设备不同，其物理性质也不同。纸张的检验一般是先进行物理检验，后进行成分分析和化学检验。结合纸张的红外光谱，对照已知的标准图谱，可初步判断纸张纤维的类别。

三、实验器材

（一）仪器

傅里叶变换红外光谱仪（ATR 附件）、电子天平、测厚仪或千分尺、紫外灯、生物显微镜（或偏光显微镜）、载玻片、盖玻片、滤纸条、分离针、镊子、黑纸、滴管等。

（二）药品

1% 氢氧化钠溶液，氯化锌碘试液（氯化锌碘试液的制备：甲液——将 20 g 无水氯化锌溶于 10 mL 去离子水中，乙液——将 2.1 g 碘化钾与 0.1 g 碘共溶于 5 mL 去离子水中。在搅拌下，将乙液逐滴加入甲液中，待澄清后，取上层清液倒入棕色瓶中，置于暗处保存）。（以上试剂均为分析纯）

（三）样品

稻草、麦草、芦苇、竹子、甘蔗渣、红松、落叶松、桦木等纸浆、纸张标准样品。

四、实验内容

（一）纸张的物理检验

1. 称重。将样品置天平上称量，准确至 0.01 g，换算成每平方米质量。

2. 厚度测量。用测厚仪或千分尺测量纸厚时，在不同的位置（5~7 处）测量其厚度，取其平均值作为测得的厚度，准确至 0.01 mm。

3. 荧光检验。将样品置于紫外灯下，观察纸张的荧光强度和荧光颜色。加入了荧光增白剂的纸张，荧光强且均匀，没加荧光增白剂的纸张一般无荧光。但由于纸浆经漂白，也会观察到不均匀的荧光点。检验时应注意纸张上附着的墨迹、泥土等杂质对纸张荧光的影响。

4. 色泽和透明度的检验。取一张黑纸，中间剪一个大小适当的圆孔，把被检验的两张纸放在圆孔中，使两张纸各占圆孔的一半，互相衔接起来，对光观察。对光观察和比对检验时注意检验同一面。

（二）纸张纤维的检验

1. 纸张纤维标本的制备。取纸张（或取米粒大小的纸浆）于载玻片上，滴加 1~2 滴氯化锌碘液，浸没纤维，并用分离针分离纤维，使纤维均匀分布。当纤维明显染色后，盖上盖玻片，然后用滤纸吸取多余的水分，显微镜下观察纤维形态。

如纸张施胶较多，可采用下列分离法：取一小片纸张（0.4 cm²），置于 1% 氢氧化钠溶液中，浸泡或加热煮沸 3~4 min，取出，用去离子水洗净。将经上述处理后的纸片置于载玻片上，用分离针把纤维拨开，再加 1~2 滴去离子水，使纤维均匀分布，然后用滤纸吸取多余的水分。加 1~2 滴氯化锌碘液，盖上盖玻片，在显微镜下观察纤维形态。

2. 纸张（浆）纤维形态的观察。用生物显微镜（或偏光显微镜）先在低倍镜下观察，后在高倍镜下观察。

3. 纸张的红外光谱法（ATR）检验。将不同厂家的几种打印纸、复印纸分别直接铺在 ATR 晶体上，压紧后扫描，绘制出纸张的衰减全反射红外光谱图，标出各吸收峰的位置。

五、注意事项

1. 氯化锌碘液应贮存于棕色瓶中，放在暗处，保存时间最好不超过一个月，否则会影响染色效果。

2. 尽可能将纸浆样品分离成单根纤维，否则纤维交织在一起，难以观察到单根纤维的形态特征。

3. 使用显微镜时，应严格遵守显微镜的使用规则。先在低倍镜下观察，必要时再调至高倍，防止镜头污染。

4. 实验操作时，不要徒手接触纸张，要戴手套操作，避免污染检材。

六、实验作业

1. 完成一种未知纸张样品的检验。
2. 完成一种未知纸张样品和已知样本的比对检验。

七、思考题

1. 生物显微镜法检验纸浆纤维的依据是什么？
2. 检验纸张纤维时，应注意哪些事项？
3. 含有动物纤维的纸张，应如何处理？

实验 4-6　涂料物证检验

一、实验目的

1. 了解扫描电子显微镜-X 射线能谱仪的基本结构、工作原理和操作方法。

2. 学习扫描电子显微镜能谱法检验微量涂料的制样技术。

3. 学习和掌握扫描电子显微镜-X 射线能谱仪和红外光谱仪对涂料物证的检验。

二、实验原理

扫描电子显微镜是利用聚焦很窄的高能电子束来扫描样品，通过光束与物质间的相互作用，来激发各种物理信息，对这些信息进行收集、放大、再成像以达到对物质微观形貌表征的目的。配置 X 射线能谱仪（EDX）后，还可对样品表面的各种元素进行定性、半定量分析。扫描电子显微镜-X 射线能谱仪检验涂料物证，可观察涂料碎片的层次、各层的厚度，以及颗粒的大小、形态和分布密度，用能谱仪可对涂料碎片中次要成膜物质中的钛白、锌钡白、铅铬黄、红丹、铅铬橙、铁红、铝粉、硫酸钡、碳酸钙、滑石粉、高岭土等常见的无机颜料和填料中的无机元素进行种类和相对含量的分析。

固体涂料由主要成膜物质、次要成膜物质和辅助成膜物质组成。涂料中的主要成膜物质和大部分辅助成膜物质为有机物，每一类涂料由于其组成不同，对红外光的吸收也不同。可根据不同涂料的红外特征吸收峰鉴别涂料的主要成膜物质，区别涂料的种类。也可根据检材与比对样品红外光谱中吸收峰的位置、峰数、形状及强度等的相互比较，进行比对检验。

三、实验器材

（一）仪器

扫描电子显微镜-X 射线能谱仪、样品台、导电胶、红外光谱仪、金刚石池、体视显微镜、手术刀、镊子。

（二）药品

无水乙醇。

（三）样品

不同颜色、不同种类的（汽车）涂料碎片。

四、实验内容

（一）外观检验

1. 直接观察。在自然光下，不断调整涂料物证的方向，用肉眼在顺光、侧光等不同的方位观察涂料碎片或擦痕的颜色、光泽、层次、厚度、颜料颗粒的分布状态及断面边缘的情况等。对于较大的涂料碎片，可用色卡比对法观察。

2. 显微镜下观察。对于微小的涂料检材，需在体视显微镜下观察。将漆片或漆膜置于体视显微镜下，观察其漆层及颜色、厚度等；如果涂料碎片有多层，先用手术刀片对其进行斜面切片，然后观察并记录各层的颜色和大致厚度。如果有条件，可把检材和比对样品各自的切片放在显微镜下观察，进行比较。

（二）扫描电子显微镜-X 射线能谱法检验涂料

1. 样品制备。对于微小的涂料检材或单层涂料检材，直接用洁净的手术刀、镊子等工具轻轻刮取漆膜，用导电胶固定于样品台上，并做好标记；对于多层涂料检材，先用手术刀、镊子等工具将检材沿斜面剖开，再用导电胶固定于样品台上，并做好标记。

2. 样品检验。设置好仪器，在扫描电子显微镜下观察涂料样品的表面形态，并选择多个微区，用 X 射线能谱仪检验这些微区所含元素及其相对含量。对得到的能谱图进行分析，标出涂料样品中有效的元素成分，并确定各元素的丰度。

（三）红外光谱仪检验涂料

将涂料样品置于金刚石池上，而后置于红外光谱仪的载物台上，选择红外光谱仪工作条件，扫描次数：32 ~ 128 次；分辨率：2 ~ 8 cm^{-1}；检测器：DTGS 带 KBr 窗口；扫描范围：650 ~ 4000 cm^{-1}。得到相应样品的红外光谱图。对得到的谱图进行谱图解析，标出特征红外吸收峰，并通过检索认定所检验涂料样品的种类。

五、注意事项

1. 多层涂料样品制样和检验时，应防止各层之间的污染和干扰。

2. 用扫描电子显微镜－X 射线能谱仪检验时，应选择样品表面的多个部位进行检验，以防止样品的不均匀和外来污染对结论造成影响。

3. 应用金刚石池制样时，样品一定要细小，不宜过厚。

4. 用手术刀等工具进行涂料样品分离时，应保持工具洁净，处理每个样品前均用乙醇棉球擦拭干净并风干。

5. 每个样品应选择 3 个以上的区域测试红外光谱，防止由于涂料层次较多、分布不均匀或外来污染等，对分析结果产生影响。

六、实验作业

1. 完成两种涂料样品的制样。

2. 完成一种涂料样品的扫描电子显微镜－X 射线能谱仪和红外光谱仪检验。

3. 分析涂料样品的检验结果。

七、思考题

1. 涂料制样时应注意哪些问题？

2. 用扫描电子显微镜－X 射线能谱仪检验涂料时应注意什么？

3. 如何根据扫描电子显微镜－X 射线能谱仪和红外光谱仪的检验结果，对涂料物证进行种属认定或比对检验？

实验 4-7　塑料物证检验

一、实验目的

1. 了解和学习用扫描电子显微镜-X 射线能谱法和傅里叶变换红外光谱法检验塑料的方法。

2. 掌握塑料制样技术，并模拟未知物鉴定。

3. 通过对塑料的红外光谱解析，进一步掌握塑料分子结构与吸收峰的关系。

二、实验原理

塑料，是指具有可塑性能的高分子材料。可塑性，是指在加热和外力作用下能改变形状，当去除外力并恢复到常温时，其形状可固定下来的性能。塑料主要由合成树脂和各种助剂组成，助剂是在塑料加工成型过程中用于改善塑料品质并构成塑料组分的辅助化学品。常见的塑料有聚乙烯、聚氯乙烯、聚丙烯、有机玻璃、聚苯乙烯、氟塑料、氨基塑料、环氧树脂等。

塑料制品在加工过程中加入了大量酯类增塑剂、稳定剂等有机助剂，这些物质的存在对塑料种类的检验有干扰，须用溶剂抽出后才能检验塑料种类。同种类的塑料可选用不同的溶剂抽出，但选择的溶剂不能溶解塑料。

采用扫描电子显微镜-X 射线能谱仪观察塑料样品形貌的同时，可对塑料的元素成分进行定性分析，并测定各元素的相对含量。

红外光谱法主要是对塑料中的树脂进行检测。不同树脂所含基团不同，因此在红外区有特征吸收峰，以此来对树脂种类进行认定。将一个塑料检材的红外光谱图与一个标准的红外光谱图进行比较，如果两张光谱图中相应的谱带完全一致，那么检材与标准物就是同一种塑料。

三、实验器材

（一）仪器

扫描电子显微镜-X 射线能谱仪、傅里叶变换红外光谱仪、红外灯、脱脂棉、酒精灯、裂解管、镊子、手术刀。

（二）药品

无水乙醇、丙酮、溴化钾（光谱纯）。

（三）样品

聚乙烯薄膜、聚丙烯薄膜、聚氯乙烯薄膜、食品袋等已知和未知的塑料制品。

四、实验内容

（一）分离有机助剂

取塑料样品，剪切成约 15 mm×15 mm 大小，在丙酮中浸泡或煮沸20 min，用镊子取出后在红外灯下烤干备检。

（二）扫描电子显微镜-X 射线能谱法检验

1. 制样。用手术刀切取上述塑料样品约 0.5 mm×0.5 mm 大小，用导电胶粘于样品台上。

2. 形态观察和元素检验。调整仪器参数，观察并拍摄各检材及样本的微观形貌图。任意选择样品某一区域进行面扫描，以反映出样品整个区域的面貌和各元素在该样品区域内的含量变化情况；然后在样品上任意选择一条直线进行线扫描，以反映样品这一条直线上的元素成分及含量变化情况；最后在样品某一点上进行分析，以确定样品该点上的元素成分及含量。

（三）红外光谱法检验

1. 直接上样。将抽出有机助剂的各种塑料样品直接放在样品池中采集谱图，若塑料薄膜较厚，透过率不好，可用两手将塑料薄膜拉伸变薄后再测定。

2. 裂解涂膜。将抽出有机助剂的塑料样品剪细，装入裂解管中，在酒精灯上加热使塑料裂解，裂解气体接触溴化钾片或用裂解管上的毛细管将其凝聚物刮下涂在溴化钾片上，放在样品池中采集谱图。

3. 无须分离直接上样。对于透明的塑料样品，可以放入样品池中，直接采集谱图。对于透过率不好的塑料样品，可以利用 Smart Performer 采样器，采用反射法采集谱图。

（四）实验结果记录与分析

1. 根据检材和样本的微观形貌图、X 射线能谱图的对比，分析检材和样本元素种类及相对含量是否相同。

2. 在获得的红外吸收光谱图上，标出特征吸收峰的频率。

3. 对采集的红外光谱图进行计算机检索，指出吸收峰与结构的关系，确定未知塑料的种类。

五、注意事项

1. 检材和样本比对时，其放大倍率必须一致。

2. 塑料裂解气体有毒并有刺激性，裂解样品一般在通风柜中进行。

3. 红外光谱分析对样品的纯度要求较高，分离处理样品时除了要注意分离除去有机助剂外，还要注意除去有机溶剂，否则将干扰分析结果。

4. 在整个实验过程中，要严格控制水分的干扰。

六、实验作业

1. 完成一种已知塑料样品的检验。

2. 完成一种未知塑料检材的比对检验。

七、思考题

1. 若检材表面污物没有处理干净，对检验结果是否有影响？

2. 比较直接上样和裂解涂膜的优缺点。

3. 傅里叶变换红外光谱仪和扫描电子显微镜-X 射线能谱仪检验有何区别？对检材的检验，只用一种方法检验即得出结论是否科学？

实验 4-8　橡胶物证检验

一、实验目的

1. 了解和学习用扫描电子显微镜-X 射线能谱法、傅里叶变换红外光谱法以及裂解气相色谱法检验橡胶物证的方法。

2. 掌握橡胶制样技术，并模拟未知物鉴定。

3. 通过对橡胶的红外光谱和裂解气相色谱的解析，进一步掌握橡胶分子结构与吸收峰和色谱峰的关系。

二、实验原理

橡胶中的有机助剂（增塑剂、防老剂、促进剂等）一般可溶解于丙酮、氯仿等有机溶剂中，故可将橡胶样品剪细，在快速回流装置中用有机溶剂反复浸提橡胶中的有机助剂，经过一定时间，直到浸提液没有颜色为止，即可视为橡胶中的有机助剂全部抽出，达到橡胶与有机助剂分离的目的。

采用扫描电子显微镜-X 射线能谱仪观察微量样品形貌的同时，可对橡胶的元素成分进行定性分析，并测定各元素的相对含量。

不同的橡胶由于聚合单体不一样，含有不同基团。橡胶在一定温度下裂解成分子碎片或单体的低聚体，用这些分子碎片或低聚体的吸收表征橡胶特性是人们常用的方法。又因不同橡胶分子结构不同，裂解成碎片所需温度不同，所以控温裂解在鉴定橡胶种类时很有必要。为了消除有机助剂的吸收峰干扰，橡胶制品在进行红外光谱鉴定时必须事先用有机溶剂将有机助剂抽出并经干燥再裂解涂膜进行检验。

气相色谱法适用于分析气体和能够气化且气化温度下不分解的液体或固体，在相同的色谱条件下，相同组分的保留时间相同。而橡胶是高分子化合物，不易气化，所以普通气相色谱法不适用于橡胶物证的检验。但是若在气相色谱仪前加接热裂解装置，使橡胶在严格控制条件下的裂解器中进行热裂解，形成小分子后，再气化进入色谱仪中进行分离测定，这种方法叫裂解气相色谱法。如果两种橡胶的成分相同，其在相同条件下的裂解产物也必定相同，则将获得两张相同的热裂解气相色谱图。

三、实验器材

（一）仪器

体视显微镜、扫描电子显微镜-X 射线能谱仪、手术刀、傅里叶变换红外光谱仪、索氏提取器、压片装置、玻璃裂解管、调温电热器、石棉网、白棉线、剪刀、镊子、打火机、酒精灯、滤纸、pH 试纸、毛细管、红外灯、气相色谱仪、热裂解器（管式炉或居里点裂解器）、快速抽出器、电炉、烧杯。

（二）药品

无水乙醇、光谱纯溴化钾、丙酮或氯仿（分析纯）。

（三）样品

天然橡胶、丁苯橡胶、丁腈橡胶、氯丁橡胶、丁丙橡胶、汽车轮胎橡胶、橡胶鞋底的橡胶颗粒、未知橡胶检材（从废旧汽车轮胎上切取）。

四、实验内容

（一）橡胶与助剂的分离

将橡胶样品 2~3 g 剪细为约 1 mm³ 大小胶粒，包在定性滤纸中，用白棉线捆住（防止胶溶胀后滤纸包自开），装入索氏提取器的滤纸筒内，在烧瓶中加入 100~120 mL 丙酮或氯仿溶液及几粒沸石，用水浴（或调温电热器）加热连续提取（防止明火与溶剂作用着火），当提取液颜色由很淡变至无色且冷凝液正好虹吸下去时，立即停止加热，时间需 2~4 h。将溶剂倒入小烧杯中，将烧瓶底瓶的提取液倒入蒸发皿中，用少量提取液洗涤烧瓶底瓶，合并提取液浓缩备检助剂。用镊子将样品滤纸包取出并解开白棉线，打开滤纸包，观察橡胶溶胀情况，及有无变黏现象。有变形或发黏说明提取剂溶解了胶样，提取液中含有胶的成分。将滤纸连同胶粒放在红外灯下干燥，备检橡胶种类。

（二）扫描电子显微镜-X 射线能谱法检验

1. 制样。用手术刀切取上述橡胶样品约 0.5 mm×0.5 mm 大小，用导电胶粘于样品台上。

2. 形态观察和元素检验。调整仪器参数，观察并拍摄检材及样本的微观形貌图。在相同条件下用 X 射线能谱仪测定橡胶检材及样本中主要元素成分及相对含量。

（三）红外光谱法检验

1. 溴化钾片制备。光谱纯溴化钾在研钵中研细，放在红外灯下干燥除去水分及低挥发物。使用压片装置，按要求将溴化钾压成透明薄片备用。

2. 裂解液涂膜。称取抽出了有机助剂的橡胶样品于溴化钾片上涂均匀，置于红外灯下干燥后，进行红外光谱测定；称取抽出了有机助剂的橡胶样品 1 g 装入裂解管中，裂解管口用胶皮头封固，毛细管头开口，在酒精灯上热解，产生气体冷凝在毛细管中，裂解出的气体可用被水浸润的 pH 试纸检验酸碱性，也可用制好的溴化钾片对准毛细管口直接使气体冷凝在溴化钾片上，冷凝液油珠的量够用即可或将毛细管折断使冷凝液油珠滴落在溴化钾片上，并涂均匀，放在红外灯下烘干除去水分。将涂完裂解液并经红外灯干燥过的溴化钾片装入红外光谱仪样品仓中，按照傅里叶变换红外光谱仪的分析条件检测。

（四）裂解气相色谱法检验

调节好色谱条件，将分离了有机助剂后剪细的胶粒（小于小米粒大小），放入裂解装置的样品池中，再小心放入裂解器中，调节好载气，定时 5~6 s，调节裂解温度，使橡胶裂解，检测谱图。

待第一个样品检测完毕后，不破坏气路的情况下取下样品杆和样品池，将胶渣或灰烬处理干净后，装第二个胶样，按上述方法继续检测，直至将实验样品检测完毕。

（五）实验结果记录与分析

1. 根据检材和比对样本的微观形貌图和 X 射线能谱图的对比，分析检材和样本元素种类及相对含量是否相同。

2. 在获得的红外吸收光谱图上，标出特征吸收峰的频率。

3. 比较各种胶样与检材的色谱图，分析轮胎胶样色谱峰含有哪些特征。

五、注意事项

1. 索氏提取器必须放在水浴或石棉网的电炉上，否则溶剂喷出或蒸发过多容易着火。

2. 抽出有机助剂时，当溶剂开始沸腾后应将电炉调至低温，维持溶剂沸腾温度即可，防止爆沸和溶剂溢出。

3. 裂解玻璃管的毛细管部分要长且粗细适当，太粗则插不进试液中，导致裂解气体挥发影响实验效果，太细则冷凝液不易流出。

4. 检材和样本比对时，其放大倍率必须一致。

5. 用红外光谱法和裂解气相色谱法鉴定橡胶种类，橡胶样品必须用溶剂抽出有机助剂并烘干，否则会影响图谱解析。

6. 在整个实验过程中，要严格控制水分的干扰。

六、实验作业

1. 完成一种已知橡胶样品的检验。
2. 完成一种未知橡胶检材的比对检验。

七、思考题

1. 橡胶样品抽出了助剂后可能有哪些变化？
2. 若检材表面污物没有处理干净，对检验结果是否有影响？
3. 用裂解气相色谱法鉴定橡胶的种类，裂解温度如何选择？
4. 各种橡胶样品在裂解操作时应注意什么？

实验 4-9　油类物证检验

一、实验目的

1. 了解和学习动植物油和矿物油的提取方法。

2. 学习荧光光谱法的分析原理和操作技术。

3. 掌握动植物油和矿物油的检验方法。

4. 学习气相色谱质谱联用仪的性能和使用方法，学习气相色谱质谱联用仪检验常见助燃剂的方法，明确汽油、煤油和柴油等常见助燃剂的色谱峰特征。

二、实验原理

油的种类繁多，主要有动植物油、矿物油和香精油三大类。其中，动植物油和矿物油两大类最为常见。动植物油主要成分为各种天然高级脂肪酸甘油酯，而矿物油是碳氢化合物，它们在紫外线照射下可发射荧光，可作为鉴别方法之一。油脂和矿物油均不溶于水，易溶于有机溶剂，可用有机溶剂对其进行提取分离。

不同种类的油脂和矿物油的组成不同，各组分在相同展开剂和吸附剂中有不同的溶解和吸附能力，因此在薄层板上展开所形成的斑点比移值、数目、荧光及颜色均会有所不同，将提取分离的油样与已知的标准样在同一条件下进行薄层色谱分析，可鉴别油脂和矿物油的种类。

动植物油和矿物油的分子结构中多具有共轭双键体系，呈刚性的平面分子结构，受到紫外光激发时能产生荧光。结构不同，荧光性质各异，为荧光光谱法检测提供了鉴别依据。荧光光谱法在矿物油分析中一般是分析含有稠环芳烃类化合物的矿物油，如沥青、煤焦油、润滑油等。分析荧光光谱能区分矿物油和动植物油，是种类鉴别中更进一步比对的方法。

矿物油中的汽油、煤油和柴油是纵火案中常见的助燃剂。汽油的主要成分为苯、甲苯、二甲苯、三甲苯、四甲苯、萘系物及 $C_5 \sim C_{12}$ 脂肪烃、环烷烃化合物；煤油的主要成分为 $C_8 \sim C_{15}$ 的正构烷烃；柴油的主要成分为 $C_9 \sim C_{25}$

的正构烷烃。汽油、煤油或柴油燃烧后部分组分会残留在起火点、起火部位及火场残渣样品中。选择易溶解汽油、煤油、柴油的溶剂，通过浸泡方式将样品中的汽油、煤油、柴油残留组分提取到溶剂中，用气相色谱质谱联用仪对其组分进行检测，从而达到检测助燃剂成分的目的。

三、实验器材

（一）仪器

点滴板、试管、荧光分光光度计、石英比色皿、漏斗、烧杯、移液管、洗耳球、薄层板、层析缸、小型电吹风机、0.5 mm 直径的毛细管、搅拌棒、滤纸、剪刀、气相色谱仪、微量注射器、CZ－100 型热丝型裂解器、不锈钢镊子、具塞试管、量筒、气相色谱质谱联用仪、离心机。

（二）药品

三氯醋酸的饱和水溶液、硫酸氢钾、氢氧化钠、乙醚、石油醚、苯、甲苯、正己烷、醋酸、乙酸乙酯、3% 对二氨基苯甲醛硫酸溶液、25%（质量分数）四甲基氢氧化铵水溶液（TMAH）、甲醇（优级纯）。

（三）样品

各种动植物油、矿物油样本若干及涂有油类的检材。

四、实验内容

（一）油类的化学检验

1. 三氯醋酸点滴反应。将一滴油斑物证液体置于瓷质或玻璃质的点滴板反应孔内，随后滴加 2~3 滴三氯醋酸的饱和水溶液，稍加搅拌并记录时间，注意观察点滴板上混合液颜色的变化。5 min 后分别出现不同颜色现象，表明油斑物证属于动物油或植物油。矿物油不会发生颜色变化。

颜色变化如下：

桐油：黑褐色　　　　　　　　蓖麻油：玫瑰红色

豆油：紫色　　　　　　　　　棉籽油：绛红色

鱼油：蓝色　　　　　　　　　亚麻油：蓝紫色

2. 丙烯醛检验。动植物油是各种高级脂肪酸甘油酯，当与硫酸氢钾共热时甘油会脱去两分子水而形成具有难闻的强刺激性臭味的丙烯醛。将数滴油斑液体加入试管中，将它与同质量的硫酸氢钾一起加热，如放出难闻的臭鸡蛋气味，表明油斑属于动植物油。矿物油无此变化。

3. 皂化实验。动物油或植物油在碱性水溶液中加热水解，生成甘油和高级脂肪酸盐（皂化），振荡即产生泡沫，而矿物油无此现象。将数滴油斑液体加入试管中，与少量 0.5 mol/L 氢氧化钠溶液一起加热，振荡溶液若产生泡沫且泡沫不会立即消失，表明油斑物证属于动物油或植物油；若溶液浑浊，振荡后没有泡沫出现或泡沫出现后很快消失，表明为矿物油。

（二）荧光光谱法检验

1. 已知油样品液的配制。在烧杯中加入 1 滴或 0.1 g 已知油样，用移液管量取 5 mL 溶剂浸泡提取。动植物油用乙醚或苯提取，矿物油用乙醚或石油醚提取。待样品溶解后，过滤，倒入石英比色皿中，设置好仪器条件（激发波长为 300 nm、330 nm、350 nm；扫描范围为 330~350 nm；激发狭缝为 10 nm，发射狭缝为 2 nm；扫描速度设置为"快"），将石英比色皿置于荧光分光光度计的样品室中进行测试。

2. 未知油痕的提取。将含油检材置于烧杯中，加适量的乙醚浸泡提取，过滤，倒入石英比色皿中，在同样仪器条件下，将石英比色皿置于荧光分光光度计的样品室中进行测试。

（三）薄层色谱法检验动植物油

1. 提取。将检材置于具塞试管中，加 3 mL 乙醚提取 5 min，提取 2 次，合并提取液，置于通风橱内自然挥发至残留油滴，备检。

2. 点样。用毛细管吸取提取液，在薄层板上点样。

3. 展开。将适量的展开剂（苯、乙酸乙酯体积比为 9：1）倒入层析缸中并轻轻晃动数次，将点样后的薄层板放入层析缸中。

4. 显色。展开剂前沿升至 10 cm 左右时，将薄层板取出，待展开剂挥发后，用 3% 对二氨基苯甲醛硫酸溶液进行喷雾显色。

5. 记录。观察薄层板上斑点的颜色、数量，计算其比移值（R_f），并做好实验记录。

（四）气相色谱法检验

1. 油样配制。将各种油样编号，用微量注射器依次准确抽取 20 μL 油样置于 2 mL 乙醚液中，混匀。

2. 未知油样检材处理。对于金属等较硬物体上的油污样品，可先用手术刀刮取或乙醚棉球擦取下来；对于衣物、纸张等较软物体上的油斑样品，可用剪刀将油斑部位剪下来。然后，将刮取、擦取或剪取的检材放入烧杯中，加入乙醚浸泡 2 min。用漏斗和滤纸进行过滤，滤液装入一小烧杯中。若为矿物油，在常温或 60 ℃下挥发浓缩至 0.1 mL 左右备检。若为动植物油，则需进行甲基化处理。

3. 动植物油的甲基化处理。将具塞试管编号，用微量注射器依次抽取各种动植物油样品乙醚溶液和 TMAH 甲醇溶液（由 25% 的 TMAH 与甲醇按 1：50 的体积比配成）各 200 μL 加至相应的具塞试管中（立即形成铵盐），摇匀备检。同样，抽取未知动植物油溶液和 TMAH 甲醇溶液各 200 μL 加至另一具塞试管中，摇匀备检。

4. 上样。设置色谱测试条件（色谱柱：FFAP 30 m×0.25 mm×0.25 μm；检测器：FID；气化室温度：230 ℃；柱温：120 ℃保持 2 min，以 12 ℃/min 的速率升温至 230 ℃，保持 10 min；检测器温度：240 ℃），用微量注射器分别抽取经处理过的样品溶液和检材提取液 1 μL，注入气相色谱仪进行检测。

5. 谱图分析。根据色谱峰数、保留时间、峰高（峰面积）等参数进行定性分析，将检材的色谱图与油脂标样的气相色谱图进行比对。

（五）气相色谱质谱联用法检验

1. 样品处理。将现场提取的含油残渣样品放入烧杯中，加入适量乙醚超声振荡浸泡 10 min 后过滤，滤液在室温下挥发浓缩至 10 mL 左右备检（滤液若少于 10 mL，则不浓缩直接备检）。另取一份空白检材进行平行操作。若为动植物油，则需进行甲基化处理，处理方法同上述气相色谱法。

2. 上样。设置测试条件（色谱柱：非极性或弱极性弹性石英毛细柱；进样口温度：280 ℃；色谱柱温度：起始温度 60 ℃，保持 2 min，升温速率 10 ℃/min，终温 280 ℃，保持 20 min；传输线温度：280 ℃；载气：He；流量：恒流 1.0 mL/min；离子源：EI；质量范围 40~500 aum；进样方式：分流进样，分流比为 20：1），用微量注射器分别抽取经过处理的样品溶液和检材提取液 1 μL，注入气化室，进行气相色谱质谱联用分析。

3. 谱图分析。得出样品的总离子流色谱图后，选择 78、91、105、119、128、142、85、82、83 等离子对汽油残留物中的主要成分进行检测；选择 57、85、178、192、183 等离子对煤油或柴油残留物中的主要成分进行检测。

五、注意事项

1. 三氯醋酸点滴反应操作时要小心，观察颜色变化要及时。

2. 丙烯醛检验操作应在通风橱中进行。

3. 用薄层色谱法分析动植物油时，点样后，放置一段时间待样点上的溶剂完全挥发以后，再放入到层析缸中进行展开。

4. 在提取和检验油类检材时，一般应进行空白试验，避免载体、溶剂等对检验结果的影响。

5. 比对检验时，应严格控制实验条件完全一致，否则，其色谱峰不具备可比性。

6. 气相色谱质谱联用法检验常见助燃剂时，要做溶剂及空白检材的平行实验，注意容器、试剂等干扰因素的影响。

六、实验作业

1. 完成一种已知的动物油、植物油或矿物油样品的检验。

2. 完成一种未知的油类检材的比对检验。

七、思考题

1. 薄层色谱法定性分析动植物油的依据是什么？

2. 为什么提取浓缩油样时，必须将温度控制在 60 ℃以内？

3. 为什么提取油类检材时，要提取空白样本？

4. 气相色谱质谱联用法检验常见助燃剂的理论依据是什么？

实验 4-10　黏合剂物证检验

一、实验目的

1. 了解并学习用化学方法、生物显微镜法、裂解气相色谱法、红外光谱法检验黏合剂。

2. 通过识别显微镜下各种淀粉颗粒及化学糨糊形态，掌握区分各类淀粉糨糊和化学糨糊的形态特点。

3. 熟悉傅里叶变换红外光谱仪的操作和性能，并通过对黏合剂红外光谱图的解析，进一步了解黏合剂的组成与红外光谱之间的关系。

4. 通过对未知黏合剂的检验，系统掌握黏合剂的各种检验手段。

二、实验原理

不同的黏合剂因其组成不同，化学性质各不相同，在与酸、碱及其相应的试剂相互作用时，可以发生特异性反应。例如，糊精糨糊中的游离羰基、半缩醛结构具有还原性，在与斐林试剂共热时，酒石酸铜中的铜逐渐水解，生成氢氧化铜将羰基氧化成羧基，而氢氧化铜本身则变为氧化亚铜砖红色沉淀。植物胶水在水溶液中为弱酸性，并且可与某些金属盐类反应生成沉淀，如遇碱式醋酸铅产生乙醛糖酸铅白色沉淀。动物胶水中的氨基酸分子中的氨基和羧基可与水合茚三酮发生反应，生成紫色或蓝紫色产物。此外，动物胶水也能与鞣酸、苦味酸生成白色沉淀。

不同种类的淀粉颗粒，具有各不相同的形态，在生物显微镜下经染色后放大一定倍数，可以观察到生、熟淀粉和糊化状态下淀粉的形态及结构上的差异，因此可以区分各类植物淀粉和化学糨糊的形态。该方法主要用来检验淀粉糨糊，也可用来区分淀粉糨糊与化学糨糊。生淀粉不易染色，颗粒形态小。熟淀粉除糯米淀粉染成棕红色外，其他淀粉一般染成蓝色，颗粒膨胀变大，形态大部分已被破坏，极少可见完整的形态。小麦淀粉呈较大圆形和椭圆形，有可见的薄层，并在较大的颗粒上可见到裂缝核心。大米淀粉形态不太规则，聚集呈块状，无薄层也无裂缝。玉米淀粉呈多角形或近似圆形，中间有十字形或丁字形裂纹。土豆淀粉呈卵圆形，有轮纹。糯米淀粉形态不规则，偶尔可见颗粒中间有立体的五角星裂纹。

黏合剂大多为高分子有机化合物，在惰性气体环境中高温裂解，生成与黏合剂物质结构相关联的特征低分子裂解产物，并在气相色谱内实现分离，得到表征各异的色谱峰。不同种类的黏合剂结构不同，所裂解出的分子碎片也不同，从而可以通过峰数、峰位及相对峰高比等对黏合剂进行种类鉴别。

黏合剂的种类不同，组分也不同，主要成分的化学结构及其官能团也不同，体现在红外光谱图上的特征吸收峰的位置也不相同，因此可进行定性分析。特别是对于以人工合成的高分子化合物为原料的有机黏合剂，红外光谱法是最主要的检验方法。

三、实验器材

（一）仪器

黑磁点滴板、酒精灯、火柴、pH 试纸、滤纸、镊子、脱脂棉、生物显微镜、气相色谱仪（配裂解器）、CZ－100 型热丝型裂解器、手术刀、傅里叶变换红外光谱仪、Performer 采样器、压片机、压片装置、红外干燥器、牙签、载玻片、盖玻片。

（二）药品

10% 硫酸铜（$CuSO_4$）溶液、0.001 mol/L 碘-碘化钾（I_2-KI）试剂、氯化锌碘溶液、5% 碱式醋酸铅溶液、0.4% 2，6－二氯苯醌氯酰亚胺、鞣酸试剂、1% 宁西特林试剂、斐林试剂、氨水、0.1% 高锰酸钾试剂、溴化钾（光谱纯、200 目）、乙醇（分析纯）。

（三）样品

糊精糨糊、羧甲基纤维素、植物胶水、动物胶水、小麦淀粉、玉米淀粉、土豆淀粉、大米淀粉、糯米淀粉、办公合成胶水、未知黏合剂样品（沾有黏合剂的纸张）等。

四、实验内容

（一）化学方法检验

1. 糊精糨糊的检验——斐林试剂法。用牙签蘸取少量糊精糨糊于载玻片上，加 1 滴斐林试剂，轻轻搅拌至糊精糨糊与斐林试剂充分混匀，然后在酒精灯上小心加热 30 s 左右，取下冷却。观察沉淀颜色并记录。

2. 羧甲基纤维素的检验——沉淀法。用牙签蘸取少量化学糨糊于载玻片上或黑磁点滴板凹穴中，用 1 滴水稀释溶解后，加 1 滴 10%硫酸铜溶液，观察沉淀颜色并作记录。

3. 检验植物胶水。

(1) 酸性实验。用牙签蘸取少量植物胶水于黑磁点滴板凹穴中，加数滴水稀释，然后用玻璃棒蘸取其水溶液滴在 pH 试纸上，观察 pH 试纸的颜色并记录其 pH。

(2) 碱式醋酸铅检验。用牙签蘸取少量植物胶水置于载玻片的一端，在另一端加 1 滴 5%碱式醋酸铅溶液，然后用牙签轻拨，使两液面相接，观察并记录液面相接后的变化。

4. 检验动物胶水。

(1) 宁西特林实验。取少量动物胶水于滤纸上，加 1 滴宁西特林试剂，在酒精灯上微热烘干，观察并记录颜色变化。

(2) 鞣酸实验。取少量动物胶水于载玻片或黑磁点滴板上，加鞣酸试剂 1 滴，然后记录观察到的现象。

(二) 显微镜法检验

1. 化学糨糊的检验。用少量的羧甲基纤维素于载玻片上，加一滴氯化锌碘溶液，盖上盖玻片。用滤纸吸取盖玻片周围的液体后，将载玻片置于生物显微镜下观察，羧甲基纤维素糨糊呈紫红色絮状纤维素状物。

2. 淀粉糨糊的检验。取少量淀粉，置于载玻片上，加水调和，然后在酒精灯上缓慢加热至糊状。取少量淀粉糨糊，滴加一滴 0.001 mol/L 碘-碘化钾试剂，盖上盖玻片，用滤纸吸取溢出的液体。将已染色的淀粉置于显微镜下观察，不同淀粉颗粒形态不同。

3. 未知样品检材的检验。

(1) 检材的提取。干法取样：用刀将黏着的糨糊刮下，放在滴板上或小烧杯中，这样的方法适合于取干的糨糊或米、面粘贴后的颗粒。湿法取样：在被检物黏有浆或胶的一面，滴一滴热蒸馏水，待浆或胶软化后，用刀刮取，此法适用于取量较少的浆或胶。

(2) 观察形态特征，确定糨糊的种属。

（三）裂解气相色谱法检验

1. 样品处理。取微量胶水检材涂于载玻片上，自然干燥或低温烘干后待检。

2. 上样。设置色谱条件（色谱柱：DM - 5 30 m×32 mm×0.5 μm；检测器：FID；进样口温度：250 ℃；柱温：60 ℃保持 1 min，以 12 ℃/min 速率升温至 280 ℃，保持 10 min；检测器温度：290 ℃；裂解温度：600 ℃；载气流速：40 mL/min；裂解时间：10 s），将处理过的样品依次加入裂解进样器中进行裂解气相色谱分析。

3. 谱图分析。根据色谱峰数、保留时间、峰高（峰面积）等参数进行定性分析，将检材的色谱图与黏合剂标样的气相色谱图进行比对。

（四）红外光谱法检验

1. 样品处理。黏合剂的种类不同，制样方法也有差异。对于液态黏合剂，一般可采用胶膜直接检测法或溴化钾压片法；对于固态黏合剂，可直接用欧米采样器或金刚石池法进行检测。

（1）胶膜直接检测法。用牙签蘸取少量胶水，均匀涂在载玻片上，自然烘干或放入红外干燥器内烘干后，用手术刀片从胶膜边缘轻轻揭起一端待检。

（2）溴化钾压片法。将光谱纯溴化钾（200 目）在研钵中研细，装入称量瓶中，放在红外干燥器内烘烤，除去水分及挥发性物质。再用压片装置，按要求在两芯之间装入溴化钾压成透明薄片，然后将检材涂于溴化钾片上，待溶剂完全挥发，待检。

（3）欧米采样器或金刚石池法。在体视显微镜下，用手术刀、镊子等工具在固体黏合剂上轻轻刮取少量的胶，置于金刚石池上或欧米采样器架上，待检。

2. 检测。选择合适的红外光谱仪工作条件，进行检测，得到样品的红外光谱图。

3. 谱图解析。对得到的红外光谱图进行谱图解析，标出特征红外吸收峰，并通过检索确定所检验的黏合剂样品的种类。

五、注意事项

1. 用化学方法进行动物胶水检验时，不可徒手触摸附有检材的滤纸部位，以免手上的汗液对检验结果产生干扰。

2. 用显微镜法检验黏合剂的过程中，淀粉在加热时，应将淀粉与水搅拌均匀，缓缓加热，一定要掌握好加热程度，防止过度糊化使淀粉颗粒形态受损，影响观察。

3. 在进行显微镜观察前，必须盖上盖玻片，并用滤纸吸取盖玻片周围的溢出液，以防碘液污染和腐蚀镜头。

4. 用红外光谱法检验黏合剂，直接检测胶膜时，揭制的胶膜必须要薄，且面积要足够大，否则影响光的透过率及分析结果。

5. 用手术刀等工具刮取固体黏合剂时，应保持工具洁净，处理每个样品前均用乙醇棉球擦拭干净并风干。

6. 利用裂解气相色谱法检验时，严格控制实验条件相同，否则影响检测的重现性。

六、实验作业

1. 完成一种已知黏合剂样品的检验。
2. 完成一种未知液态黏合剂的比对检验。

七、思考题

1. 用显微镜法检验黏合剂时，淀粉的加热程度对其形态有何影响？
2. 用显微镜检验糨糊时应注意什么？
3. 利用裂解气相色谱法检验黏合剂，判断两种黏合剂种类是否相同，主要考虑哪些参数？
4. 根据胶水和淀粉糨糊的化学结构，结合实验说明淀粉糨糊与合成胶水的红外光谱图有何不同。

实验 4-11　文字色料物证检验

一、实验目的

1. 了解常用文字色料形成的字迹的形态特征与荧光特征，初步判断图文色料的种类。

2. 掌握酸、碱、氧化剂、还原剂等化学试剂对文字色料作用的一般规律。

3. 掌握薄层色谱分析方法的操作技术，学会通过薄层色谱分析方法鉴别相同颜色文字色料是否相同。

4. 了解高效液相色谱仪的工作原理，掌握采用高效液相色谱法进行定性分析的基本方法，学会通过高效液相色谱法鉴别相同颜色文字色料是否相同。

5. 了解显微激光拉曼光谱仪各主要部件的结构和基本操作方法，掌握用显微激光拉曼光谱法鉴别文字色料。

二、实验原理

文字色料通常是由染料或颜料等组成，主要有墨水、墨汁、油墨、墨粉、印油、印泥、蜡笔、铅笔等种类。不同的文字色料由于其所含的化学成分不同，所用的书写工具、打印或印刷工具不同，其形成的字迹会呈现不同的外观特征，有些文字色料在紫外线照射下还会激发出不同颜色的荧光。根据字迹的外观特征和荧光特征，能初步区分墨水、圆珠笔、复写纸、喷墨打印、激光打印、复印字迹的种类。不同的文字色料对酸、碱、氧化剂、还原剂等化学试剂的溶解性能和稳定性也不同。在相同实验条件下，比较检材与样本对试剂所产生的溶解程度及变色反应现象，可初步判断两者的异同。

不同厂家或不同品牌的文字色料，其所用染料或颜料的种类或配比不同，不同种类的染料的分子结构和极性大小各有差异。因此，在相同展开剂和吸附剂中就会有不同的溶解和吸附能力，其在薄层板上展开所形成的斑点比移值、数目、荧光及颜色均会有所不同，在高效液相色谱图上的峰数、峰形、峰的保留时间及峰高比就会有差异，以此作为区分文字色料的种类即生产厂家和牌号的依据。

"拉曼散射"是指一定频率的激光照射到样品表面时，物质中的分子与光子发生能量转移，振动态（例如：原子的摆动和扭动，化学键的摆动和振动）发生不同方式和程度的改变，然后散射出不同频率的光。频率的变化决定于散射物质的特性，不同种类的原子团振动的方式是不同的，因此可以产生与入射光频率有特定差值的散射光，其光谱就称为"指纹光谱"，可以依此原理鉴别出组成物质的分子的种类。

显微拉曼光谱技术是将拉曼光谱分析技术与显微分析技术结合起来的一种应用技术。显微拉曼光谱法不仅具有常规拉曼光谱法的快速、简单、可重复、无损伤的特点，还具有微观、原位、多相态、稳定性好、空间分辨率高等特点。显微激光拉曼光谱测试样品无须特殊处理，即可直接测定，适合对文字色料进行无损分析。

不同种类和牌号的文字色料因为组成及配比不同，在相同波长的激发光源条件下，所得到的拉曼光谱的峰数、峰位及强度也不同，为鉴别文字色料的种类或牌号提供了科学依据。

三、实验器材

（一）仪器

体视显微镜、放大镜、紫外灯、白瓷点滴板、不锈钢镊子、不锈钢剪刀、滴管、Agilent 1100 型高效液相色谱仪、层析缸、硅胶 G 薄层板（已活化）、玻璃板、量筒、天平、毛细管、玻璃棒、镊子、具塞塑料管、试管烘箱、显微激光拉曼光谱仪、载玻片、小手术刀、双面胶。

（二）药品

去离子水、50% 乙醇、95% 乙醇、0.1% 草酸氢钾溶液、30% 醋酸溶液、10% 盐酸溶液、10% 硫酸溶液、浓硫酸、10% 氨水、10% 氢氧化钠溶液、丙酮、乙醚、三氯甲烷、宁西特林溶液（1 g 水合茚三酮溶于 100 mL 丙酮中）、二甲基甲酰胺、羧甲基纤维素、正丁醇、甲醇、无水乙醇、石油醚、蒸馏水、乙腈（色谱纯）、冰醋酸（色谱纯）。

（三）样品

常用的各色钢笔墨水字迹样本、各色签字笔字迹样本、各色喷墨打印字迹样本、墨汁毛笔字迹样本、各色圆珠笔字迹样本、各种激光打印字迹样本、各种复印字迹样本、各种印刷字迹样本、复写纸字迹样本、各色印油字迹样本、各色印泥字迹样本、各色蜡笔字迹样本、铅笔字迹样本等。

四、实验内容

（一）理化法检验

1. 紫外荧光检验。分别取各种字迹样本，置于紫外灯下观察字迹的荧光颜色与强弱。

2. 溶解及变色反应。分别剪取各种字迹样本笔画，每份长度为 4 mm 左右，用小镊子夹至白瓷点滴板的凹穴中，分别用毛细管滴加去离子水、50%乙醇、95%乙醇、0.1%草酸氢钾溶液、30%醋酸、10%盐酸、10%硫酸、浓硫酸、10%氨水、10%氢氧化钠溶液、丙酮、乙醚、三氯甲烷、宁西特林溶液、二甲基甲酰胺于字迹笔画上，观察同种颜色的字迹样本在不同试剂中的溶解、变色情况。

（二）薄层色谱法检验

1. 色料提取。按样品编号剪取适量的文字笔痕样品，置于 1.5 mL 具塞塑料小管中，加适量提取剂浸取（以刚没过样品为宜），使笔痕上的色料溶解，然后用镊子将小纸片夹出，将溶液置于水浴上浓缩，备用。

提取剂的选择：蓝黑墨水用 0.1%草酸氢钾溶液提取；染料墨水、打印墨水用 50%乙醇溶液提取；签字笔墨水用二甲基甲酰胺或 50%乙醇提取；圆珠笔油墨用甲醇或 50%乙醇提取；复写纸油墨用无水乙醇提取；印刷油墨和复印墨粉用丙酮或三氯甲烷提取；印泥、印油用三氯甲烷或石油醚提取；墨汁用 95%乙醇提取。

2. 点样。将活化后的薄层板取出，用毛细管吸取提取液，在薄层板上点样。

3. 展开。将 15~20 mL 配好的展开剂倒入层析缸中，盖好毛玻璃板，轻轻晃动数次，待展开剂达到饱和后，小心放入点好样的薄层板。薄层板一般与水平面成 70°以上夹角，展开剂浸没薄层板下端的高度为 0.5~1 cm，注意不能浸没点样点。展开时，不能移动或振动层析缸。待展开剂的前沿至距薄层板上边缘 10 cm 时，将薄层板取出，用笔标出展开剂前沿的位置。

4. 分析。待展开剂完全挥发后，观察薄层板上斑点的颜色、数量，计算其比移值，并做好记录。

（三）高效液相色谱法检验

1. 色料提取。剪取适量的文字笔痕样品长约 1 cm，放入小试管中，加入 1 mL 提取剂，振荡 10 min 后，移出文字笔痕的提取液，取 20 μL 备检。

2. 空白对照。取空白纸条 1 cm，放入小试管中，加入 1 mL 提取剂（同上），振荡 10 min 后，移出提取液，取 20 μL 备检。

3. 测试。设置仪器分析条件（C_{18} 色谱柱；检测波长：580 nm；流动相：乙腈：水：冰醋酸（体积比＝60：40：1），所有流动相溶液在使用前均经过 G_6 耐酸漏斗过滤；流速：1.0 mL/min），进样测试。

4. 谱图分析。根据色谱峰数、保留时间、峰面积等参数对不同种类的文字色料样品进行比对分析。

（四）显微激光拉曼光谱法检验

设置测试条件（激发波长：532 nm/633 nm/785 nm；输出功率：1%；物镜放大倍数：50 倍；检测器：多通道 CCD；扫描范围：$100 \sim 3000$ cm^{-1}），对仪器进行校准后，直接将样品放置在拉曼光谱仪显微镜的扫描台上；或用小手术刀取笔痕样品 1 mm×1 mm，用双面胶将小纸片粘在载玻片上，以防滑动，再将载玻片放在显微镜下。通过显微镜将光点聚焦在笔痕的墨迹表面，采集文字色料的拉曼光谱。对同一样品，在相同光谱条件下，分别进行三次测试，获得三组数据供分析。再通过显微镜将光点聚焦在笔痕旁空白处的纸张表面，用同样波长的激光激发，测试条件不变，采集纸张背景的拉曼光谱。分别进行三次测试，获得三组数据供分析。在相同光谱条件下，测试未知检材的拉曼光谱。

五、注意事项

1. 进行溶解性能与变色反应时，剪取笔画时，尽量使每份试样的文字色料量相近，便于比较异同。

2. 点样的斑点直径尽量小，不要超过 2 mm，防止出现斑点拖尾或分离不清。

3. 薄层板上的原点不得浸入展开剂中。

4. 展开时要在通风橱内进行，待展开剂完全挥发后移出通风橱。

5. 激光是一种强光，易对人眼等造成损伤。实验时应注意不要让激光直接射入眼睛，严格执行安全规则。

六、实验作业

1. 完成一种已知文字色料样品的检验。
2. 完成一种未知文字色料的比对检验。

七、思考题

1. 如何区分黑色墨水钢笔字迹与黑色签字笔字迹？
2. 各类文字色料在不同化学试剂中的溶解性能和变色有何规律？
3. 薄层色谱法鉴别文字色料的依据是什么？
4. 如果点样斑点被展开剂浸没，会引起什么样的结果？
5. 高效液相色谱法检验文字色料的依据是什么？
6. 显微激光拉曼光谱法鉴别文字色料的依据是什么？

实验 4-12　常见炸药残留物检验

一、实验目的

1. 了解炸药的化学成分及性质，了解和学习炸药残留物的提取方法。
2. 学习并掌握炸药残留物的现场快速检验方法。
3. 掌握炸药残留物中无机和有机成分的检验方法。

二、实验原理

炸药按用途可分为起爆药、猛炸药、发射药等。起爆药主要用于制造雷管、起爆猛炸药，如雷汞、叠氮化铅、二硝基重氮酚等。猛炸药可分为高级炸药和中级炸药，高级炸药主要有梯恩梯、黑索金、太恩、特屈儿、高威力硝铵炸药等；中级炸药有铵梯炸药等。猛炸药与起爆药相比，性质比较稳定，对外界作用感度较低，不易爆炸，通常需要起爆药才能引爆。发射药主要用于制造导火索、点火药、延期药及枪弹发射药等，如硝化棉和硝化甘油。

炸药的种类繁多，通过对现场爆炸残留物的快速检验，可迅速初步认定炸药种类。各类炸药的成分不同，因此对显色剂的反应也不相同。利用各种化学反应对炸药残留物进行现场快速检验是常用的化学检测法。

高效液相色谱法是采用高压输液泵将规定的流动相泵入装有填充剂的色谱柱，对供试品进行分离测定的色谱方法。注入的供试品，由流动相带入柱内，各组分在柱内被分离，并依次进入检测器，由积分仪或数据处理系统记录和处理色谱信号，通过在相同色谱条件下与标准品的保留时间进行比对，来定性分析检材。用高效液相色谱法可以定性分析炸药中的有机成分。

三、实验器材

（一）仪器

体视显微镜、电子天平、离心机、水浴锅、酒精灯、各种型号的试剂瓶、点滴板（白色、黑色）、试管、试管架、滤纸、载玻片、表面皿、石蕊试纸、脱脂棉、高效液相色谱仪、分析天平、50 mL 容量瓶、烧杯等。

（二）药品

0.05%马钱子碱浓硫酸试剂、浓硫酸、6 mol/L 硝酸溶液、1 mol/L 硝酸钾溶液、5%硝酸银溶液、6%亚硝酸钠溶液、0.05 mol/L 碳酸锌溶液、5%氢氧化钠溶液、20%氢氧化钠溶液、30%氢氧化钠溶液、3%亚硝酰铁氰化钠溶液、10%硫酸溶液、浓盐酸、硫酸亚铁、二苯胺、氨水、0.05 mol/L 硝酸汞溶液、50%乙二胺丙酮溶液、亚硝酸、6 mol/L 乙酸溶液、六水合硝酸钴、萘氏试剂（1 g 氯化汞溶于 70 mL 水中，加碘化钾 3.5 g，再加 25%氢氧化钾溶液 30 mL 制得）、丙酮、无水乙醇、去离子水等。

（三）样品

标准样品：梯恩梯、黑索金、特屈儿、雷汞、硝铵炸药、黑火药。检材样品：梯恩梯、硝铵等混合炸药爆炸尘土。

四、实验内容

（一）现场快速检验

1. pH 试纸法。将检材制成水溶液，用 pH 试纸检验。若试纸变红色，则检液呈酸性，说明检液中含有硝酸酯类炸药（如太恩）；若试纸没有变色，则检液为中性，说明检材中有硝铵类炸药（如黑索金、特屈儿等）或硝铵混合炸药；若试纸变蓝色，则检液呈碱性，说明检材中有黑火药或含铝的烟火剂。

2. 化学喷显剂显色法。

（1）梯恩梯炸药喷显剂（TH1）。先取圆形 T 试纸收取检材（可擦拭或将被检物撒在其上），然后喷上 TH1 至试纸润湿，如有粉红色出现，则可能存在梯恩梯炸药成分；如无颜色出现，说明无梯恩梯炸药成分。

（2）黑索金及硝酸酯类炸药喷显剂（AD29）。将检材置于方形 HY 还原纸上，喷上 AD29 至纸湿透，如在 5~20 s 内，出现紫红色现象，说明可能有黑索金或硝酸酯类炸药；如无颜色反应，说明无这类炸药。

（3）当检材极少时，可在同一张 HY 还原纸上进行 TNT、黑索金和太恩三类炸药检测。用 HY 还原纸取检材，先喷上 AD29，在 25 s 内观察颜色变化，如有紫红色出现，则可能存在有黑索金；然后再喷 TH1，待试纸上溶液稍干后再重喷一次 TH1，使试纸上溶剂由酸性转化为碱性，在 5 s 内观察颜色变化，如有粉红色出现，说明有 TNT 炸药；如无颜色反应，说明无这类炸药；如使用两种喷显剂后都有紫红色或粉红色出现，说明含有梯恩梯、黑索金或硝酸酯类混合炸药（如梯恩梯与黑索金混合炸药）。

（二）检材处理

称取爆炸尘土检材 5~10 g 于烧杯中，用去离子水浸泡搅拌 10 min 后过滤，重复提取一次，合并两次提取液后浓缩至 1~3 mL 供检。

（三）化学分析法检验炸药中的无机离子

1. NO_3^- 的检验——硫酸亚铁法（棕色环实验）。

原理：硝酸根离子有氧化性，在酸性溶液中能使亚铁离子氧化成铁离子，而自身则还原为一氧化氮。一氧化氮能与许多金属盐结合生成不稳定的亚硝基化合物。一氧化氮与硫酸亚铁反应即生成深棕色的硫酸亚硝基铁：

$$3Fe^{2+}+NO_3^-+4H^+=3Fe^{3+}+2H_2O+NO\uparrow$$

$$FeSO_4+NO=Fe（NO）SO_4$$

操作：取一支干净的 10 mL 试管，加入 1 mol/L 的硝酸钾溶液 3 mL 和 1 mol/L 的硫酸亚铁溶液 3 mL，振摇，混合均匀。斜持试管，沿试管壁慢慢注入浓硫酸 3 mL，使密度较大的浓硫酸沉入试管的底部，同硝酸钾和硫酸亚铁的混合溶液分成两层。稍待片刻，把试管慢慢竖直，不久，两层液体间就有一个棕色的环生成。

注意：硫酸亚铁必须是新制备的，硫酸必须是浓的。操作时不能把溶液摇浑浊。

2. S^{2-} 的检验——亚硝酰铁氰化钠法。取检液 4 滴于试管内，加 5% 氢氧化钠溶液 4 滴，再加 4 滴 3% 亚硝酰铁氰化钠溶液，若溶液变为红紫色，再加入数滴 10% 硫酸，颜色褪去，表示有 S^{2-} 存在。

3. ClO_3^- 的检验——亚硝酸钠法。取 5 滴检液于离心试管中，加 2 滴 6 mol/L 硝酸酸化，再加 2 滴 5% 硝酸银溶液。若无白色溶液（如有则先离心除去），再加 2 滴 5% 亚硝酸钠溶液，若出现白色沉淀，则表示有 ClO_3^- 存在。

4. K^+ 的检验——六硝基合钴酸钠法。取检液 4 滴于试管内，加 5% 六硝基合钴酸钠溶液 4 滴，若生成亮黄色沉淀，则表示有 K^+ 存在。

六硝基合钴酸钠的配制方法：溶解 23 g 亚硝酸钠于 50 mL 水中，加入 6 mol/L 的乙酸 16.5 mL 以及六水合硝酸钴 3 g，过滤，静置过夜，取上清液备用。

5. NH$_4^+$的检验——气室法。取检液 1 mL 于表面皿中,加入 30% 氢氧化钠溶液数滴,盖上内壁附有用去离子水润湿的红色石蕊试纸的另一表面皿,然后在水浴上加热数分钟,若试纸变蓝,表示有 NH$_4^+$存在。NH$_4^+$的检验——萘氏试剂法。取检液 2~3 滴于点滴板上,滴加萘氏试剂 3~4 滴,若有棕黄色沉淀生成,表示有 NH$_4^+$存在。

(四)高效液相色谱法检验炸药中的有机成分

1. 标准品溶液配制。用丙酮作溶剂,配制 100 mg/L 的梯恩梯、黑索金、特屈儿的标准溶液,临用时稀释至 10 mg/L。

2. 检材处理。用丙酮溶解爆炸尘土,经过滤、离心、浓缩处理后备用。

3. 高效液相色谱法分析。(1)色谱条件。色谱柱:Waters XTerra Phenyl, 3.5 μm, 2.1×150 mm;柱温:40 ℃;流动相:80% A (10 mmol/L 甲酸铵, pH=3.8):20% B (IPA);流速:0.25 mL/min;进样量:10 μL;检测器:UV,254 nm。

(2)操作。经过提取、净化、浓缩后的样品首先经 0.45 μm 的滤膜过滤,然后在氮气流下吹干,再用本次实验的流动相溶解,获得透明澄清(否则需再次过滤)的样品溶液后,进行进样操作。

(五)实验结果记录与结论

1. 实验结果记录。记录各反应产生的实验现象。

2. 结论。根据检验结果,判断爆炸尘土中所含炸药的种类。

五、注意事项

1. 爆炸尘土中常见的无机离子在自然界中也广泛存在,因此一定要做空白试验。

2. 用化学喷显剂检验炸药时,需要注意显色时间,喷 TH1 后要观察 5 s,而喷 AD29 后要观察 20 s,这样才能得出准确结论。

3. 各种炸药均属危险品,实验时不可多取,不可用金属勺等坚硬物体刮取,也不许任意撒落在地上或实验台上,检验用过的废液应收集在指定容器内,按规定的方法销毁,不可直接倒入下水道。

4. 本实验加热要用水浴进行,切勿用明火加热。

5. 丙酮等有机溶剂易挥发,操作时应在通风橱中快速进行。

六、实验作业

1. 完成炸药残留物的提取。
2. 完成爆炸尘土的定性检验。

七、思考题

1. 如何提取爆炸案件现场的爆炸尘土检材？
2. 溶解爆炸尘土时可否用自来水代替去离子水？
3. 用硫酸亚铁法检测 NO_3^- 时，浓硫酸为什么要沿试管壁缓慢加入？
4. 应如何选择提取检材的溶剂？

实验 4-13　射击残留物检验

一、实验目的

1. 学习用脱脂棉签提取射击者手上的射击残留物以及被射客体弹孔周围射击残留物的方法，学习用化学显色法快速检验射击者手上的射击残留物。

2. 学习并掌握扫描电镜/能谱仪检验射击残留物的分析技术。

3. 学习并掌握高效液相色谱法检验射击残留物中硝化甘油、二苯胺等的分析技术。

二、实验原理

射击残留物是枪击发枪弹后留在各种载体上的发射药残留物、击发药残留物以及弹头与枪管内腔线间摩擦产生的金属残留物。发射药残留物包括硝化棉、硝化甘油、二苯胺、2 号中定剂、NO_3^- 和 NO_2^- 等，击发药残留物含有 Ba、Sb 等元素，金属残留物中含有 Cu、Pb、Fe、Zn 等元素。

射击残留物组分及数量多少与枪支种类、枪弹种类、目标客体情况、射击距离、提取时间及提取方式等密切相关。因此，提取不同客体上的射击残留物时，要结合现场情况并综合考虑射击残留物受周围环境影响的分布情况，在射击残留物的重点分布部位，即射击者的手、脸和袖口，被射客体弹孔周围的客体表面和嫌疑枪支的枪管内部和枪管口处，选择擦取法、扫描电镜专用取样器粘取法等方法提取射击残留物。

化学显色法是利用射击残留物中的无机成分与某些试剂作用，生成具有特征颜色的化合物。化学显色法方便、快速，且操作简单，常用于现场快速检验犯罪嫌疑人手上的击发药残留物，以初步判定是否为射击者。

扫描电镜/能谱仪可对微小物体颗粒进行微观形态观察和元素成分分析，利用这些特征来检测和认定射击残留物。由于射击时枪管内的高温高压环境，射击残留物中来自击发药的残留物多为熔融状微米级的球形颗粒，用扫描电镜对可疑射击残留物颗粒进行微观形态观察，结合能谱仪可对其进行元素分析，从而确定其是否为射击残留物颗粒，因此其检测结果具有很强的特定性。

高效液相色谱法检验发射药残留物是根据不同种类的发射药中，其各组分的分子结构和极性大小各有差异，在高效液相色谱上的峰数、峰形、峰的保留时间及峰高比有差异，与已知成分的标准样品进行对照，检出发射药的成分及其含量，为确定枪支种类、推断射击距离等提供依据。

三、实验器材

（一）仪器

扫描电镜/能谱仪、扫描电镜专用取样台、扫描电镜专用导电胶、体视显微镜、Agilent 1100 型高效液相色谱仪、进样针、试管、点滴板、滴管、胶带。

（二）药品

硝化甘油、二苯胺、二甲基二苯基脲、玫棕酸钠、丙酮、乙醇、蒸馏水。

（三）样品

射击残留物样品若干。

四、实验内容

（一）化学显色法检验射击残留物

用脱脂棉签擦取射击者手上的射击残留物，滴加 0.5% 的玫棕酸钠水溶液，若出现紫红色，则表示有铅和钡的存在。

（二）扫描电镜/能谱仪检验射击残留物

1. 提取。用新的未被污染的胶带在射击者的拇指、食指、虎口及手背部逐一粘满、贴实，取下后包装好并编号。

2. 样品制备及观察。首先在体视显微镜下分别观察提取后的胶带上颗粒分布情况，然后剪取适当区域的胶带固定于扫描电镜的样品台上，并做好标记。在扫描电镜下仔细观察各个固体颗粒的形态，寻找火药颗粒。燃烧后的火药颗粒，具有典型的球形形态，粒径在 0.5~50 μm 之间，表面不光滑，并且有许多的小块。记录火药颗粒的粒径、观察到的形态。

3. X 射线能谱分析。在找到的射击残留物颗粒表面选择 3 个点采集能谱。

（三）高效液相色谱法检验射击残留物

1. 射击残留物的提取。用丙酮冲洗射击残留物，洗液自然挥干，残渣用无水乙醇溶解，离心取上清液，供高效液相色谱仪检验。

2. 仪器分析条件。C 色谱柱；检测波长：210 nm；流动相：甲醇-水（体积比为 7∶3），所有流动相溶液在使用前均经过耐酸漏斗过滤；流速：1.0 mL/min。

3. 结果分析。将所测得的色谱图与标准品的液相色谱图比较，根据保留时间进行定性分析，根据峰面积进行定量分析，从而确定射击残留物的种类和成分。

五、注意事项

1. 用化学法检验射击残留物时，一定要做空白试验。

2. 扫描电镜/能谱仪检验射击残留物时，注意干扰元素的影响。

3. 样品处理应特别小心，要正确地提取和包装射击残留物检材，防止提取不完全、提取物丢失或被污染，影响测量结果。

六、实验作业

1. 完成射击者手上以及被射客体弹孔周围射击残留物的提取。

2. 完成射击残留物的定性检验。

七、思考题

1. 射击残留物中的主要特征元素有哪些？

2. 判断是否为射击残留物的主要依据是什么？

3. 用高效液相色谱法检验射击残留物时，为什么不检验硝化棉？

项目五　法医与生物物证检验

实验 5-1　尸体现象观察

一、实验目的

通过教学录像、大体标本及组织切片的观察，了解、分辨常见的各种早、晚期尸体现象，熟悉其形成机制、发生发展变化，掌握其法医学意义。

二、实验原理

本实验采取直接观察法，通过对各种尸体现象的肉眼检查，结合显微镜下观察，分析常见的各种早、晚期尸体现象的形成机制、发生发展变化，掌握其法医学意义。

三、实验器材

显微镜、大体标本及组织切片、尸体现象教学录像、投影仪。

四、实验内容

（一）实验方法

肉眼检查及显微镜观察。

（二）具体内容

1. 肉眼检查各种尸体现象。

（1）尸斑及皮下出血。

仰卧位尸体后背部未受压处可见大片状尸斑，色红，手指压迫不褪色，处于尸斑浸润期，尸斑处切开无血凝块，生前皮下出血切开可见血凝块。

（2）尸斑的颜色。

一氧化碳中毒死者，后背部大片状尸斑呈粉红色，窒息死者尸斑呈暗红色。

（3）角膜混浊。

角膜轻度混浊（薄雾状），为死后 10～12 h；角膜中度混浊（似薄云），瞳孔尚能透视，为死后 12～24 h；角膜严重混浊（似厚白云），为死后两天，瞳孔不能透视，角膜不透明。

（4）尸绿。

尸体右下腹可见腐败绿斑，由硫化氢与血红蛋白结合生成硫化血红蛋白，或与铁离子结合形成硫化铁，使皮肤呈现墨绿色所致。腐败绿斑与生前皮下出血的青紫色极相似，鉴别方法是切开该处皮肤，尸绿处的皮下组织呈墨绿色，无凝血块，皮下出血处的皮下组织有凝血块，擦洗不去。

（5）腐败血管网。

双下肢可见以血管为中心的粗线条，指压不褪色。

（6）干尸。

外观皮肤皱缩干硬似皮革，紧贴骨骼，呈黑褐色，前腹紧贴腹腔后壁，尸重减轻，生前容貌消失。

（7）尸蜡。

尸体外形保存较好，质量减轻，呈棕黄色，有油腻感，呈蜡状，质脆。

（8）死后动物破坏。

肢体或躯体的其他部位被动物咬食缺失，皮肤创缘和整个创面不整齐，色苍白，无出血等反应。

2. 结合显微镜继续观察。

（1）尸斑。

肉眼观察：取尸斑处皮肤切片，呈粉染条状。

低倍镜观察：皮肤层次分明，表皮完整，有角化层覆盖，表皮与真皮乳头相嵌，真皮乳头及真皮内小静脉与毛细血管扩张。

高倍镜观察：真皮层胶原肿胀，间隙增宽，扩张的血管内充满红细胞。红细胞体积增大，着色浅淡，有的呈空泡状，仅存细胞膜，有的血管周围可见白细胞。

（2）肝脏自溶。

肉眼观察：为一不规则形粉染切片。

低倍镜观察：肝脏微细结构不清，肝小叶消失、肝索解离，汇管区结构模糊不清，可见散在的圆形空泡。

高倍镜观察：肝细胞正常形态消失，呈星梭形或长条状，嗜伊红性增强，大部分尚可见细胞核，偶见双核，核质结构不清，部分肝细胞完全破裂。

（3）肾脏自溶。

肉眼观察：为类半圆形粉染切片。

低倍镜观察：可见肾皮质、髓质及肾乳头部分，结构层次尚清楚。

高倍镜观察：部分肾被膜稍增厚，皮质肾小球结构清晰，毛细血管略扩张，充满红细胞，肾小囊内可见粉染物。大部分近曲小管上皮细胞脱落，细胞核消失，细胞溶解碎裂，管腔结构不清，远曲小管上皮细胞核尚清楚，大部分与基底膜分离，髓质各肾小管上皮细胞核较清晰，细胞质空亮，与基底膜分离，间质血管扩张充满红细胞，肾乳头处附有少量粉染红细胞，肾被膜周围有散在淋巴细胞。

（4）胃组织自溶。

肉眼观察：切片呈粉染条状。

低倍镜观察：黏膜层结构破坏，黏膜下层血管扩张充满红细胞，肌层由三层平滑肌组成，排列疏松。

高倍镜观察：胃黏膜腺体缺失，固有膜疏松、模糊，胃底腺细胞粉染，胞核不清。固有层中散在分布淋巴细胞，黏膜肌层结构不清。黏膜下层血管极度扩张充满形状不一的淡染红细胞，平滑肌细胞粉染，核浓染变小，间质疏松。

（5）腐败胰腺。

肉眼观察：为粉染分叶状组织，其中有较多圆形小空泡。

低倍镜观察：可见粉染胰腺小叶，腺泡细胞呈一致性粉染，核不清，胰腺小叶内有许多空泡。

高倍镜观察：腺细胞形状不一或不完整，核不清，与基底膜分离。胰腺小叶内部分空泡中有少量粉色絮状物，间质疏松增宽。死后胰腺极易发生自溶，组织正常结构几近消失。

五、注意事项

1. 注意早、晚期尸体现象的分类，注意各种尸体现象发生、发展过程中的不同变化及影响因素。

2. 检查、观察尸体现象的同时做好记录，记录要求全面、完整、客观。

六、实验作业

每人独立完成尸体现象观察记录并对尸体现象的形成机制、特点等做初步分析。

七、思考题

1. 各种尸体现象的法医学意义是什么?

2. 尸体现象如何分类?

3. 尸斑与皮下出血如何鉴别?

实验 5-2　机械性损伤的类型——钝器伤

一、实验目的

通过对常见钝性外力所致人体损伤标本及相应组织切片的观察，了解钝性外力损伤的大体所见和显微镜下组织学特点，为甄别损伤类型、推测和认定致伤物、推断损伤形成时间、鉴定损伤程度奠定基础。

二、实验原理

本实验采取直接观察法，通过对各种钝器伤的肉眼检查，结合显微镜下观察，分析其形成机制、法医学意义，进而甄别损伤类型，推断致伤物、损伤形成时间，分析暴力作用方向、作用部位、次数等，以还原致伤过程。

三、实验器材

显微镜、大体标本及组织切片、幻灯片、投影仪。

四、实验内容

（一）实验方法

肉眼检查及显微镜观察。

（二）具体内容

1. 肉眼检查各种钝器伤。

（1）表皮剥脱。

在皮肤上有一长椭圆形变色区，有表皮缺失，呈褐黄色。可根据形状和残留表皮的性状，推断作用物体的性状和外力作用的方向。

（2）皮下出血。

可见皮下组织不规则出血，界限清楚，无表皮剥脱，出血区颜色深浅不一。

（3）挫裂创。

头皮创口呈新月形，创缘外翻不整齐，创壁粗糙，不光滑，有组织间桥，创腔不规则,创底达颅骨,创周皮肤有片状表皮剥脱及皮下出血。

(4)胫骨骨折,挫裂创。

可见不规则创口,有多个创角,有的尖锐,有的较钝,创壁不完整,皮下组织外翻,创底可见胫骨断端。

(5)脊柱骨折。

可见脊柱骨折、断裂,椎体呈粉碎性骨折,脊柱骨折处韧带断裂。

(6)多发性肋骨骨折。

可见多根肋骨骨折,骨折近端向外突起,肋间肌出血,壁层胸膜破裂。

(7)肝破裂。

右叶有多个不规则破裂口,破裂口内有相互连接的纤维结缔组织——组织间桥。

(8)肾破裂。

肾广泛破裂,有多个破裂口,破裂缘不整齐。

(9)肺破裂。

右肺下叶有一纵行自叶间至膈面的破裂灶,创面不平,有间桥组织。

2. 组织切片观察。

(1)皮肤挫伤。

肉眼观察:为条状粉染皮肤组织。

低倍镜观察:表皮不完整,可见局部缺损。

高倍镜观察:表皮缺失处胶原裸露、肿胀,呈一致性红染,其间夹杂大量红细胞、血痂及异物,皮下脂肪组织中也可见到大量红细胞。缺损周边处上皮细胞核染色深,呈长杆状平行排列。

(2)皮下出血。

肉眼观察:为条状头皮组织,皮下结缔组织红染。

低倍镜观察:皮下脂肪组织和结缔组织内有片状红染区。

高倍镜观察:真皮结缔组织内有散在红细胞;皮下脂肪、结缔组织内有大量红细胞,红细胞部分外形完整,染色较深,部分呈星形淡染,胶原组织肿胀,呈嗜伊红性,并有中性粒细胞、单核细胞浸润。

(3)肝破裂。

肉眼观察:肝组织破碎零散。

低倍镜观察:肝组织破碎呈多个碎片状。

高倍镜观察：破碎边缘肝细胞核消失，或细胞破裂。小叶中央静脉和汇管部血管空虚，肝细胞浆内有颗粒出现，肝窦内白细胞增多，汇管部有少量淋巴细胞浸润。

五、注意事项

1. 注意常见钝器伤的分类、特点及形成机制，注意钝器伤和锐器伤的鉴别要点。

2. 检查、观察各类钝器伤的同时做好记录和拍照、摄影。

3. 有多处损伤时，应按照顺时针方向，分别测量、标记，并确定是否为致命伤，记录单位为法定计量单位。

六、实验作业

每人独立完成钝器伤的观察记录并对各类钝器伤的形成机制、特点等做初步分析。

七、思考题

1. 常见钝器伤的类型有哪些？
2. 各类钝器伤的特点及形成机制是什么？
3. 钝器伤和锐器伤的鉴别要点是什么？

实验 5-3　法医学尸体检验

一、实验目的

1. 了解法医学尸体检验相关的法律、法规、规范等。

2. 明确法医学尸体解剖的对象及重要意义。

3. 熟悉法医学尸体检验的程序、方法，尸体检验的基本内容和主要步骤。

4. 熟悉尸体检验的正确描述和记录方法。

二、实验原理

通过现场观摩，熟悉法医学尸体检验的程序、方法，尸体检验的基本内容和主要步骤，验证课堂所学尸体现象表现及法医学意义。

三、实验器材

尸体解剖台一个、解剖箱一个、常用解剖器材、尸体一具，照明设备、通风系统、消毒设施、摄像系统，等等。

四、实验内容

（一）实验方法

观摩法医学尸体解剖示教。

（二）具体内容

1. 尸体表面检查。

（1）观察尸体一般情况：性别、年龄、营养发育、身长、头发、衣着等。

（2）尸体现象、尸体体表损伤和异常的观察和记录。

（3）尸表各部分检验。

①头面部：发长、颜色、数量，头发上有无附着物，头皮有无损伤，颅骨有无骨折，面部有无肿胀、发绀、出血及损伤。眼睑有无水肿及皮下出血，

结膜是否充血及出血，巩膜有无黄染，角膜混浊程度及瞳孔大小，瞳孔是否为等圆，鼻根是否偏位、塌陷，鼻腔及外耳道有无分泌物或血液，鼻孔周围有无泡沫及压痕，口唇有无紫绀、损伤，口唇是否干燥，口角及下颌皮肤有无流注及腐蚀痕，齿龈有无破损。牙齿是否完整，有无松动，舌的位置及是否有咬痕。

②颈部：气管是否居中，甲状腺有无肿大，颈部有无损伤、扼痕、索沟、压痕。

③胸部：胸廓前后径及左右径大小，胸廓外形有无病理性改变、有无注射针眼，胸部有无损伤，肋骨有无骨折。女性乳房有无肿块及咬伤。

④腹部：是否平坦，腹壁有无静脉怒张、损伤及疤痕等。

⑤会阴及肛门：阴囊、睾丸有无损伤，阴囊干燥情况。女性外生殖器有无血痕、精液等附着，前庭有无损伤，阴道内有无异物，处女膜是否完整，肛门内有无异物。

⑥躯干及四肢：躯干有无压痕、皮下出血，脊性有无骨折或畸形，腰骶部有无褥疮，臀部有无注射针眼；上、下肢有无骨折及关节脱位，肢体有无损伤，有无注射针痕，指甲内有无异物，手中是否抓有物体或附着有异物；女尸大腿内侧有无损伤及精斑附着。

2. 尸体解剖检验。

（1）沿正中线做直线切口，依次打开尸体胸腔、腹腔，观察胸腹腔内各脏器情况。

（2）各体腔内脏器、组织检查：

①头皮内、外侧颞肌、颅骨、颅底、硬脑膜等的情况。

②脑及脊髓：脑质量、有无肿胀，表面有无出血、冲击伤及对冲伤等，大脑各切面所见情况，有无出血、脑挫伤等。小脑扁桃体是否疝入枕骨大孔，脊髓有无出血损伤、软化坏死等。

③胸腹腔：各脏器位置，各脏器有无粘连、积血或积液，积液或积血的量，腹膜是否光滑等。

④心包腔及心脏：心包膜是否完整，心包腔内是否有积液或积血，积液或积血量的多少，心脏质量、形状，心脏有无损伤，心外膜性状，外膜下有无出血点，冠状动脉各主要分支情况，心脏各室壁厚度、各瓣膜周长，有无发育异常或病理改变，室壁及室间隔切面有无梗死或挫伤，内膜有无增厚，

内膜下有无出血，左、右冠状动脉是否通畅及阻塞程度，主动脉及冠状动脉是否有粥样硬化及程度。

⑤肺脏及气管：气管内有无异物、出血及分泌物，黏膜充血程度或出血等；左右肺质量、大小，有无充血、水肿，肺切面颜色，有无出血、梗塞灶等。

⑥颈部：肌肉有无受压、出血；淋巴结大小；动脉、静脉检验所见；甲状软骨及舌骨有无骨折，甲状腺质量、大小，有无结节，被膜及切面情况。

⑦脾脏：质量、大小、颜色，被膜是否光滑，有无皱褶，切面颜色，红白髓界线是否清楚，被膜下有无梗死灶。

⑧肾脏：左右肾脏大小、质量，肾表面颜色、性状，被膜是否容易剥离，切面性状、颜色，皮髓质界线是否清晰，有无充血、水肿，皮质厚度，肾盂黏膜有无充血、水肿及炎性分泌物。

⑨肾上腺：双侧肾上腺大小、质量、被膜及表面性状，切面皮质及髓质有无增生、萎缩或出血等。

⑩胃及其他：胃壁有无破裂、穿孔及结节，胃内容物性状及数量，胃黏膜情况。

肠：十二指肠、空肠、回肠及结肠各段肠管表面性状，内容物及黏膜的检验所见。

肝脏：大小、质量，边缘是锐利还是圆钝，被膜色泽，有无挫伤、出血、破裂，肝脏硬度，切面颜色，肝小叶是否清晰，有无出血、硬化改变。胆囊及胆管内有无结石、炎症等改变。

胰腺：质量及长度，胰腺被膜是否光滑，有无出血，头、体、尾各段切面是否有出血及出血范围。

子宫及附件：子宫的大小、外观，输卵管是否完好，有无宫外孕，双侧卵巢的大小、形状，有无异常改变等。

五、注意事项

1. 注意操作过程中的安全，记录要全面、完整、客观。

2. 做好详细的准备工作，全面收集有关资料，包括案件的卷宗，调查材料或病历，并进行登记、笔录、摄影等工作，向学生介绍案情。

3. 做好登记工作，包括死者编号、姓名、年龄、性别、籍贯、职业、工作单位，以及发现尸体的地点和时间、案情经过，要求鉴定及检验的事项，委托单位及委托人姓名等。

4. 系统检验及剖验尸体，对体表的各种损伤均需逐一检查，尸体解剖要全面，颅腔、胸腔、腹腔及脊髓腔均应剖开检验，避免遗漏重要损伤或病变。

5. 记录规范全面，记录用语确切，简明扼要，不仅要记录损伤的解剖位置、大小，描述创及创周改变，还要对创的各部分特征详细描述、记录，并按检查顺序对损伤编号。

6. 必要时，按要求提取组织器官或体液等检材，取材的部位要有代表性，各个器官不能遗漏。

7. 在现场对尸体的姿势、外貌、衣服、损伤等摄影取证，尸体剖验时对各种检查所见予以充分显露和拍照，拍摄时应标记编号及比例尺。

六、实验作业

每人独立完成尸检报告记录并对死因做初步分析。

七、思考题

1. 法医学尸体检验相关的法律、法规、规范有哪些？
2. 法医学尸体检验的重要意义是什么？

实验 5-4　ABO 血型检测

一、实验目的

1. 掌握 ABO 血型分型原理。
2. 熟悉新鲜血液 ABO 血型检测及结果判断方法。

二、实验原理

本实验采用直接凝集法，其原理是用已知抗体或抗原使试剂致敏，致敏试剂遇待测抗原或抗体会发生凝集反应。

三、实验器材

小试管 1 支，双凹凹玻板 1 块，胶头滴管 5 支，标准 128 倍抗 A、抗 B 血清，酒精棉球，采血针，生理盐水。

四、实验内容

（一）实验方法

直接凝集法。

（二）具体内容

1. 待检新鲜血液准备。

（1）取小试管 1 支，加入生理盐水 10 mL。

（2）用采血针取耳垂或手指头静脉血 1 滴，用胶头滴管吸取滴入试管中，摇匀。

2. 血型检测。

（1）取双凹凹玻板 1 块。

（2）在左右两凹中分别滴入 2% 的待检血液 2 滴。

（3）在左右两凹中分别滴加抗 A、抗 B 血清 1 滴。

（4）摇匀，观察结果。

结果判定方法如表 5-1 所示。

表 5-1　血型的判定

待检血液+抗 A 血清	待检血液+抗 B 血清	血型
-	-	O 型
+	-	A 型
-	+	B 型
+	+	AB 型

五、注意事项

1. 胶头滴管不能混用。

2. 摇动凹玻板时动作要轻，防止出现假阳性。

3. 新鲜血液浓度不能太高，防止出现假阳性。

六、实验作业

每人独立完成自己血型的检测。

七、思考题

1. ABO 血型的遗传规律是什么？

2. 根据大家的检测结果，统计随机人群中 A、B、O、AB 4 种血型的分布情况。

实验 5-5 生物检材 DNA 检验——PCR 技术

一、实验目的

熟悉 PCR 扩增的基本过程。

二、实验原理

聚合酶链反应（PCR）是利用人工合成引物（primer）进行体外酶促反应，合成特异性 DNA 的一种方法。扩增位于两段已知序列之间的 DNA 片段，人工合成一对寡核苷酸引物分别与待扩增 DNA 片段两侧序列互补，由高温变性、低温退火和中温延伸组成一个周期，反复循环，使靶 DNA 得以扩增。由此可见，PCR 是在引物介导下反复进行变性、退火、延伸，扩增特异性 DNA 片段的过程。

三、实验器材

生物超净操作台、PCR 扩增仪、试剂盒、Taq DNA 聚合酶、双蒸水、0.2 mL 离心管、0.5 mL 反应管等。

四、实验内容

（一）实验方法

观摩实验。

（二）具体内容

1. 配制扩增反应液：一般扩增反应体系选用 50 μL、25 μL 体积，也可选用 12.5 μL 体积。若为 25 μL 体系，一个样品的反应缓冲混合液 10.5 μL、引物 5.5 μL、Taq DNA 聚合酶 0.5 μL，乘以反应数，混匀后取 15 μL 分装置于 0.5 mL 反应管中，每管再加 DNA 模板 10 μL（4 μL DNA 提取液+6 μL 双蒸水），混匀。

2. 打开 PCR 扩增仪，选择所扩增体系，放置样品板，按开始键，自动结束后保留在 4 ℃ 条件下。

五、注意事项

1. 试剂准备阶段。

试剂准备是 PCR 操作的第一个流程，需要在试剂贮存和准备区的超净工作台上或生物安全柜中进行，用确保无污染的移液器、枪头及容器等进行分装。所有的 PCR 体系都应该保存在−20 ℃条件下，配制反应体系应快速进行，以减少非特异性扩增。反应体系配制完成之后应马上进行聚合酶链反应。

2. 样品制备阶段。

样品制备是整个 PCR 操作中最为关键的环节，在接收样品时一定要确保样品的密封性以及样品编号的唯一性。严格遵守操作规程进行加样操作，操作时尽量少说话或者不说话。所有操作需要在生物安全柜中进行，操作前后生物安全柜需要进行紫外灯消毒，注意生物安全柜中物品的摆放。操作时应戴手套并勤于更换，要有"无核酸观念"。

3. 核酸扩增。

在核酸扩增环节需要选择质量好的 EP 管，EP 管反应体系在装入上机前要混匀、离心，将管壁及管盖上的液体甩至管底部。在样品检测的同时设立对照（阳性对照、阴性对照、阴性模板、试剂对照）。同时严密检测 PCR 扩增仪的各项性能指标，其中对 PCR 扩增仪而言控制温度就意味着把握质量。

4. 产物分析

（1）无 CT 值出现：模板量不足（杂质的引入及反复冻融的情况等）。

（2）CT 值出现过晚（大于 38）：各种反应成分的降解或加样量不足。

（3）标准曲线线性相关性不佳：加样误差、标准品出现降解等。

（4）阴性对照有信号：模板有基因组的污染。

（5）扩增效率低：反应试剂中部分成分特别是荧光染料降解、反应抑制。

（6）扩增曲线的异常：模板的浓度太高或荧光染料的降解。

六、实验作业

根据观摩所见，每人独立完成一份 PCR 扩增实验报告。

七、思考题

1. PCR 技术的优点是什么？
2. PCR 技术有哪些应用？

实验 5-6　交通事故活体损伤法医学鉴定

一、实验目的

1. 熟悉法医学活体损伤鉴定的程序和方法、损伤鉴定书的格式和书写方法。

2. 了解法医学损伤程度评定的方法。

二、实验原理

本实验采取直接观察法，通过对被鉴定人进行体格检查，结合临床检查结果，分析损伤的存在及程度。

三、实验器材

活体体检床、活体检查箱、阅片灯等。

四、实验内容

（一）实验方法

文证审查、法医学活体损伤鉴定。

（二）具体内容

1. 询问案情：交通事故发生的时间、地点、受伤部位、救治经过。

2. 文证审核：查阅送检的所有病历材料，了解受伤当时伤者直接损伤后果和表现。

3. 活体检查：对伤者进行体格检查，看损伤恢复情况，有无并发症、后遗症存在及表现。

4. 伤情评定：依据《人体损伤致残程度分级》，结合伤者实际伤情，综合分析，看是否构成伤残并确定伤残等级。

5. 完成活体损伤鉴定书。

五、注意事项

1. 病历材料收集要全面，审查时注意去粗存精、去伪存真。

2. 活体检查要全面、细致，特别是涉及关节功能时，应以客观检查结果为重要鉴定依据，防止夸大伤情。

六、实验作业

根据所提供的鉴定材料，每人独立完成一份法医学临床学鉴定意见书。

七、思考题

1. 损伤与疾病如何鉴别？

2. 交通事故造成的损伤的特点有哪些？

3. 人体损伤后伤残的鉴定标准有哪些？各自的适用情况是怎样的？

项目六　电子数据取证

实验 6-1　熟悉常用取证软件（Ⅰ）

一、实验目的

掌握常用取证软件 X-Ways Forensics 和 EnCase 的使用方法，熟悉 X-Ways Forensics 软件和 EnCase 软件分析电子数据的步骤，掌握使用这两个软件对简单案件中的电子数据进行调查和取证的方法。

二、实验原理

X-Ways Forensics 是一款综合分析软件，由德国 X-Ways 公司出品。德国 X-Ways 公司 CEO Stefan 在学生时代编写了一个十六进制编辑器 WinHex，对于数据恢复和软件调试非常有效。X-Ways Forensics 取证软件是基于 WinHex 开发的，也被称为 WinHex 法证版。X-Ways Forensics 具有跟 WinHex 相同的界面，但功能更强，增加了文件预览等实用功能，且限制了对磁盘的写入操作，可在 Windows 操作系统多个版本下运行，有 32 位和 64 位版。

EnCase 由美国 Guidance Software 公司出品，是当前非常流行的司法鉴定和证据调查分析软件之一，是全世界执法部门、IT 安全专业人士使用率排名第一的电子数据取证分析软件。EnCase 能调查 Windows、Macintosh、Linux、UNIX 和 DOS 机器的硬盘，集成了制作镜像文件、数据查找、数据分析、报告生成等功能。由于 EnCase 的广泛使用，其专有的 E01 文件格式也成为默认的证据文件标准格式。V7 版本推出后，Guidance Software 公司引入了一种全新的证据格式 Ex01。与 E01 相比，Ex01 内部数据块全部用 AES 算法进行加密，压缩方式由三种变为两种，证据文件自校验支持 MD5、SHA1、MD5+SHA1。EnCase 有多个版本，在我国使用最广泛的是 EnCase Forensic 版。

三、实验器材和环境

1. Windows 操作系统。
2. X-Ways Forensics 和 EnCase 软件各一套。
3. 案件相关镜像文件一份。

四、实验内容

有一起黑客入侵案件，已经对涉案嫌疑人计算机的整个硬盘制作了镜像，镜像文件名为 qzsy-test01. E01，其 MD5 值为 197bf10f25f58b32dc1159f525d19f56。要求分别通过 X-Ways Forensics 和 EnCase 的实验操作进行简单取证。熟悉两个软件在调查案件时如何创建案例、如何搜索和查找证据、如何生成报告，熟悉其主要功能和用法。

（一）**X-Ways Forensics 取证实验**

1. 打开软件创建案例。
2. 添加所需分析的目标，本实验中为镜像文件 qzsy-test01. E01。
3. 查看镜像文件的基本信息，如分区、文件系统等。
4. 根据案情，使用 X-Ways Forensics 文件过滤功能选择所需搜索的文件。分别按文件名称进行过滤、按文件类型进行过滤、按文件大小进行过滤、按文件生成时间进行过滤、按文件属性进行过滤。
5. 进行文件搜索。根据搜索关键词，分别使用同步搜索和文本搜索方法进行文件搜索。
6. 利用 X-Ways Forensics 生成报告。

（二）**EnCase 取证实验**

1. 打开软件创建案例。
2. 添加镜像文件 qzsy-test01. E01。
3. 使用 EnCase 文件恢复功能，在被删除文件中查找犯罪证据。
4. 搜索关键词，通过输入关键词，找到与案件相关的文档。
5. 通过文件的扩展名、文件的大小等方式过滤文件，实现案件文件的筛选。

　　6. 利用 EnCase 生成报告。

五、注意事项

　　1. 按照实验室操作规范进行上机操作。

　　2. 分别使用 X-Ways Forensics 和 EnCase 软件对镜像文件进行相关操作，需完成两份实验报告。

六、实验作业

　　1. 完成 X-Ways Forensics 取证实验，并制作一份实验报告。

　　2. 完成 EnCase 取证实验，并制作一份实验报告。

七、思考题

　　1. 如何通过 X-Ways Forensics 分析注册表中常见信息？

　　2. 如何通过 X-Ways Forensics 按文件类型过滤证据？

　　3. 如何使用 EnCase 查找不同编码代码？

　　4. 如何将 EnCase 发现的被删除文件导出并进行备份？

　　5. 怎样保障 EnCase 取证和分析过程中证据的可靠性？

实验 6-2　熟悉常用取证软件（Ⅱ）

一、实验目的

掌握常用取证软件 FTK 和取证大师的使用方法，熟悉 FTK 软件和取证大师软件分析电子数据的步骤，掌握使用这两个软件对简单案件中的电子数据进行调查和取证的方法。

二、实验原理

FTK 是全球警方使用量排名第一的取证软件。FTK 拥有同类产品中最丰富灵活的过滤器，具有自动进行文件分析、过滤和搜索的强大功能，能自动对所有文件进行分类，自动定位有嫌疑的文件。FTK 的深度数据挖掘功能，能定制挖掘数据类型，通过 16 进制代码视图定位文件碎片并重新制作可打开的文件。FTK 可以支持 4 台以上服务器同时进行运算分析，分布式处理数据，快速自动找出所需的数据。其使用非常简单，分析的结果也相当可靠，故受警方的青睐。

取证大师（Forensics Master）是厦门美亚柏科信息股份有限公司自主研发的电子数据取证综合分析工具。它将静态取证、动态取证、自动取证等功能集成于一体。取证大师针对国内实际情况进行优化开发，主要面向基层执法人员，具有操作简单、分析全面、对调查者技术要求低等特点。取证大师分为 32 位和 64 位两个版本，在不同操作系统下运行取证大师时，系统会自动启动相应版本的程序。

三、实验器材和环境

1. Windows 操作系统。
2. FTK 软件和取证大师软件各一套。
3. 案件相关镜像文件一份。

四、实验内容

有一起商业行贿受贿案件，已经对涉案嫌疑人的计算机的整个硬盘制作了镜像，镜像文件名为 qzsy-test02. E01，其 MD5 值为 10c9acb9a5fc377549922 caf2133b242。要求分别通过 FTK 和取证大师的实验操作进行简单取证。熟悉两个软件在调查案件时如何创建案例、如何搜索和查找证据、如何生成报告，熟悉其主要功能和用法。

（一）FTK 取证实验

1. 打开软件创建案例。

2. 添加所需分析的目标，本实验中为镜像文件 qzsy-test02. E01。

3. 查看镜像文件的基本信息，如分区、文件系统等。

4. 根据案情进行文件搜索，使用 FTK 搜索和查找现有电子表格文件 huikou1. xls、已删除的电子表格文件 huikou2. xls，从磁盘未分配空间挖掘电子表格文件，查看这些文件的内容并计算哈希值。

5. 通过实验了解 FTK 取证分析的一般过程。

6. 完成一份实验报告。

（二）取证大师取证实验

1. 打开软件创建案例。

2. 添加所需分析的目标，本实验中为镜像文件 qzsy-test02. E01。

3. 查看镜像文件的基本信息，如分区、文件系统等。

4. 根据案情进行文件搜索，使用取证大师搜索和查找现有电子表格文件 huikou1. xls、已删除的电子表格文件 huikou2. xls，从磁盘未分配空间挖掘电子表格文件，查看这些文件的内容并计算哈希值。

5. 通过实验了解取证大师取证分析的一般过程。

6. 完成一份实验报告。

五、注意事项

1. 按照实验室操作规范进行上机操作。

2. 分别使用 FTK 和取证大师软件对镜像文件进行相关操作，需完成两份实验报告。

六、实验作业

1. 完成 FTK 取证实验，并制作一份实验报告。
2. 完成取证大师取证实验，并制作一份实验报告。

七、思考题

1. 如何导出 FTK 发现的被删除文件？
2. FTK 取证和分析过程中证据的可靠性如何保障？
3. 取证大师能否快速发现被加密的分区设备？
4. 如何导出取证大师发现的被删除文件？
5. 取证大师取证和分析过程中证据的可靠性如何保障？

实验 6-3　电子数据的固定与保全

一、实验目的

掌握 Hash 的原理和作用，掌握常见 Hash 校验工具的使用方法，熟练掌握 MD5 和 SHA256 两种 Hash 校验方法。掌握用 FTK Imager 制作镜像并进行 Hash 校验的方法。

二、实验原理

在电子数据取证的过程中，取证人员证明证据没有被篡改是至关重要的，"不能改变原始证据数据"是电子数据取证最为重要的基本原则。在取证过程中，如果直接在被取证计算机磁盘上进行操作，将对原始数据造成损坏，一旦数据被损坏，不能被还原，将影响原始的犯罪证据。因此，取证过程中的任何操作应避免在原始的硬盘或存储介质上进行。使用磁盘镜像技术对包含犯罪证据的磁盘制作多个副本可有效避免破坏原始证据。这些副本按照位对位方式对磁盘进行复制，包括磁盘的临时文件夹、交换文件以及磁盘未分配区等，能够完整保留数据的存储记录。磁盘镜像可采用硬件或者软件进行制作。采用硬件制作镜像需要专门的磁盘镜像设备，如硬盘复制机。除了硬件产品，取证人员还可以使用镜像专用软件、取证分析软件、dd 命令等进行镜像制作。FTK Imager 是 AccessData 公司出品的一款免费镜像软件，其具有数据预览、数据镜像制作、加载数据镜像等功能，支持目前主流文件系统，能够加载和生成多种格式的数据镜像。

电子数据在传输、使用、存储时可能出现损坏甚至被伪造的情况，如腐蚀、强磁场的作用、人为的破坏等都会造成原始证据的改变或消失。在司法取证中，必须保障这些电子数据自被调取出来之后的较长时间内其特性不因未授权的操作发生变化。镜像文件虽然能完全复制原始数据，但不能验证数据是否被更改，不能验证数据的完整性，必须引入一定的验证机制。目前常用的验证机制是对镜像副本进行 Hash 完整性校验。Hash 完整性校验是用 Hash 算法求出某个消息的散列值的过程，求出的散列值又称为信息的"数字指纹"，因为在一般情况下，它对每条信息是唯一的。常见 Hash 算法包括 MD5 和 SHA 等。如果信息有任何改变，计算出来的 Hash 值也会随之改变，这样对于判别信息是否改变就非常方便。Hash 校验的结果为 16 位或者 32 位 16 进制数，默认是 32 位的。能够进行 Hash 计算的软件非常多，如 IgorWare Hasher、Hash Generator 等。另外，几乎所有的取证软件均提供 Hash 校验功能。

三、实验器材和环境

1. Windows 操作系统。
2. Hash 校验工具（本实验中使用 AccessData FTK Imager）。
3. FTK Imager 软件。
4. 写保护锁设备一套。

四、实验内容

（一）Hash 校验实验

通过 Hash 工具学习 Hash 值的计算方法。要求计算当前系统某一目录下所有文件的 MD5 值，并将其结果保存在文件中。

1. 使用 AccessData FTK Imager 的 Add Evidence Item 功能，将需要计算的 SYSTEM32 目录加入证据中。

2. 使用 AccessData FTK Imager 的 Export File Hash List 功能计算整个目录下文件的 MD5 值，并导出。

3. 完成一份实验报告。

（二）使用 FTK Imager 制作镜像实验

现有一涉案计算机，需要对其整个硬盘进行镜像制作，以便将镜像文件送实验室进行检验。现要求使用 FTK Imager 制作硬盘镜像，并对其进行 Hash 校验。

1. 将硬盘通过写保护锁连接到计算机。

2. 使用 AccessData FTK Imager 的 Creat Disk Image 功能生成磁盘镜像并对镜像进行 Hash 校验。制作硬盘的镜像一般使用 dd 和 E01 格式。

3. 完成一份实验报告。

五、注意事项

1. 按照实验室操作规范进行上机操作。

2. 使用 FTK Imager 软件制作硬盘镜像时需要将硬盘通过写保护锁连接到计算机。

3. 使用 FTK Imager 软件生成硬盘镜像时需比较镜像与检材的 Hash 值是否一致。

六、实验作业

1. 完成某个文件夹的 Hash 校验，并制作一份实验报告。

2. 使用 FTK Imager 软件制作硬盘镜像，并制作一份实验报告。

七、思考题

1. FTK Imager 使用写保护锁的目的是什么？

2. FTK Imager 制作的物理镜像和逻辑镜像有何区别？

3. 仅修改文件名，文件的 MD5 值和 SHA256 值是否改变？

4. 将文件名为 test.docx 的文件另存为 test.doc 文件，其 MD5 值是否改变？

5. 将文件夹改名，并分别计算改名前后的 MD5 值，两个值是否相同？

实验 6-4　电子数据的提取

一、实验目的

通过对当前使用的 Windows 系统中易失性数据的提取操作，初步了解易失性数据提取的方法和需要注意的事项。

二、实验原理

电子数据提取指对易失性数据或者文件中部分数据信息的提取和固定。电子数据提取与电子数据固定非常相似。两者的不同之处在于提取固定的对象不同，电子数据固定主要指对文件、分区或者整个设备数据的固定。对于 Windows 操作系统而言，电子数据提取最常见的是注册表、内存中数据的提取。

通常易失性数据主要包括内存中存储的数据以及某些更新较快的数据。具体包括系统基本信息、用户活动信息、网络状态信息、系统状态信息等。系统基本信息包括所调查系统的硬件环境、软件环境、用户账号情况、取证时系统日期与时间等信息。用户活动信息包括系统的有效账户有哪些，正在访问系统的合法用户有哪些，哪些用户是本地访问，哪些用户是远程访问，等等。网络状态信息指的是当前系统提供的网络连接有哪些，有哪些计算机与本计算机在进行网络连接，通过哪种方式进行网络连接，等等。系统状态信息指的是系统当前活动的程序、活动的进程信息、内存以及系统各种资源分配情况等。

收集易失性数据时，一般需要登录或者通过远程连接到待取证的计算机上，并使用相关工具软件进行取证，因此必须确保所使用的工具软件真实可靠，即通过软件记录的数据应与待取证计算机内的易失性数据信息保持一致。收集易失性数据时常采用操作系统提供的命令工具和第三方命令工具。以 Windows 系统为例，可使用微软的 Sysinternals Suite 免费工具程序集中的一部分工具。

三、实验器材和环境

1. Windows 操作系统。

2. 带写保护的 U 盘一个。

3. 提前下载好的 Sysinternals Suite、md5sum、cmd. exe、netstat、ipconfig 和 arp 等工具。

四、实验内容

要求学生对当前使用的 Windows 系统或教师指定 Windows 系统的部分易失性数据进行提取，具体过程如下：

1. 将 Windows 系统内可获取易失性数据的工具存入 U 盘，创建取证工具盘。

2. 用 md5sum 工具生成工具盘上所有工具的校验和存入文本文件 cmdHash. txt，保存到工具盘中，并对工具盘写保护。

3. 用 time 和 date 命令记录现场计算机的系统时间和日期。

4. 用 psuptime 工具记录现场计算机从上一次重启后系统运行的时间。

5. 用 psloggedon 工具查看当前有哪些用户与现场计算机系统保持连接状态。

6. 用 dir 命令列出现场计算机系统中 Windows 目录下所有文件的目录清单，记录文件的大小、访问时间、修改时间和创建时间。

7. 用 ipconfig 工具获取现场计算机的 IP 地址、子网掩码、默认网关、DNS 配置、网络接口的 MAC 地址、主机名等信息。

8. 用 arp 工具获取现场计算机的 ARP 缓存信息。

9. 用 netstat 工具获取现场计算机的网络连接、路由表和网络接口信息，检查打开端口以及与这些监听端口相关的所有连接信息等。

10. 用 psinfo 工具获取现场计算机的平台信息，安装的软件、补丁等信息。

五、注意事项

1. 按照实验室操作规范进行上机操作。

2. 制作取证工具盘时尽量使用有写保护锁的 U 盘，以确保工具盘创建后不被修改。

3. 能在最低限度改变系统状态的情况下收集易失性数据。

六、实验作业

1. 完成工具盘的创建。

2. 使用创建的工具盘进行当前使用的 Windows 系统中易失性数据的提取，并完成一份实验报告。

七、思考题

1. 如何保障取证过程中证据的可靠性？

2. 取证过程是否会影响原计算机系统中的数据？

3. 如何使用批处理程序完成实验内容？

实验 6-5　远程取证

一、实验目的

了解远程取证的定义及远程取证基本方法，了解远程取证常用工具，掌握远程取证一般步骤。

二、实验原理

办案过程中由于实际条件的限制无法现场直接取证时可采用远程取证。远程取证包括两种形式：一种是远程在线取证，另一种是远程现场勘验。远程在线取证指以用户视角固定网站页面。远程现场勘验则需要对远程设备进行物理镜像或逻辑镜像的制作，或者提取远程应用的后台数据，通常需要采取一定的技术手段侵入后台才可以实施，因此其使用有一定的限制。对于远程在线取证需要保障且证明取证的可靠性，包括证明取证平台的清洁性、网站来源的可靠性、取证过程的可靠性、取证内容的真实性。对于远程现场勘验，实质上是获取了远程系统的较高或者最高权限，然后对被调查设备的数据进行远程镜像制作，或者远程调查相关的后台数据。

远程取证可采用专用商业软件、开源工具或者免费工具。比如弘连网镜互联网取证软件 WI100。WI100 软件是一款基于 Windows 平台的网站远程提取和固定工具，可以通过简单的操作步骤，在符合规范的情况下自动对远程网站进行固定，固定的速度可以达到每小时数千页，彻底取代人工的重复性操作，满足了对网站取证的需求。WI100 软件实现了屏幕截图（附带 URL）、网站镜像制作、屏幕录像、实时 Hash 校验、自动生成在线提取笔录、自动生成远程勘验笔录等功能，并支持自动提取页面中的结构化数据、脚本扩展，以及自动导入其他浏览器的 Cookies。wget 是 Linux 中一个下载文件的工具，后来被移植到包括 Windows 在内的各个平台上。自动取证也可以利用 wget 工具进行，它支持 HTTP、HTTPS 和 FTP 协议，可以制作整个网站数据的镜像。

三、实验器材和环境

1. Windows 或 Linux 操作系统。

2. 提前下载好的远程取证工具，如 wget、屏幕录像工具、Hash 校验工具。

四、实验内容

在 Windows 或 Linux 操作系统下对指定远程计算机网站所有页面进行固定，固定时进行屏幕录像，对固定后的文件进行 Hash 校验。

1. 根据工具说明，了解如何通过工具固定整个网站的页面信息，如何进行屏幕录像，如何对多个文件进行 Hash 校验，等等。

2. 检测实验计算机，对计算机系统的安全性进行检测，确保实验环境的清洁性和安全性。

3. 打开屏幕录像工具进行录像。

4. 使用网站镜像工具制作网站镜像。

5. 镜像制作完成后进行 Hash 校验。

6. 打包镜像数据。

7. 关闭屏幕录像工具。

8. 对录像和镜像等所有数据进行打包、刻盘。

五、注意事项

1. 按照实验室操作规范进行上机操作。

2. 在远程取证前需要对本地取证平台的清洁性进行扫描和检查。

3. 远程取证过程中需要对屏幕录像。

4. 远程取证的数据和镜像数据需要进行 Hash 校验。

六、实验作业

1. 完成工具软件的下载。

2. 根据实验内容制作一份实验报告。

3. 完成一份对远程取证认识方面的体会报告。

七、思考题

1. 如何保障取证计算机环境的安全性？
2. 如何保障取证所获证据来源的可靠性？

实验 6-6　Windows 操作系统电子数据的发现与收集

一、实验目的

掌握发现和收集 Windows 系统中常见位置电子数据的方法。了解如何判断 Windows 系统中所发现与收集的电子数据的可靠性。

二、实验原理

当电子数据留存在 Windows 系统中时，它往往不是孤立的。用户在复制、粘贴、下载、创建、修改、加密、发送、浏览、运行等一系列操作中，操作系统、应用程序、内存、文件系统中均可能留下相关联的各类电子数据，包括 Windows 系统日志、Windows 注册表、Windows 内存、浏览器、脱机打印信息、跳转列表、最近访问信息及预读文件等多种电子数据。

Windows 操作系统在运行的时候会产生很多日志信息，如 Windows 事件日志（EventLog）、NTFS 日志、Windows 服务器系统的 IIS 日志、FTP 日志和第三方应用记录的各种日志信息等。不管是在计算机还是在服务器中，Windows 事件日志都存在，它是电子数据取证中的重要分析项目之一。下面仅以 Windows 事件日志为例。

事件日志主要包括系统、安全性、应用程序及部分自定义日志，各类日志提供了大量的历史事件信息，可帮助发现系统或安全问题，也可追踪用户行为或系统资源的使用情况。在电子数据取证中，事件日志可为取证人员提供丰富的信息，还可将系统发生的各种事件关联起来。具体来说，事件日志通常可以为取证人员提供以下信息：

1. 发生了什么。取证人员能通过事件编号和事件类别快速找到相关事件，通过事件描述进一步查看事件更详细的信息。

2. 发生的时间。事件日志中记录的时间信息又称为时间戳，其记录了各种事件发生的具体时间。通过时间戳，取证人员可以方便地查看案发时间相关的信息。

3. 涉及的用户。Windows 操作系统中每一个事件都与相关的系统或用户账号有关，通过事件日志，取证人员可以很容易分辨事件与具体账号之间的关联性。

4. 涉及的系统。对 Windows 2000 及以后的操作系统，事件日志中记录了联网时的 IP 信息，可用于取证人员对访问请求进行追踪溯源工作。

5. 资源访问情况。取证人员可通过事件日志识别未经授权的访问。

通过对 Windows 事件日志的取证分析，取证人员可以对操作系统、应用程序、服务、设备等操作行为及时间进行回溯，重现使用者在整个系统使用中的行为，对虚拟的电子数据现场进行重构，了解和掌握涉案的关键信息。

在 Windows Vista 之前的各版本操作系统中，存放事件日志的位置为% System Root% \ System32 \ Config，文件扩展名为. evt。主要包括系统 System、安全 Security 和应用程序 Application 这三个系统内置的事件日志及部分自定义日志。三个系统内置的事件日志的大小默认为 512 kB，当数据大于 512 kB 时，系统默认覆盖超过 7 天的日志记录。事件日志记录了错误、失败、成功信息及警告事件。

在 Windows Vista 及之后的各版本操作系统中，默认事件日志的存储路径为%System Root% \ System32 \ winevt \ Logs，文件扩展名为. evtx。通过系统自带的事件查看器可以看到事件日志被分为 Windows 日志、应用程序及服务日志两大类。Windows 日志中包含了早期版本中的系统、安全和应用程序日志，还新增了设置 Setup 和已转发事件（默认禁用）Forwarded Events 日志。系统、安全和应用程序日志默认大小均为 20 MB，当超过限定大小时，系统将优先覆盖过期的日志记录。应用程序及服务日志多数默认最大1024 kB，超过最大的限制也将优先覆盖过期的日志记录。

通常采用商业化计算机取证软件直接分析事件日志文件，如 EnCase、FTK、X-Ways Forensics、取证大师等，这些软件功能强大，操作便捷。多数取证软件既支持. evt 格式的文件也支持. evtx 格式的文件，可直接加载日志文件进行分析。

此外，也可使用 Windows 自带的事件查看器或免费的第三方工具，如 Event Log Explorer，进行数据的查看与分析。

三、实验器材和环境

1. Windows XP 或 Windows 10 操作系统。

2. 提前安装好若干取证软件，如 EnCase、FTK、X-Ways Forensics、取证大师。

3. 案件相关镜像文件。

四、实验内容

在一起传播淫秽色情物品的案件中，犯罪嫌疑人 A 利用计算机技术搭建色情网站，通过犯罪嫌疑人 B 传播色情图片内容，以收取会员会费的形式牟取利益。并且 A 利用编程技术，制作了木马程序，意欲窃取使用者的重要个人数据信息。对犯罪嫌疑人 A 的涉案计算机整个硬盘制作了镜像，镜像文件名为 ImageFilePC.E01，其 MD5 值为 A3098ED869DF4282F4486702113C369F；B 使用 mac OS 系统，备份文件名为 OSX-VM.zip，其 MD5 校验值为 F8F80C8E757800CEB6D94ADC7BAE84FD；A 的手机备份文件名为 BackupIPhone.zip，其 MD5 值为 845DF5A02941D2B399FC6F42F25222F4；B 的手机镜像文件名为 ImageFileAndroid.rar，其 MD5 值为 032349e790a3b8420564f95a093d0ef4。要求通过取证软件（不限软件种类，可采用 X-Ways Forensics、EnCase、FTK、取证大师中的一款或几款）搜索特定证据。要求搜索全面、准确。通过实验搜索和查找以下证据：

1. 在镜像文件 ImageFilePC.E01 中是否安装过虚拟机？如安装过虚拟机，找出其操作系统及版本号。

2. ImageFilePC.E01 中 Windows 操作系统最后一次开机时间。

3. ImageFilePC.E01 中 Windows 操作系统是否接入过 USB 设备？如接入过，找出最近一次接入的 USB 设备序列号。

4. ImageFilePC.E01 中 Windows 系统的磁盘签名。

5. ImageFilePC.E01 中 Windows 系统所有网卡的 MAC 地址。

6. ImageFilePC.E01 中 Microsoft Office Word 最近打开的文档记录。

7. 名称为"seqing"的图片文件，并计算 MD5 校验值。

五、注意事项

1. 按照实验室操作规范进行上机操作。

2. 如使用 Windows 事件查看器进行事件日志的查看和分析，需注意 Windows 系统的版本。文件存放位置和事件 ID 等都与 Windows 版本有关。

3. 对日志记录 ID 进行完整性检查，通过其连续性可以发现操作系统记录的日志的先后顺序，以排除伪造事件日志记录的可能。

六、实验作业

1. 完成工具软件的下载安装。
2. 根据实验内容制作一份实验报告。

七、思考题

1. Windows 系统中除事件日志外，还存在哪些日志文件？
2. 如何分析判断日志文件的可靠性？

实验 6-7　Linux 中电子数据的发现与收集

一、实验目的

掌握 Linux 系统中常见位置发现与收集电子数据的方法。初步了解如何判断 Linux 系统中所发现与收集的电子数据的可靠性。

二、实验原理

Linux 是以开源著称的类 UNIX 操作系统，正式公布于 1991 年 10 月 5 日。其具有诸多特点，如多任务、多用户，设备独立性，良好的可移植性，安全稳定的性能，等等。正是由于性能稳定等特点，Linux 被应用于各种嵌入式平台，如手机、平板电脑、路由器、视频游戏控制台、台式计算机、大型计算机和超级计算机。因此，针对 Linux 相关系统的取证是十分关键和重要的。

与 Windows 操作系统一样，当电子数据留存在系统中时往往不是孤立的。在日志、文件系统、内存中均可能存在相关的信息记录。通过这些信息记录在一定程度上可以还原用户的操作过程。本实验以 Linux 日志文件取证为例。日志用来记录系统中事件和有关软硬件问题，即记录系统在什么时间有哪个进程做了什么样的操作，发生了什么事件。通过对日志信息的检测和审查，能够给调查人员提供重要的线索，指明调查方向。在 Linux 系统中，日志多数以明文形式存储，可通过系统命令或者专业工具检查相关日志文件。Linux 的版本众多，不同版本可能存在细微差异。以日志文件为例。

Linux 系统提供了大量日志文件，这些日志文件一般都保存在/var/log 目录下。其中可重点检查 message、wtmp、utmp、xferlog、lastlog、.bash_history 等文件。

1. message 文件是 Linux 系统中最基本的日志文件，通常它包含时间、主机名、程序名、PID 和相应消息。它能显示出哪个用户试图登录系统获得 root 权限。如果在取证过程中发现普通用户在不正常的情况下（如深夜），试图远程连接到系统并且试图获取 root 权限，那么可能是黑客访问的痕迹。

2. wtmp 文件保存了系统中所有用户的登录、注销信息，以及系统的启动、停机事件。访问这个文件可以获得用户的活动记录。它可以按照用户名或日期显示信息，使调查人员能够获得一些非常有用的反常信息。比如一个不太活跃的用户突然登录系统并且连接了很长时间，就可以关注这个账户是否已经被黑客窃取。

3. utmp 文件记录与当前登录用户相关的信息。

4. xferlog 文件记录 FTP 方式上传文件的时间、来源、文件名等，也是调查人员应该注意的地方。

5. lastlog 日志文件记录用户最近成功登录和最后一次未成功登录的事件。每条记录包含用户名、端口号、上次登录时间等信息。

6. .bash_ history 文件能够保存相关用户最近使用过的命令。

Linux 日志分析工具有很多，如 Logcheck、SARG、HttpAnalyze 等。Logcheck 是一个开源日志管理系统，可帮助系统管理员自动识别日志中的未知问题和安全违规问题，对安全事件、系统事件和系统攻击事件进行紧急性排序以供优先处理。SARG 是基于 Web 的完全开源且免费的、支持多平台的日志应用程序，能够在网络上监视用户的活动，查看其会话期间访问的网站，包括有关用户的详细信息，如 IP 地址、历史记录、使用的网络流量以及消费时间。HttpAnalyze 是 Web 服务器的日志分析工具，支持分析 Web 服务器的日志文件。

三、实验器材和环境

1. Linux 操作系统。

2. 若干取证软件。

3. 案件相关镜像文件。

四、实验内容

在一起传播淫秽色情物品的案件中，犯罪嫌疑人 A 利用计算机技术搭建色情网站，通过犯罪嫌疑人 B 传播色情图片内容，以收取会员会费的形式牟取利益。并且 A 利用编程技术，制作了木马程序，意欲窃取使用者的重要个人数据信息。对犯罪嫌疑人 A 的涉案计算机整个硬盘进行了镜像制作，镜像文件名为 ImageFilePC. E01，其 MD5 值为 A3098ED869DF4282F4486702113C369F；B 使用 macOS 系统，备份文件名为 OSX-VM. zip，其 MD5 校验值为

F8F80C8E757800CEB6D94ADC7BAE84FD；A 的手机备份文件名为 BackupI-Phone. zip，其 MD5 值为 845DF5A02941D2B399FC6F42F25222F4；B 的手机镜像文件名为 ImageFileAndroid. rar，其 MD5 值为 032349e790a3b8420564f95a093 d0ef4。要求通过任意取证软件（可采用 X-Ways Forensics、EnCase、FTK、取证大师中的一款或几款）搜索特定证据。要求搜索全面、准确。通过实验搜索和查找以下证据：

1. 镜像文件 ImageFilePC. E01 中 Kali Linux 虚拟机的目录。
2. 该 Linux 操作系统的版本信息。
3. 该 Linux 操作系统 mysql 用户的 UID 和 GID。
4. 该 Linux 操作系统 root 用户使用终端键入的最后一条指令。
5. 该 Linux 操作系统的最后一次开机时间。
6. 该 Linux 操作系统中第一块磁盘的磁盘签名。
7. 该 Linux 操作系统所有网卡的 MAC 地址。

五、注意事项

1. 按照实验室操作规范进行上机操作。
2. 由于 Linux 日志分析工具很多，根据实验要求按需下载。

六、实验作业

1. 完成工具软件的下载安装。
2. 根据实验内容制作一份实验报告。

七、思考题

1. 虚拟机 Linux 操作系统的 root 账号密码有哪些破解方法？
2. Linux 系统的日志文件中哪些是二进制格式存储的？

实验 6-8　macOS 中电子数据的发现与收集

一、实验目的

掌握 macOS 操作系统中常见位置电子数据的收集方法。初步了解如何判断 macOS 操作系统中所发现与收集的电子数据的可靠性。

二、实验原理

苹果公司的软硬件一体化个人计算机平台统称为 Macintosh（简称 Mac），macOS 是苹果公司针对苹果计算机系列产品推出的计算机操作系统。2001年，苹果公司推出了 Mac OS X 10.0，之后陆续推出了 Mac OS X 10.1 至 Mac OS X 10.7 多个版本。2012 年至 2015 年 Mac OS X 更名为 OS X，并发布了 OS X 10.8 至 OS X 10.11 版本。2016 年再次更名，发布 macOS 10.12 版本，之后新版本皆以 macOS 开头。

macOS 是类 UNIX 操作系统，从取证角度上看与 Windows 有很大的不同，与 UNIX/Linux 操作系统的取证存在一些相似点，但由于具有图形用户界面，与 UNIX/Linux 操作系统取证操作又有很多差异。macOS 的文件系统、日志文件、进程信息、网络信息、内存信息、浏览器信息、邮件客户端信息等都可以作为电子数据的收集对象。

以日志文件为例。日志文件是 macOS 常见的取证信息来源，一般日志文件位于/private/var/log 目录下，部分日志与 UNIX/Linux 相同，也有一些特殊日志或特殊格式的日志。在/private/var/log 目录下，常见的日志文件有 system.log、system.log.0.gz，通过这些日志文件可以获得开关机记录的用户名和时间。

在 macOS 10.12 版本以后，苹果公司采用了一种新的日志 Unified Log。苹果公司对外不公开该文件格式，仅提供读写日志的接口。该日志存储在/var/db/diagnostics 和/var/db/uuidtext 两个目录下，其中包含大量的信息，如网络连接、USB 使用记录信息、系统启动信息、系统备份、邮件同步、iCloud 连接设备等。

除了使用专用取证工具对这些信息进行自动分析外，还可以使用/user/bin/log 命令或者苹果公司提供的应用控制台工具进行分析。

三、实验器材和环境

1. macOS 操作系统。
2. 若干取证软件。
3. 案件相关镜像文件。

四、实验内容

在一起传播淫秽色情物品的案件中，犯罪嫌疑人 A 利用计算机技术搭建色情网站，通过犯罪嫌疑人 B 传播色情图片内容，以收取会员会费的形式牟取利益。并且 A 利用编程技术，制作了木马程序，意欲窃取使用者的重要个人数据信息。对犯罪嫌疑人 A 的涉案计算机整个硬盘制作了镜像，镜像文件名为 ImageFilePC. E01，其 MD5 值为 A3098ED869DF4282F4486702113C369F；B 使用 mac OS 系统，备份文件名为 OSX-VM. zip，其 MD5 校验值为 F8F80C8E757800CEB6D94ADC7BAE84FD；A 的手机备份文件名为 BackupI-Phone. zip，其 MD5 值为 845DF5A02941D2B399FC6F42F25222F4；B 的手机镜像文件名为 ImageFileAndroid. rar，其 MD5 值为 032349e790a3b8420564f95a093d0ef4。要求通过任意取证软件（可采用 X-Ways Forensics、EnCase、FTK、取证大师中的一款或几款）搜索特定证据。要求搜索全面、准确。通过实验搜索和查找以下证据：

1. 镜像文件 ImageFilePC. E01 中 macOS 虚拟机的目录。
2. 该 macOS 操作系统版本信息。
3. 安装该 macOS 操作系统的磁盘分区类型（MBR、GPT 或 APM）。
4. 安装该 macOS 操作系统的磁盘 GUID 号。
5. 该 macOS 操作系统的最后登录用户信息。
6. 该 macOS 操作系统最近的访问文件记录。
7. 该 macOS 操作系统中下载的"网易大师客户端"及其下载时间。

五、注意事项

1. 按照实验室操作规范进行上机操作。

2. 本实验可以用专用的取证软件完成，也可以使用苹果公司提供的应用控制台工具进行分析，可比较两份分析结果。

六、实验作业

1. 完成工具软件的下载安装。
2. 根据实验内容制作一份实验报告。

七、思考题

1. 虚拟机 macOS 操作系统的 Safari 浏览器历史记录存储在哪个 SQLite 数据库中？
2. macOS 系统中用户文档、视频文件存储在哪个目录中？

实验 6-9　智能手机中电子数据的发现与收集

一、实验目的

掌握 iOS 或 Android 操作系统智能手机中常见位置电子数据的收集方法。初步了解如何判断 iOS 或 Android 操作系统智能手机中所发现与收集的电子数据的可靠性。

二、实验原理

伴随着在线支付、移动搜索、移动浏览、定位服务、移动即时通信等移动互联网应用的快速发展,各类利用移动终端的网络犯罪行为频繁发生。移动终端也称为移动通信终端,指可以在移动中使用的计算机设备。移动终端种类繁多,包括手机、平板电脑、笔记本电脑、POS 机等,狭义上主要指具有多种应用功能的智能手机和平板电脑。

手机取证的对象包括:①用户识别卡,如 SIM 卡(用户身份识别卡)、UIM 卡(用户识别模块)和 USIM 卡(全球用户识别卡);②手机鉴权码,如 IMEI 码(国际移动设备识别码)、IMSI 码(国际移动用户识别码)和 ICCID 码(集成电路卡识别码);③手机存储卡;④备份与云服务。这里"手机"的范畴包括智能手机与非智能手机。本实验主要完成具有 iOS 或 Android 操作系统的智能手机中电子数据的收集。

(一) iOS 中电子数据的发现与收集基础知识

苹果公司于 2007 年发布了第一版 iOS 系统。作为一个手持设备操作系统,iOS 被广泛应用于苹果公司的 iPhone、iPod touch、iPad 等设备中。iOS 属于类 UNIX 操作系统,它的前身是 iPhone OS,这种操作系统由基于 UNIX 的 Mac OS X 系统演变而来。本实验针对 iPhone 智能手机进行电子数据的收集与提取。

对 iPhone 智能手机进行取证,通常有 3 种方式:备份文件取证,逻辑取证,物理取证。

1. 备份文件取证。

对 iPhone 手机进行备份操作时，手机上的一些重要数据，如 SMS 短信、通话记录、联系人、应用程序数据等会被保存到计算机中。在没有获得 iPhone 手机的情况下，调查人员可以从被调查对象的计算机或者移动存储介质中提取备份文件进行取证分析。根据数据同步协议，备份文件中不包含已删除的数据信息。

2. 逻辑取证。

iPhone 的逻辑取证是指通过 iTunes 同步协议或者第三方工具提取 iPhone 手机中指定信息、文件或文件夹的方法。通过逻辑取证，一般可以从 iPhone 手机中提取 SMS 短信、通话记录、日程安排、联系人、照片、网页浏览记录、电子邮件和绝大多数应用程序的数据，一般比备份文件取证获取的数据更加全面。但逻辑取证与备份文件取证一样，仅能提取未删除的数据。其工作原理是首先提取手机存储的 SQLite 数据库文件和 Plist（Property List，属性列表）文件，然后对这些文件进行解析，从而得到相关信息。目前，绝大多数手机取证软件通过此种方式提取 iPhone 手机中的逻辑数据。

3. 物理取证。

物理取证就是将 iPhone 手机内存芯片中的数据转换成镜像文件，类似于获取硬盘 dd 镜像的过程。物理取证能获得备份文件和逻辑取证所能获得的所有文件。除此之外，物理取证能恢复手机中已删除的数据。但是如 iOS 8 版本增强了 keychain 钥匙串功能，对存储的数据进行了加密，每个文件单独一个密钥，一旦文件被删除，密钥也随之删除，即使通过物理取证恢复该文件的存储数据也无法解密。由于 iPhone 手机的加密机制，物理取证的适用范围还是很有限的。

以 iPhone 备份文件取证为例，常见数据包括系统基本信息、手机联系人信息、短信息、浏览器信息、GPS 信息和其他应用信息。在备份文件中，查看系统基本信息文件主要关注 info. plist（提供包括 IMEI 号在内的手机硬件信息）、status. plist（描述备份的时间、备份的状态等备份信息）、manifest. plist（包括手机安装的应用信息）等文件。手机通话记录一般在文件 call_history. db 中查找，不同手机型号和 iOS 版本中该文件的路径和文件名有差异。联系人数据保存在 AddressBook. sqlitedb、AddressBookImage. sqlitedb 数据库中。在 iOS 中，短信息一般存储在文件名为 sms. db 的数据库中。iOS 设备中都预装了苹果浏览器应用 Safari，Safari 的浏览记录、书签、Cookies 数据保存在/private/var/mobile/Library/目录和 Safari 程序目录中。GPS 信息也是手机取证中的重要信息，手机中应用不同或者位置不同，GPS 信息被记录的多少可能不同。iPhone 手机中的 App 记录的信息可能包含证据数据，对其需要具体问题具体分析，找到该应用对应的目录，并在目录下收集、提取相关的 Plist 文件和 SQLite 数据库文件进行分析。

（二）**Android 中电子数据的发现与收集基础知识**

　　Android 也是当前主流的智能终端操作系统，它的发展毫不逊色于 iOS。它是居于 Linux 2.6 内核的操作系统，在 Android 操作系统中，Linux 内核提供了 Android 操作系统最底层的一些功能。在 Linux 内核之上是一系列库，这些库是实现 Android 上各种自带程序运行的基础，更是所有应用程序所必需的运行环境。Android Debug Bridge（ADB）是包含在 Android SDK 中的一个工具，包含客户端和服务器两个部分，其主要作用是提供客户端（即计算机）和服务器（通常是手机）的通信功能。通过 ADB，Android 系统取证调查人员可以根据需要对手机进行文件的上传、下载，从而能够对 Android 智能手机进行逻辑数据的手动获取和分析。默认情况下，Android 手机的 ADB 功能是关闭的，取证时需要手动开启。Android 操作系统中大部分的数据使用 SQLite 数据库进行存储，包括 SMS 短信、MMS 彩信，以及联系人、通话记录等常见信息。除了使用 ADB，还可以使用现成的手机取证软件来实现 Android 智能手机逻辑数据的获取。

　　通过简单的逻辑取证无法获取手机中被删除的信息，这时可对 Android 智能手机进行物理取证，或者称为镜像取证。Android 智能手机操作系统的物理取证分为软件和硬件两种方式。其中，软件物理取证方式是进行 Android 物理取证的首选。通过一些常用的工具和命令可以完整地获取 Android 手机的文件系统或者包含所有分区的镜像文件。软件物理取证主要有两种方法，一种是使用如 Cellebrite UFED 设备实现，一种是在具备手机 root 权限的情况下，通过终端在手机端执行 dd 命令，或者采用类似的方法进行获取。硬件方式物理取证主要通过拆焊芯片、JTAG 两种方式实现。拆焊芯片的方式会对手机产生不可还原的影响，具有较高的风险，所以一般不作为首选的物理取证方式。

　　Android 智能手机常见电子数据主要包括系统基本信息、通话信息、短信息、GPS 信息和常见应用信息等。Android 操作系统大多数逻辑数据的存储都是基于 SQLite 数据库的，数据格式非常规范，有利于进行数据分析和筛选。

三、实验器材和环境

1. 若干取证软件。
2. 案件相关镜像文件。

四、实验内容

在一起传播淫秽色情物品的案件中，犯罪嫌疑人 A 利用计算机技术搭建色情网站，通过犯罪嫌疑人 B 传播色情图片内容，以收取会员会费的形式牟取利益。并且 A 利用编程技术，制作了木马程序，意欲窃取使用者的重要个人数据信息。对犯罪嫌疑人 A 的涉案计算机整个硬盘制作了镜像，镜像文件名为 ImageFilePC. E01，其 MD5 值为 A3098ED869DF4282F4486702113C369F；B 使用 mac OS 系统，备份文件名为 OSX-VM. zip，其 MD5 校验值为 F8F80C8E757800CEB6D94ADC7BAE84FD；A 的 iPhone 手机备份文件名为 BackupIPhone. zip，其 MD5 值为 845DF5A02941D2B399FC6F42F25222F4；B 的手机镜像文件名为 ImageFileAndroid. rar，其 MD5 值为 032349e790a3b84205 64f95a093d0ef4。要求通过任意取证软件（可采用 X-Ways Forensics、EnCase、FTK、取证大师中的一款或几款）搜索特定证据。要求搜索全面、准确。

1. 分析手机备份文件 BackupIPhone. zip，找出该手机的型号和版本号。

2. 分析手机备份文件 BackupIPhone. zip，找出该手机的 IMEI 号。

3. 从手机备份文件 BackupIPhone. zip 中查找该手机的 SIM 卡信息（ICCID 号）。

4. 查看手机备份文件 BackupIPhone. zip，分析该手机是否安装了微信。

5. 查看手机备份文件 BackupIPhone. zip，找出使用该微信的用户名。

6. 分析手机备份文件 BackupIPhone. zip，找出该手机通话记录的存储位置。

7. 分析手机备份文件 BackupIPhone. zip，找到该手机最后一次拨出的号码。

8. 分析手机备份文件 BackupIPhone. zip，找出使用该手机最近一次拍摄的照片文件。

9. 分析手机镜像文件 ImageFileAndroid. rar，找出该手机的型号和版本号。

10. 分析手机镜像文件 ImageFileAndroid. rar，找出该手机的 IMEI 号。

11. 分析手机镜像文件 ImageFileAndroid. rar，找出该手机的 SIM 卡信息（ICCID 号）。

12. 查看手机镜像文件 ImageFileAndroid. rar，分析该手机是否安装了微信。

13. 分析手机镜像文件 ImageFileAndroid. rar，找出使用该微信的用户名。

14. 分析手机镜像文件 ImageFileAndroid. rar，找出该手机通话记录的存储位置。

15. 分析手机镜像文件 ImageFileAndroid. rar，找出该手机最后一次拨出的号码。

16. 分析手机镜像文件 ImageFileAndroid. rar，找出使用该手机最近接收的一封电子邮件，并获取其内容。

五、注意事项

1. 按照实验室操作规范进行上机操作。

2. 在实验中注意区分对 iPhone 手机备份文件和 Android 手机镜像文件中的电子数据进行收集和提取的不同之处。

六、实验作业

1. 完成工具软件的下载安装。

2. 根据实验内容，分别对 iPhone 手机备份文件和 Android 手机镜像文件中的电子数据的收集和提取制作实验报告。

七、思考题

1. 如何利用 iPhone 手机拍摄的照片分析其拍摄的地理位置？

2. 如何分析 iPhone 手机连接过的 Wi-Fi 热点？

3. 如何分析 Android 手机连接过的 Wi-Fi 热点？

4. 如何判断 Android 手机的微信记录是否加密？

项目七　警务急救

实验 7-1　现场伤情评估

一、实验目的

学习评估伤员的损伤类型和严重程度，为一下步现场急救和有序分流打下基础。

二、实验原理

通过观察伤员胸腹呼吸运动是否正常、面部有无青紫、口鼻孔有无气流进出等判断伤员气道是否通畅、有无呼吸道梗阻；通过观察伤员呼吸运动、缺氧症状判断伤员有无呼吸困难并分析原因，特别是对于胸部创伤者应注意张力性气胸与连枷胸存在的可能并及时处置。生命的维持有赖于将氧输送至组织，这一输氧的工作靠血液循环来完成，外伤后循环可因大出血、血浆外渗而致血容量不足，或因张力性气胸、心包填塞、心肌挫伤、心肌梗死或冠状动脉气栓等而致心泵功能衰竭，临床上分别表现为低血容量性休克或心源性休克，不及时纠正可危及生命，故在急救现场进行伤情评估时应注意观察、估计伤员的循环功能。

三、实验器材

人体模型、血压计、听诊器、手电筒等。

四、实验内容

（一）实验方法

1. 气道情况。

若发现气道不畅或梗阻，应分析原因并及时进行通气术处置。

2. 呼吸情况。

主要通过观察伤员呼吸运动、缺氧症状判断伤员有无呼吸困难并分析原因。特别是对于胸部创伤者应注意张力性气胸与连枷胸存在的可能并及时处置。

3. 循环情况。

（1）血压估计。如可触及桡动脉、股动脉及颈内动脉搏动，则收缩压至少分别为 10.7 kPa、9.3 kPa、8.0 kPa。

（2）毛细血管再充盈时间估计。主要评价组织灌注情况，用手指压迫伤员手指甲床时，颜色变白，正常人除去压力 2 s 内可恢复正常粉红色，超时则为组织灌注不足的最早指征。

（3）有无活动性出血。若有，可直接用手指或敷料加压，必要时上止血带，对下腹部及下肢创伤怀疑内出血者可用抗休克裤加压止血。

4. 神经系统功能情况。

针对头颅损伤、脊柱损伤、颈部损伤者，应重点观察其神经系统有无功能障碍，并分析原因及时处置。

（二）实验操作

1. 通过观察伤员胸腹呼吸运动是否正常、面部有无青紫、口鼻孔有无气流进出等判断伤员气道是否通畅、有无呼吸道梗阻；及时松开伤员衣领、内衣、裤带等以免妨碍胸廓活动。

2. 主要通过观察伤员呼吸运动、缺氧症状判断伤员有无呼吸困难并分析原因。特别是对于胸部创伤者应注意张力性气胸与连枷胸存在的可能并及时处置。

3. 注意观察、估计伤员的循环功能。

4. 针对头颅损伤、脊柱损伤、颈部损伤者，应重点观察其神经系统有无功能障碍，并分析原因及时处置。可通过观察伤员瞳孔大小、对光反射情况、意识情况、有无偏瘫或截瘫等分析判断。

五、注意事项

1. 在创伤现场对任何伤员进行伤情评估时都应按上述内容、步骤进行。

2. 重点以气道、呼吸、循环、神经系统功能为主，结合伤员各方面表现估计其创伤的严重性，并及时进行现场处置和合理运送。

六、实验作业

每人上交一份伤情评估实验报告，应包含实验目的、具体方法、操作步骤及注意事项等内容。

七、思考题

在各种创伤急救现场，针对不同损伤类型的患者，如何迅速、有效地作出合理的伤情评估？

实验 7-2　止血术

一、实验目的

掌握现场急救常用的五种止血方法的适应症、优缺点、操作步骤和注意事项。

二、实验原理

在现场对伤员进行伤情评估时，除重点观察呼吸外一定要注意判断伤员有无失血及失血性质、失血量，从而选择最合适的止血方法。一般而言，根据外出血血液颜色、性状可判断损伤血管，动脉出血为鲜红色、喷溅状，血柱有力，随心脏搏动向外射出，短时间可造成大量出血，易危及生命。静脉出血呈暗红色，不间断均匀流出，其危险性较动脉出血小。毛细血管出血表现为整个创面血液外渗，创面上出现许多细小血滴，不易找到出血点，常能自行凝血，危险性小。各种物理止血方法的基本原理均为压闭破裂的血管，使创伤局部血液凝固，以达到止血的目的。

三、实验器材

无菌纱布、绷带、止血带、棉垫、医用镊子等。

四、实验内容

（一）实验方法

1. 一般止血法。

对一般小创口出血，可用生理盐水或凉开水冲洗后，用纱布盖上，再用绷带包扎紧即可。

2. 指压止血法。

用拇指压住出血的血管上端即近心端，以压闭血管、阻断血流。救护人员须熟悉各部位血管出血的压迫点。此法仅用于急救，压迫时间不宜过长。

3. 填塞止血法。

对较大创口可用消毒急救包、棉垫或消毒纱布或干净软布填塞在创口内，再用纱布绷带、三角巾或四头带作适当包扎，松紧度以能达到止血目的为宜。

4. 强屈关节止血法。

在肢体关节弯曲处如肘窝、腘窝加垫子（纱布卷或棉垫卷），然后用绷带把肢体弯曲起来，采取环形或"8"字形包扎。此法因伤员会觉得痛苦不宜首选。

5. 止血带止血法。

适用于四肢较大的血管出血，在加压包扎不能有效止血的情况下，才选用止血带止血。

（二）实验操作

面部出血：可用拇指压迫下颌角处面动脉。面部的大出血常需压闭两侧才能止血。

颞部出血：可用拇指在耳前对着下颌关节上着力压闭颞动脉而止血。

颈部出血：在颈根部、气管两侧可摸到跳动的血管即颈动脉，将拇指放在跳动处向后向内压下。

腋窝及肩部出血：在锁骨上凹处向下向后可摸到跳动的锁骨下动脉，用拇指压住。

前臂出血：可在上臂肱二头肌内侧用手指压住肱动脉而止血。

手掌、手背出血：可用一只手的拇指在腕关节内侧摸到脉搏处即桡动脉压下，另一只手压迫腕关节外侧尺动脉处而止血。

手指出血：可将自己的手指屈入掌内，形成紧握拳头姿势，或用另一只手的拇指、食指或中指压迫出血手指两侧指动脉即可。

大腿出血：可在大腿根部中间处，稍屈大腿使肌肉松弛，用大拇指向后压住跳动的股动脉或用手掌垂直压于其上。

小腿出血：在腘窝处可摸到跳动的腘动脉，再用拇指向后压迫即可止血。

脚部出血：用手紧握踝关节处胫动脉即可止血。

先将受伤肢体抬高 2 min，使血液尽量回流，然后在扎止血带的局部裹上垫布，第一道绕扎在衬垫上，第二道压在第一道上面，并适当勒紧，扎到不出血为止。扎止血带处必须有明显的标志，注明扎止血带的时间，并向护送人员与伤员本人交代下次应放松的时间，使医院接受伤员的医师了解止血带已经包扎的时间，防止肢体发生缺血性坏死。

五、注意事项

1. 止血带要缠绕在伤口上方，尽量靠近伤口，不可直接缠在皮肤上，必须要有衬垫。

2. 止血带松紧合适，以出血停止、摸不到脉搏为准。

3. 止血带包扎的时间要适当，尽量缩短，每小时放松 1 次，每次 0.5 ~ 1 min，放松时应用其他方法止血。

4. 扎止血带处要有明显标记，要说明扎止血带的时间。

5. 扎了止血带的伤员要尽快转送到能彻底止血的医院进行治疗。

6. 止血带效果虽好，但有很大的缺点，时间久易勒伤局部，下部组织易缺血坏死至残废，包扎力量太小又起不到止血作用。

7. 一般扎止血带的部位，上臂宜在上 1/2 处，再下会伤桡神经；大腿宜在上 2/3 处。前臂与小腿双骨部位不可扎止血带，因血管在双骨中间通过，止血带达不到止血目的，还可能造成局部组织损伤。

8. 止血带类型：首选气性止血带（以血压计袖带为最佳，因其面积大，可控压力，定时放松方便，组织损伤小），其次为橡皮管或橡皮带止血带（因其弹性好，易闭血管，但管径细易伤组织）。在急救现场有时只能就地取材用较宽布带、绷带、战士的绑腿布等代替，实在找不到合适的止血带材料，可取鞋带、绳索等线材应急，但应注意衬垫物适当加厚。

六、实验作业

上交一份止血术实验报告，应包含实验目的、具体方法、操作步骤及注意事项等内容。

七、思考题

常用的物理止血方法有哪些？各种方法的适应症有哪些？有哪些注意事项？

实验 7-3　包扎术

一、实验目的

掌握包扎的基本原则；了解绷带、四头带、三角巾各自的包扎范围和人体各部位的包扎方法。

二、实验原理

包扎术是创伤现场急救技术中的常用技术之一。包扎的主要作用是保护创面、帮助止血、固定、减少污染等。

三、实验器材

软绷带、三角巾、四头带、医用胶布、安全别针等。

四、实验内容

（一）实验方法

1. 绷带包扎。

（1）环形法：此法最常用，第一圈稍倾斜，后面各圈呈环形，并将第一圈斜出的角压于环形圈内，最后将尾端剪成两条，打结或用胶布将尾端固定。此法牢靠而简便，主要适用于人体粗细相等的部位，如胸部、腹部、肢体粗细相等的部位等。

（2）螺旋法：先按环形法缠绕数圈固定，然后向上缠绕，每圈盖住前一圈的 1/3~2/3 呈螺旋状，最后将尾端固定。此法适用于粗细相同或粗细相差不大的部位。

（3）螺旋反折法：先作螺旋缠绕，待到渐粗的地方就将每圈绷带反折一下，盖住前一圈的 1/3~2/3，这样由下而上地缠绕。此法适用于粗细不等的四肢，如腿部创伤等。

（4）"8"字带法：在关节处将绷带由下而上再由上而下绕成"8"字形后固定。

2. 三角巾包扎。

（1）头部三角巾包扎法：将三角巾底边正中点放在前额眉弓上部，顶角拉到枕后，然后将底边经耳后向上扎紧压住顶角，在颈后交叉再经耳上到额部拉紧打结，最后将顶角向上反折嵌入底边或用安全别针固定。

（2）头部风帽式包扎法：将三角巾顶角打结放在额前，在底边中间也打结放在枕部，然后将底边两端拉紧向外反折，再绕向前面将下颌角包住，最后绕到颈部后在枕部打结。

（3）面部三角巾面具式包扎法：将三角巾底边拉向枕部，并上提两底角拉紧并交叉压住底边，再向前绕到颈部打结，包扎后，在相当于眼、鼻、口处各开一小孔，以便护理与观察。常用于面部烧伤或有较广泛软组织损伤时。

（4）前胸部、背部三角巾包扎法：包扎时，使三角巾底边在下，围绕胸部于背部打结，将顶角绕过肩部并用一连接的带子与底边打结固定。

（5）燕尾三角巾包扎单肩法：将三角巾顶角与底边近中点处折叠成燕尾形，将燕尾三角巾的夹角朝上，放在受伤的肩上，向后的一角压住并稍大于向前的一角，燕尾底部包绕上臂上部并打结，然后两燕尾分别经胸、背拉到对侧腋下打结。

（6）臀部三角巾包扎法：将两条三角巾的顶角打结，套于会阴部包住臀部，两三角巾底边互相打结。

（7）上肢三角巾包扎法：将三角巾平铺于伤员胸前，顶角朝向肘关节外侧，曲前臂并压住三角巾，底边两头绕过颈部在颈后打结，肘部顶角反折用安全别针扣住。

（8）手、足三角巾包扎法：将手或足放在三角巾上，顶角在前拉至手或足的背上，然后将底边缠绕打结固定。

（二）实验操作

三角巾包扎使用范围很广，而且方便、灵活，可用于身体不同部位的包扎，也可作较大面积创伤的包扎。绷带包括硬绷带即石膏绷带和软绷带两种。在现场急救中以软绷带为主，包扎时救护人员应面向伤员，先在创面上全面覆盖消毒纱布，后使用绷带，左手拿绷带头，右手拿绷带卷，以绷带外面贴近受伤处，包扎时由伤口低处向上，自左向右、从下到上缠绕。

五、注意事项

1. 使用绷带应遵循无菌操作原则，即使现场条件简陋无消毒条件，也应尽量取干净水冲洗伤口，就地取材时应使用尽可能干净的软布作垫布及绷带。

2. 包扎的绷带松紧应适度，太松易脱落，太紧则易压迫局部血液循环导致局部肿胀。

3. 四肢包扎时应让肢体处于功能位，即肘部应弯曲包扎，而腿应伸直包扎。

六、实验作业

上交一份包扎术实验报告，应包含实验目的、具体方法、操作步骤及注意事项等内容。

七、思考题

包扎的作用是什么？常用的包扎方法有哪些？

实验 7-4　固定和转运术

一、实验目的

掌握上下肢骨折固定的基本操作方法、现场取材的原则和注意事项。

二、实验原理

固定术主要适用于骨折、关节损伤或怀疑有骨、关节损伤者，以及大面积软组织损伤者。为了使折断的骨质得到休息和正确固定，防止闭合性骨折变为开放性骨折及损伤血管、神经，减轻伤员痛苦，并便于运送到医院进行彻底治疗，在现场作及时而正确的临时固定是非常必要的。搬运伤员时要根据伤员具体情况选择合适的搬运方法和搬运工具，以减少伤员的痛苦，使其获得及时、全面的检查与治疗。

三、实验器材

人体模型、绷带、小夹板、帆布担架等。

四、实验内容

（一）实验方法

1. 骨折临时固定方法。

（1）上肢骨折固定：可用两块临时木夹板及适应体形需要的钢夹板固定。上臂骨折或前臂骨折均可用木夹板固定，固定前创口须妥善包扎。临时木夹板要超越断骨的两端关节，垫衬垫后用绷带或布带固定夹板与伤肢，并用三角巾或皮带悬吊于颈部。

（2）下肢骨折固定：可用三块木夹板或钢夹板固定小腿骨折处，方法同上肢骨折固定。小创口要先包扎妥当，天气寒冷时要加厚棉花保温。伤肢的骨突处如后跟、脚踝、腓骨头等部位要加厚软垫，以防摩擦或产生压迫性褥疮。

（3）脊柱骨折固定：

①颈椎骨折者可在颈后枕部垫以软垫，头两旁用软垫固定，头部用绷带轻轻固定平卧于担架上。也可用钢夹板固定颈部，并将钢夹板与双肩包扎固定，而后安全搬运。

②胸腰椎骨折者应平卧在垫有软垫的板床上，不宜用高枕，腰椎骨折者腰部要垫以软垫，使其舒适，无压迫感，同时预防压迫性褥疮。

2. 搬运术。

（1）担架搬运法。

此法是最常用的方法，用于转运路途较长，伤情较重的伤员。

（2）徒手搬运法。

主要适用于现场无担架、转运路途较近，伤情较轻的伤员，但此法对伤员及搬运者来说都比较累。

（二）实验操作

担架搬运时，应 3~4 人为一组，将病人移上担架；病人头向后、足向前，后面抬担架者可随时观察病人；抬担架者脚步行动要一致，平稳前进；向高处抬时，前面放低，后面抬高，下坡则相反。

五、注意事项

伤员在经过现场初步处理后，就应被送到医疗技术条件较完善的医院，作进一步检查与救治。搬运伤员时要根据伤员具体情况选择合适的搬运方法和搬运工具。搬运转送工作做得及时正确，可使伤员获得全面检查与及时治疗，减少伤员的痛苦，否则会加重伤员的病情，增加痛苦甚至贻误治疗，造成伤员残疾或死亡。

六、实验作业

每人上交一份固定和转运术实验报告，应包含实验目的、具体方法、操作步骤及注意事项等内容。

七、思考题

固定的意义及注意事项有哪些？针对人体各部位骨折，如何采取合理、有效的临时固定？

实验 7-5 心肺脑复苏术

一、实验目的

掌握现场心肺脑复苏的适应症、具体的操作手法和注意事项。

二、实验原理

在创伤急救实践中，伤员心跳、呼吸骤停较常见，二者可同时发生，也可能先后出现，多见于颅脑、胸部创伤者及创伤后休克者，也常见于其他场合如电击、溺水、中毒及疾病等。心肺脑复苏术简称复苏术，就是对心跳、呼吸骤停采取的积极救治措施。其内容包括三部分：其一立即进行急救处理，以恢复血液循环和氧的供应，即同时建立人工循环与人工呼吸；其二尽快恢复心、肺、脑的正常自主功能，即自主心跳、自主呼吸与意识恢复；其三防治复苏后的各种并发症。现场急救主要着眼于第一步，即同时用建立人工呼吸和人工循环。

三、实验器材

心肺脑复苏人体模型、无菌纱布、袖套式血压计、听诊器、手电筒等。

四、实验内容

（一）实验方法

1. 控制气道（A：airway control）。

控制气道是复苏成功的首要步骤，适用范围包括：意识障碍者；呼吸停止或呼吸运动虽在，但可闻鼾声，提示鼻、口腔甚至咽喉部不畅者；人工呼吸有阻力及胸廓运动不正常者。将伤员置于心肺复苏体位，急救者一手置于伤员两肩中央的背部，另一手托住其下颌部，并向前上推，使其头部过伸，口腔张开，急救者将其舌牵出，清除其口腔、咽部异物或分泌物，保持气道通畅。对颈部受伤者，用双手托住其下颌进行。

2. 呼吸支持（B：breathing support）即人工呼吸。

（1）口对口人工呼吸。

在伤员口唇部置一层纱布（也可不用），急救者深吸气后将口紧对伤员口腔用力吹气，吹气时将伤员鼻腔捏闭，待其胸廓充分扩张后，将其口鼻迅速放松，令其胸廓自然复原，达到呼气作用，然后再吹气、放松，节律一般为 14~16 次/min。

（2）口对鼻人工呼吸。

方法与上类似，只是吹气时将伤员口腔紧闭，改由鼻道进出气。此法主要适用于牙关紧闭的昏迷伤员。

（3）口对口鼻人工呼吸。

此法适用于婴幼儿，吹气时，急救者将口紧对小儿口、鼻道，待其胸廓充分扩张后，将其口鼻放松，使其胸廓自然复原。

（4）压胸人工呼吸。

伤员仰卧，头后仰，急救者位于伤员一侧，双手置于伤员胸壁肋弓上方，向内上方充分推压胸廓，然后松手还原，节律 16 次/min。此法适用于面部损伤或其他不便对口、鼻人工呼吸者。

（5）压背人工呼吸。

伤员俯卧位，一臂前伸，另一臂屈曲垫于颞部，头偏向一侧，急救者将双手置于伤员胸背两侧，反复向其后背推压，迅即将手放松使伤员胸廓自然扩张。此法适用于淹溺者急救。

3. 循环支持（C：circulation support）。

人工循环应争分夺秒，动作迅速、果断，就地抢救，方法要正确、有效，且人工呼吸要同时进行。人工循环有胸外及胸内心脏按压两种方法，一般先胸外后胸内。现场急救只采用人工胸外心脏按压法。胸内心脏按压用于手术室内胸外心脏按压无效时。

（二）**实验操作**

1. 将伤员置于心肺复苏体位，急救者一手置于伤员两肩中央的背部，另一手托住其下颌部，并向前上推，使其头部过伸，口腔张开，急救者将其舌牵出，清除其口腔、咽部异物或分泌物，保持气道通畅。对颈部受伤者，用双手托住其下颌进行。

2. 若气道通畅而呼吸已停即应立即进行人工呼吸供应氧气，人工呼吸应先于心脏按压，为心脏复苏创造条件。

3. 撤去伤员的枕头，解开其上衣，使伤员仰卧于平地或木板床上（如为软床，在伤员背部须临时加垫木板）。急救者站在伤员的一侧或骑跨在其髋部，双手交叉重叠，手指翘起，将下面的手掌根部置于患者胸骨中、下 1/3 交界处（对儿童只用一手掌根部，对婴幼儿仅用 2～3 指按压即可，部位在胸骨全长的中点），两肘关节伸直，借助上半身体重，直接通过肩臂之力，有节奏且带有冲击性地用力，向伤员脊柱方向垂直压下胸骨 3～4 cm，然后立即放松，使其胸廓复原，按压的时间应短于放松的时间，以便使回心血流充盈心腔。按压频率为 80 次/min（儿童 100 次/min，婴幼儿 120 次/min），按压有效才能将心室内的血液最大限度地按出，使动脉内产生一定的压力（要求达到 8.0 kPa），对改善脏器，特别是对脑的灌流才有效。

五、注意事项

1. 进行人工呼吸时，对成人可用力吹气，一般每次 1.5 s，吹气量 800～1200 mL，排气时间 2～2.5 s；对婴幼儿不宜过分用力，以免其肺破裂。吹气时可适当压迫伤员上腹部，以防胃充气扩张，引起内容物返流；吹气与胸外心脏按压同时进行，频次比例为 1∶5（双人操作）或 2∶15（单人操作）；伤者已进行气道切开或环甲膜切开的，可用套管进行人工呼吸，但要防止漏气。

2. 胸外心脏按压时用力要适中。按压力度太小（胸骨仅被压下 1～2 cm），频率太快（成人超过 120 次/min），或着力点不正确（如压在心前区或剑突），都将降低心排血量，不利于复苏。按压力也不能过大，应先轻后重，开始时先作试探性按压，以感知胸廓的弹性。如按压力过大或使用暴力，则易发生肋骨骨折、胸骨骨折，甚至引起气胸、血胸、皮下气肿、肝脾损伤或心包内出血及心包填塞等并发症，导致复苏失败。

六、实验作业

每人上交一份心肺脑复苏术实验报告，应包含实验目的、具体方法、操作步骤及注意事项等内容。

七、思考题

心肺脑复苏时有哪些应注意的事项？为什么需要注意这些事项？在创伤急救现场，如何进行单人心肺脑复苏？

实验 7-6　通气术

一、实验目的

掌握气道阻塞的判断、现场气道清理的常用方法和注意事项。

二、实验原理

外伤引起窒息的原因很多，包括严重颌面部创伤引起舌喉移位性窒息；颈部气管外伤或血肿导致狭窄性窒息；昏迷病人咳嗽，吞咽反射减弱或消失所致吸入性窒息（吸入呕吐物、假牙、泥沙、血液等）；昏迷病人舌后坠引起的阻塞性窒息；等等。通气术又称"防窒术"，是保持伤者气道通畅的方法，适用于各种外伤引起的窒息。

三、实验器材

心肺复苏人体模型、开口器、气管导管、吹气管等。

四、实验内容

（一）实验方法

1. 将移位组织复位。
2. 清除口咽腔异物。
3. 调整气管位置。
4. 插入导管或口咽吹气管。
5. 经气管裂口插入气管导管。
6. 环甲膜穿刺。
7. 调整体位。

（二）实验操作

1. 对窒息者应采取头低侧卧或俯卧位，防止舌后坠以及血液、分泌物流入咽腔。
2. 对于舌后坠引起的窒息者，可用舌钳、肠钳牵出或用别针、粗线、巾钳等在舌尖后 1.5~2 cm 处贯穿舌体并将舌拉出，固定于纽扣上或用胶布固定于合适位置。对于上颌骨骨折引起的窒息者，可用一木片置于两侧前磨牙部位，两端用绷带上拉固定在头部。

3. 对于口咽腔异物堵塞引起的窒息者，可用手指或器械夹出异物，或令伤员侧卧，用空心拳在其肩胛间猛击 4~5 次，使异物松动后取出或排出。对牙关紧闭的昏迷者，可用开口器打开口腔取出异物，无法开口时直接作环甲膜穿刺或气管切开急救。

4. 调整气管位置。

颌上提法：此为最佳方法，用拇指插入伤员口腔将下颌上提。

托下颌角法：将伤员下颌角向前向上托起即可。

颈后仰法：让伤员颈后仰至下颌尖与耳垂的连线与地面垂直。

5. 经口或鼻插入通气导管或吹气管，改善通气功能。无呼吸运动时，经吹气管的另一段将气吹入。

6. 情况紧急或无气管切开和插管设备时，可用粗针头进行环甲膜穿刺术，同时插入 2~3 个粗针头，增加通气量，必要时进行环甲膜切开术。

五、注意事项

对窒息伤员急救的关键在于早期发现及正确处理，根据窒息原因，对应治疗。救治时因地制宜，就地取材，不能受客观条件束缚而贻误时机。

六、实验作业

每人上交一份通气术实验报告，应包含实验目的、具体方法、操作步骤及注意事项等内容。

七、思考题

常见的引起窒息的原因有哪些？窒息后会出现怎样的临床表现？针对各种原因引起的窒息，如何采取有效的急救措施？